诚信为本
持准则

操守为重
不做假账

——与学习会计的同学共勉

诚信为本

操守为重

坚持准则

不做假账

——与学习会计的同学共勉

国家职业教育
会计专业教学资源库
Accounting teaching resources
for higher vocational education

"十二五"职业教育国家规划教材修订版

国家职业教育会计专业教学资源库转型升级配套教材

icve 智慧职教 高等职业教育在线开放课程新形态一体化规划教材

# 企业会计制度设计

## （第三版）


主　编　高丽萍
副主编　张桂春　曹志华



高等教育出版社·北京

## 内容提要

本书是"十二五"职业教育国家规划教材修订版，也是国家职业教育会计专业教学资源库转型升级配套教材。

本书共包括三个学习情境，即企业会计组织机构设计、企业会计核算制度设计、企业主要经济事项会计制度设计。在每一个学习情境中，分为若干子情境来设计，编排教学内容。通过学习，可使学生重点掌握企业会计制度设计的流程与基本方法，能根据国家有关会计法规和准则，根据企业组织形式、行业特点、规模、经营情况和管理控制要求等特点设计和选择适合企业需要的会计制度。本书修订以《关于修订印发 2018 年度一般企业财务报表格式的通知》等最新相关法规为编写依据，并新增会计制度设计入门等内容。

本书适用于高等职业院校、高等专科院校、成人高校、民办高校及本科院校举办的二级职业技术学院会计专业及其相关专业的教学，也可供五年制高职、中职学生使用，并可作为社会从业人士的参考读物。

本书配有 PPT、参考答案、微课、动画等配套资源。本书配有在线开放课程，使用者可通过登录"智慧职教"（www.icve.com.cn）平台进入"企业会计制度设计"课程进行学习，也可扫描书中二维码，使用相关资源，详见"郑重声明"页的资源服务提示。

**图书在版编目（CIP）数据**

企业会计制度设计 / 高丽萍主编. -- 3版. -- 北京 ：高等教育出版社，2018.12（2022.6重印）
ISBN 978-7-04-051160-4

Ⅰ. ①企… Ⅱ. ①高… Ⅲ. ①企业管理－会计制度－职业教育－教材 Ⅳ. ①F275.2

中国版本图书馆CIP数据核字(2019)第009564号

企业会计制度设计
QIYE KUAIJI ZHIDU SHEJI

策划编辑 武君红　责任编辑 贾玉婷　封面设计 张 志　版式设计 张 杰
插图绘制 于 博　责任校对 王 雨　责任印制 田 甜

| | | | |
|---|---|---|---|
| 出版发行 | 高等教育出版社 | 网　址 | http://www.hep.edu.cn |
| 社　址 | 北京市西城区德外大街4号 | | http://www.hep.com.cn |
| 邮政编码 | 100120 | 网上订购 | http://www.hepmall.com.cn |
| 印　刷 | 北京鑫海金澳胶印有限公司 | | http://www.hepmall.com |
| 开　本 | 787 mm×1092 mm 1/16 | | http://www.hepmall.cn |
| 印　张 | 21.75 | | |
| 字　数 | 410 千字 | 版　次 | 2012 年 2 月第 1 版 |
| 插　页 | 1 | | 2018 年 12 月第 3 版 |
| 购书热线 | 010-58581118 | 印　次 | 2022 年 6 月第 6 次印刷 |
| 咨询电话 | 400-810-0598 | 定　价 | 47.80元 |


物 料 号　51160-00

# 总　序

高等职业教育专业教学资源库建设项目（项目编号：2010-08）是教育部、财政部为深化高职教育教学改革，加强专业与课程建设，推动优质教学资源共建共享，提高人才培养质量而启动的国家级高职教育建设项目。会计专业作为与国家经济发展联系紧密、布点量大的专业，于2010年6月被教育部确定为高等职业教育专业教学资源库年度立项及建设专业，由山西省财政税务专科学校、山东商业职业技术学院共同主持。

会计专业教学资源库建设工作开展于2008年。三年多来，按照教育部提出的“由国家示范高职建设院校牵头组建开发团队，吸引行业企业参与，整合社会资源，在集成全国相关专业优质课程建设成果的基础上，采用整体顶层设计、先进技术支撑、开放式管理、网络运行的方法进行建设”的建设方针，项目组聘请了时任财政部会计司司长的刘玉廷教授担任资源库建设总顾问，确定了山西省财政税务专科学校、山东商业职业技术学院、浙江金融职业学院、江苏财经职业技术学院、无锡商业职业技术学院、丽水职业技术学院、北京财贸职业技术学院、淄博职业学院、长沙民政职业技术学院、天津职业大学、江苏经贸职业技术学院等11所院校和用友软件、立信大华、山西焦煤、鲁商集团等20余家企业作为联合建设单位，同时以课程和项目为单位吸收全国40余所高职院校的180余名骨干教师共同承担了12门专业课程开发和6个子项目建设工作，形成了一支学校、企业、行业紧密结合的建设团队。三年多来，项目建设团队先后召开了多次全国性研讨会，以建设具有高等职业教育特色的标志性、共享型专业教学资源库为目标，紧跟我国职业教育改革的步伐，确定了“能力本位、工学结合、校企合作、持续发展”的高职教育理念，以会计职业岗位及岗位任务分析为逻辑起点开发了会计职业基础、出纳业务操作、企业财务会计、成本核算、税费计算与申报、企业财务管理、会计信息化、会计综合实训、审计实务、财务报表分析、行业会计比较、企业会计制度设计12门会计专业理实一体课程，以先进技术为支撑建设了各课程系列教学资源，开发了虚拟实训平台、能力测试与训练平台、在线课堂平台3个教学平台，构建了综合案例库、账证表库、政策法规库、行业特色资源库等4个子库，基本完成了项目建设任务，并在部分学校开始推广试用。同时，随着高等职业教育教学改革的深入，项目组将根据需要开发后续课程，以更好地服务于会计专业教学。

本套教材是“高等职业教育会计专业教学资源库”建设项目的重要成果之一，也是资源库课程开发成果和资源整合应用的实践和重要载体。三年多来，项目组多次召开教材编写会议，组织各课程负责人及参编人员认真学习高等职业教育与课程开发理论，深入进行会计职业岗位及岗位任务的调研与分析，以培养高素质的技能型会计人才为目标，打破会计专业传统教材框架束缚，根据高职会计教学的需求重新构架教材体系、设计教材体例，形成了以下几点鲜明特色。

第一，确定高职就业面向与就业岗位，构建基于会计职业岗位任务的课程体系与教材体系。项目组在对会计职业进行调研分析的基础上，将高职高专会计专业的就业岗位定位于中小企业、非营利组织及社会中介机构的出纳、会计核算、会计管理、财务管理和会计监督等岗位，并对这些岗位的典型工作任务进行归纳分析，开发了会计职业基础、出纳业务操作等12门基于职业岗位任务的理实一体专业课程。在此基础上，组织编写了与12门专业课程对应的12本主体教材及5本配套实训教材。教材内容按照专业顶层设计进行了明确划分，做到逻辑一致，内容相谐，既使各课程之间知识、技能按照会计工作总体过程关联化、顺序化，又避免了不同课程内容之间的重复，实现了顶层设计下会计职业能力培养的递进衔接。

第二，立足高职“教学做”一体化教学特色，设计三位一体的教材组成。按照高职教育“教学做”一体化的教学要求，从“教什么、怎么教”、“学什么，怎么学”、“做什么，怎么做”三个问题出发，每门课程均编写了“主体教材”、“教师手册”（放入资源平台）、“实训手册”。其中，主体教材以“学习者用书”为主要定位，立足“学什么、怎么学”进行编写，是课程教学内容的载体；教师手册以“教师用书”为主要定位，立足“教什么、怎么教”进行编写，既是教师进行教学组织实施的载体，也是学生参与课堂活动设计的载体；实训手册以“能力训练与测试”为主要定位，立足“做什么，怎么做”，通过职业判断能力训练、职业实践能力训练、职业拓展能力训练三部分训练全面提高学生的职业能力。

第三，有效整合教材内容与教学资源，打造立体化、自主学习式的新型教材。按照资源库建设的顶层设计要求，在教材编写的同时，各门课程开发了涵盖课程标准、教材、教学实施方案、电子课件、岗位介绍、操作演示、虚拟互动、典型案例、习题试题、票证账表、图片素材、法规政策、教学视频等在内的丰富的教学资源。这些教学资源的建设与教材编写同步而行，相携而成，是本套教材最大的特色。同时，为了引导学习者充分使用配套资源，打造真正的“自主学习型”教材，本套教材增加了辅学资源标注，即在教材中通过图标形象地告诉读者本处教学内容所配备的资源类型、内容和用途，从而将教材内容和教学资源有机整合起来，使之浑然一体。如果说资源库数以千计的教学资源是一颗颗散落的明珠，那么本套教材就是将它们有序串接的珠链。我们有理由相信，这套嵌合着数以千计的优质资源的教材将会成为高职会计专业教学第一套真正意义的数字化、自主学习型创新教材。

第四，遵循工作过程系统化课程开发理论，采用学习情境式教学单元，体现高职教育职业化、实践化特色。作为资源库课程开发成果的载体，本套教材不再使用传统的章节式体例，而是采用职业含义更加丰富的“学习情境”搭建教学单元。与传统的章节式体例相比，学习情境式教学单元融合了岗位任务完成所需的“职业环境、岗位要求、典型任务、职业工具和职业资料”，立体化地描述了完成一项典型工作任务的工作过程和工作情境，再现了大量真实的会计职业的账、证、表，满足了高职教育职业性、实践性要求。

第五，主体教材装帧精美，采用四色、双色印刷，突出重点概念与技能、仿真再现会计资料。本套教材采用四色或双色印刷，并以不同的色块，突出重点概念与技能，通过视觉搭建知识技能结构，给人耳目一新的感觉。同时，彩色印刷还原了会计凭证、账簿、报表的本来面目，增强了教材的真实感、职业感。

千锤百炼出真知。本套教材的编写伴随着资源库建设的历程，历时三年，几经修改，既具积累之深厚，又具改革之创新，是全国40余所院校180余名教师的心血与智慧的结晶，也是资源库三年建设成果的集中体现。我们衷心地希望它的出版能够为中国高职会计专业教学改革探索出一条特色之路，一条成功之路，一条未来之路！

高等职业教育会计专业教学资源库项目组

# 第三版前言

本书是“十二五”职业教育国家规划教材修订版，同时也是国家职业教育会计专业教学资源库转型升级配套教材。本书以培养会计专业学生综合职业能力为目标，按照企业会计制度设计的一般程序和几个关键环节来设计和编排内容，选取了企业会计组织机构设计、企业会计核算制度设计、企业主要经济事项会计制度设计三大典型工作任务作为学习情境；以项目导向、任务驱动来设计学习情境，编排教学内容。通过学习，使学生重点掌握企业会计制度设计的流程与基本方法，能根据国家有关最新会计法规、会计准则、企业内部控制基本规范，根据企业组织形式、行业特点、规模、经营情况和管理控制要求等特点设计和选择适合企业需要的会计制度。

本次修订新增引言部分，介绍会计制度设计入门，使读者能对会计制度设计有整体认识。

本书主要有以下几个特点：

1. 以最新会计法规为依据，突出对学生综合职业能力的培养

本书编写以2009年7月1日起施行的《企业内部控制基本规范》《企业内部控制应用指引》、2018年1月1日起施行的《小企业内部控制规范（试行）》、最新《企业会计准则》及准则修订和最新的会计法律法规为依据，注重基础知识和基本技能及学生综合职业能力和创新意识的培养。除运用简明的文字阐明设计原理外，将重点放在会计制度实际设计上，并编写了大量的案例，具有很强的典型性和现实性。

2. 以企业会计制度设计工作过程，选取典型工作任务组织教学内容

按照企业会计制度设计的一般程序和几个关键环节来设计和编排内容，选取了企业会计组织机构设计、企业会计核算制度设计、企业主要经济事项会计制度设计三大典型工作任务作为学习情境。

3. 配套丰富的“立体化”教学及学习资源

本书配有课程标准、课程实施方案、教师手册、教学课件、图片、动画、视频、政策法规、习题库及案例库等种类齐全的各类教学资源，并在教材边白处增加了二维码标注，使用者可通过移动终端扫描书中二维码随时随地学习，亦可登录“智慧职教”（www.icve.com.cn）平台，搜索“企业会计制度设计”课程进行在线学习。

扫我看变化

本书特别设计“扫我看变化”二维码，及时反映最新相关法规变化及教材勘误信息，方便教学使用。

本书由高丽萍教授担任主编，负责全书修订，张桂春、曹志华担任副主编。参与本次修订及资源制作的老师有淄博职业学院张桂春、曹志华、王谦、王慧姝、陈亮、张文华、邢雯、刘婷婷，在修订过程中，还参考了近年来出版的会计制度设计类专著、教材及杂志，以及网上的相关资料，在此一并表示衷心的感谢。

由于编者水平有限，难免有疏漏和不足之处，敬请读者和专家给予批评指正。

编　者

二〇一八年十二月

# 第一版前言

本书是国家职业教育会计专业教学资源库配套教材。本书以培养会计专业学生综合职业能力为目标，按照企业会计制度设计的一般程序和几个关键环节来设计和编排内容，选取了企业会计组织机构设计、企业会计核算制度设计、企业主要经济事项会计制度设计三大典型工作任务作为学习情境；以项目导向、任务驱动来设计学习情境，编排教学内容。通过学习，使学生重点掌握企业会计制度设计的流程与基本方法，能根据国家有关最新会计法规、会计准则、企业内部控制基本规范，根据企业组织形式、行业特点、规模、经营情况和管理控制要求等特点设计和选择适合企业需要的会计制度。

本书主要有以下几个特点：

1. 以最新会计法规为依据，突出对学生综合职业能力的培养

本书编写以2009年7月1日起施行的《企业内部控制基本规范》《企业内部控制应用指引》、最新《企业会计准则》及准则修订和最新的会计法律法规为依据，注重基础知识和基本技能及学生综合职业能力和创新意识的培养。除运用简明的文字阐明设计原理外，将重点放在会计制度实际设计上，并编写了大量的案例，具有很强的典型性和现实性。

2. 以企业会计制度设计工作过程，选取典型工作任务组织教学内容

按照企业会计制度设计的一般程序和几个关键环节来设计和编排内容，选取了企业会计组织机构设计、企业会计核算制度设计、企业主要经济事项会计制度设计三大典型工作任务作为学习情境。

3. 配套丰富的“立体化”教学及学习资源

本书配有课程标准、课程实施方案、教师手册、教学课件、图片、动画、视频、政策法规、习题库及案例库等种类齐全的各类教学资源，表现形式直观、生动、形象，可供广大教师、学生、会计工作者、社会学习者在使用过程中学习使用。

本书由淄博职业学院会计学院院长路荣平牵头，高丽萍教授担任主编，负责全书总纂。淄博职业学院会计学院张桂春和王金申、东营职业学院王美玲、山东商业职业技术学院李志、天津职业大学李玉俊、江苏经贸职业技术学院陈凤参与编写。具体分工如下：学习情境一由路荣平、王美玲编写，学习情境二由李志、李玉俊编写，学习情境三由高丽萍、张桂春、陈凤、王金申编写。山东鲁信税务

师事务所等单位为本书的编写提供了大量的案例资源。

在本书的编写过程中，得到了淄博职业学院、山东商业职业技术学院、东营职业学院、天津职业大学、江苏经贸职业技术学院、山东鲁信税务师事务所等单位的大力支持。在编写过程中，还参考了近年来出版的会计制度设计类专著、教材及杂志，以及因特网上的相关资料，在此一并表示衷心的感谢。

由于编者水平有限，难免有疏漏和不足之处，敬请读者和专家给予批评指正。

编　者

二〇一一年十月

# 目　录

# 引言　会计制度设计入门

## 一、会计制度设计的意义

制度一般指要求大家共同遵守的办事规程或行动准则，也指在一定历史条件下形成的法令、礼俗等规范或一定的规格。在不同的行业不同的部门不同的岗位都有其具体的做事准则，目的都是使各项工作按计划按要求达到预计目标。

会计制度是进行会计工作所应遵循的规则、方法、程序的总称，是对商业交易和财务往来在账簿中进行分类、登录、归总，并进行分析、核实和上报结果的制度。

我国会计制度管理体制，实行统一领导、分级管理的原则。由国务院财政部门根据《中华人民共和国会计法》（以下简称《会计法》）制定企业会计准则，统一会计制度，规范会计工作，形成中国的会计规范体系，这是中国会计管理的一大特色。因此，我国统一会计制度是指国务院财政部门根据《会计法》制定的关于会计核算、会计监督、会计机构和会计人员以及会计工作管理的制度。

企业会计制度设计，是企业依据我国统一会计制度，结合企业实际，运用文字、图表等形式对会计机构、会计人员、会计核算和会计管理等方面进行系统的规划的工作，是企业事业单位会计管理工作的重要组成部分。

完善的企业会计制度可以为会计人员有序地进行会计工作提供可靠的基础和良好的环境，企业会计制度设计为每一个企业、事业单位进行会计核算和经营管理提供了制度保障。

## 二、会计制度设计的内容

（1）企业会计组织机构设计，是对整个会计组织的设计，包括企业会计机构设计及部门、会计人员分工及岗位职责，以及因机构设计而产生的会计档案管理制度、会计工作交接制度等会计制度的具体设计。

（2）企业会计核算制度设计，包括会计科目设计、会计凭证设计、会计账簿设计、财务会计报告设计和账务处理程序设计等整个会计核算制度设计。

（3）企业经济业务事项制度设计，包括资金筹集业务、采购与付款业务、生产业务、销售与收款业务、投资业务等各业务环节的内部控制制度设计。

## 三、会计制度设计原则

（一）合规性原则

《会计法》是我国会计工作的根本大法，是企业会计制度首先必须应遵守的。其次，企业还要遵守《企业会计准则》《企业内部控制基本规范》《企业内部控制应用指引》等会计工作规范。再次，企业会计制度设计还要遵守国家其他财经法规政策，如金融、证券、财政、税务、外贸、外汇、公司管理等方面的法律法规。会计制度设计必须以法规制度为依据，否则就不能提供出满足国家宏观管理需要的会计信息。

（二）针对性原则

企业会计制度设计应根据企业的经营规模、组织机构、规模大小进行设计，要针对不同行业、不同企业的实际情况进行设计，如不从实际出发，不反映工作的本质和需要，就不能满足管理和控制的要求，也就失去了使用的价值。因此，企业会计制度设计切忌生搬硬套，必须从企业实际出发，针对企业的具体实际来进行设计才能行之有效。

（三）真实性原则

企业会计信息不仅要满足企业内部经营管理的需要，还要满足外部信息使用者的需要，保证会计信息的安全完整非常重要。因此，企业进行会计制度设计时，对会计核算依据、核算流程、核算方法的设计等必须符合法律法规规定的有关信息的生成和披露的规定，使所提供的会计信息能真实可靠地反映经营者的整体情况。

（四）符合会计信息质量特征

会计工作的基本目标就是提供满足管理需要的会计信息，提供高质量的会计信息是会计制度设计的基本要求。会计信息的质量特征主要包括相关性和可比性等 8 个方面。如相关性要求会计制度所产生的会计信息必须与一定的信息使用者的目的相关，以便企业作出合理决策。可比性包括纵向可比和横向可比，纵向可比要求同一企业不同时期的会计处理方法应该一致；横向可比是指不同企业之间的指标应当可比，企业在设计会计制度时，应满足信息质量特征。

（五）内部控制原则

内部控制制度是企业为加强岗位职责、保护财产安全、确保会计记录正确可靠、在企业内部对经济活动和其他管理活动所实施的控制，它是保护资产安全、组织分工、业务处理凭证手续和程序等方面所规定的既相互联系又相互制约的一系列管理制度。因此，在企业会计制度设计中，必须对会计组织机构、会计核算报告和会计业务程序设置必要的内部控制方法、措施和程序。

（六）效益性原则

机构的设置，需要花费一定的成本，投入一定的人力、财力和物力。这就需要企业权衡利弊，只有当机构设置带来的效益能够弥补其所花费的成本时，财务机构的设置才是可行的。

（七）系统配合原则

企业组织机构是一个系统，具有集合性、关联性、环境适应性、功能性、动态性和层次性等特征，在设置财务机构时，应进行系统分析，作出系统设计，使财务机构和相关机构密切配合，共同完成企业管理系统任务。

## 四、会计制度设计的程序

会计制度设计的程序是指设计各项会计制度时应分为几个阶段，按什么步骤进行，它是从确定设计项目到具体进行设计，然后付诸实践的全过程。一般包括三个阶段：

（一）准备阶段

确定设计的内容和目的

按设计的范围，会计制度设计分为全面设计和局部设计。全面设计是指设计整套的会计制度，包括会计机构的设置、会计人员的配备、会计科目的设置及使用说明，会计凭证、会计账簿、会计报表的设计，会计核算组织程序的设计，内部控制制度的设计以及主要经济业务处理的流程设计等。局部设计是指对部分会计工作，或部分经济业务事项进行的制度设计。

按设计的内容，会计制度设计分为会计组织、会计核算和会计控制设计三个方面。对于不同内容的会计制度在设计上有不同的要求。因此在设计之前，首先要明确设计的内容和设计的目的，以便更加合理地安排设计工作，提高工作效率。

（二）制订设计方案和设计规划

企业明确制度设计目的后，要制订设计方案，主要包括设计时间、设计内容、设计组织领导、设计人员配备、设计进程等内容。

（三）调查研究阶段

1. 了解企业基本情况

首先，了解企业生产经营的基本情况，包括企业的所属行业、经营范围、组织机构、生产工艺流程、销售形式和市场情况等方面的基本情况。其次，了解企业会计制度的现状。了解现有各职能部门与财会部门的机构与人员情况和分工情况、岗位责任情况等。了解现有会计凭证、账簿、报表设置与格式，原始记录的设置及实施情况，主要会计核算方法，成本核算组织体系及有关凭证表格单据格式等。

2. 作业调查与分析

主要是详细了解企业与会计处理有关各种作业程序与方法，以便有助于对具体的会计事项的处理进行设计，了解货币资金收付情况，销售与收款业务调查、采购与付款业务调查、存货控制调查、成本计算与核算、投资业务调查、筹资业务调查等。

3. 征询意见

征询企业领导、各职能部门相关人员对新设计的会计制度的要求与意见。目前执行的流程与方法，哪些需要进一步优化，对内部控制的要求、对内部报表指标的要求等。

4. 调查其他相关情况

收集企业有关的规章制度，如厂规、技术操作规范、规程等，分析企业与企业会计制度设计的关系，了解企业财务、业务核算等实施情况和存在的问题，作为会计制度设计的重要依据。收集国家颁发的统一会计制度，作为会计制度设计的重要依据。收集同行业先进的会计制度，作为设计的依据。

（四）设计阶段

（1）设计企业会计机构和会计人员配备；

（2）设计确定会计核算组织；

（3）进行货币资金管理制度的设计；

（4）进行收入、费用、成本、资金等财产物资核算和内部控制制度；

（5）进行全面整理，形成一个体系；

（6）写成书面会计制度设计草稿。

（五）试行修正与定稿颁布阶段

在形成初稿的基础上，进行试运行，并对试运行阶段出现的问题进行查缺补漏，并及时听取有关部门和人员的意见和建议，及时进行修正，使之更加完善。最终形成定稿，并发布和贯彻实施。

## 五、会计制度设计的方法

（一）文字说明法

用文字说明会计制度的有关内容，这是会计制度设计中使用最多的方法。该方法在使用过程中可用文字单独说明，如会计制度的总体说明、会计科目及其使用说明、内部控制要点等。

（二）表格法

用表格说明会计制度中使用的凭证，账簿和报表的格式。

（三）流程图法

流程图法是会计制度设计中用一定图示反映各项业务的处理程序。该方法反映业务处理程序要比文字说明法易为人们所了解和掌握，使用流程图有利于提高工作效率，能为会计电算化创造条件，同时也有助于审计人员进行内部控制测试，从而确定审计重点和需予审查的详细程度。

# 学习情境一
# 企业会计组织机构设计

## 【职业能力目标】

**知识目标**

- ○ 识记会计机构设计的目标和原则
- ○ 识记会计人员配备的目标与要求
- ○ 识记会计档案制度设计的要求
- ○ 识记会计工作交接制度设计的要求

**能力目标**

- ○ 学会正确地进行会计机构设计、会计人员配备
- ○ 学会正确地进行会计档案管理制度设计、会计工作交接制度设计
- ○ 通过学习掌握企业会计组织机构设计方法
- ○ 能与相关人员友好相处并团结协作
- ○ 能合理地分析会计主体的实际情况，预见企业发展的前景以及对会计组织机构设计的要求
- ○ 能通过会计组织机构的合理设计促进会计核算效率的提高，增强企业的管理水平；增强法制观念，培养良好的职业道德

# 学习子情境一　会计机构设计

**【本学习子情境引例】**

视频：会计组织机构设计引例

鲁中金达有限公司注册资本100万元，职工12人，主要经营通信技术开发，通信电子器材、无线电通信设备零售等业务。单位负责人认为公司业务简单，会计业务很少，为了提高工作效率和压缩人员经费开支，公司不单设会计部门，只设1名会计人员负责会计事项。

问题与任务：鲁中金达有限公司在会计机构设置上有无不妥之处？

**【知识准备】**

## 一、会计组织机构设计的意义

视频：会计机构设计的意义与原则

会计机构是单位内部组织领导和直接从事会计工作的职能部门，同时也是会计制度的主要执行机构。根据企业的管理要求和管理组织形式设置会计机构，配备会计人员，是企业进行会计工作的前提条件。建立会计机构是做好会计工作的基础保证，也是保证会计制度顺利实施的重要条件。会计组织机构设计就是根据企业的管理要求和管理组织形式、企业规模、经济业务量，在企业内部合理地设置会计部门和会计人员。

## 二、会计组织机构设计的目标

动画：会计机构、会计人员设计

（1）优化会计组织机构和会计运行制度，确保会计工作的效率。

（2）完善会计工作的支持与保障系统，确保会计工作组织的科学、有序。

（3）优化会计工作环境，强化会计人员的责任感和使命感。

## 三、会计组织机构设计的原则

动画：会计组织机构设计案例

（一）适应性原则

会计机构的设置应与企业生产经营规模、特点和管理要求相适应，保证企业会计信息的生成、加工和传递真实可靠、及时有效。对于小企业，业务量小，会计机构应相应小些，会计人员应相应少些，机构内的分工可以粗些；对于大中型企业，经营规模大，业务量繁多，应单独设置会计机构，以便及时组织本单位各项经济活动和财务收支的核算，实行有效的会计监督；对于集团公司，规模大，业务量大，涉及的地区、行业多，应设置一个独立于其他管理部门的单位——财务公司。

（二）协调性原则

会计部门的工作涉及企业经济活动的方方面面，一个合适的、有效的会计机构，必须与企业整个组织体系相协调，会计机构与单位的其他职能部门之间，必须建立有机的协调关系，包括与供应部门、销售部门、生产车间、人力资源部门等的协调配合。既能保证企业管理总体目标的实现，又有助于充分发挥财务管理在企业管理中的核心作用。

（三）权责对等原则

在设计会计岗位分工时，应明确规定每一个岗位人员的职责，并相应地赋予其一定的权利，做到有责必有权，有权必有责，责权对等。

政策法规：《企业内部控制基本规范》

（四）成本效益原则

会计机构内部分工应该明确具体，将会计工作的全部内容合理划分，并落实到每个小组或每个会计人员，建立健全会计工作岗位责任制。会计机构工作必须以最少的人力、物力、财力的耗费，提供符合信息质量要求的会计信息，防止机构重叠、人浮于事，避免人力、物力、财力的浪费。

政策法规：《企业内部控制应用指引第1号——组织架构》

**【职业判断与业务操作】**

## 一、会计组织机构设计的方式

一个合适、有效的会计机构的设置，必须与企业整个组织机构相协调。企业内部的部门、单位是否设置会计机构，要根据企业规模的大小、生产经营管理组织系统和业务性质而定。依据《会计法》第三十六条规定，会计机构设计的方式，可以归纳为三种。

政策法规：《中华人民共和国会计法》

**特别提示**

《会计法》第三十六条作了明确的规定："各单位应当根据会计业务的需要，设置会计机构，或者在有关机构中设置会计人员并指定会计主管人员；不具备设置条件的，应当委托经批准设立从事会计代理记账业务的中介机构代理记账；国有的和国有资产占控股地位或者主导地位的大、中型企业必须设置总会计师。"

视频：企业会计组织机构设计的方法

（一）独立设置会计机构和会计人员

独立设置会计机构是指在企业内部设置独立的部门，负责组织本单位各项经济活动和财务收支的核算，实行有效的会计监督。如设置会计（或财务）处、部、科、股、组等。

一般而言，一个单位是否单独设置会计机构，往往取决于下列各因素：一是单位规模的大小。单位的规模往往决定了单位内部职能部门的设置，也决定了会计机构的设置。二是经济业务和财务收支的繁简。经济业务多、财务收支量大的单位，有必要单独设置会计机构，以保证会计工作的效率和会计信息的质量。三是经营管理的要求。一个单位在经营管理上的要求越高，对会计信息的需求也相应增加，对会计信息系统的要求也越高，从而决定了该单位设置会计机构的必要。

大中型企业和具有一定规模的行政事业单位，以及财务收支数额较大、会计业务较多的社会团体和其他经济组织，都应单独设置会计机构。一般情况下，实行企业化管理的事业单位，大中型企业，业务较多的行政单位、社会团体和其他组织，原则上都应该设置独立的会计机构。

（二）不设置独立的会计机构，在有关机构中设置会计人员

对于经营规模较小、会计业务量较少的单位，可不设置独立的会计机构，但要在办公室或者其他行政部门等有关机构中设置会计人员，并指定会计主管人员，负责会计核算和监督工作。

（三）不设置会计机构和会计人员，委托中介机构代理记账

不具备设置会计机构和会计人员条件的，应当委托经批准设立从事会计代理记账业务的中介机构来代理记账。

会计机构是企业管理的核心环节，会计机构采用哪种设置办法，应当根据企业的经营规模及业务量的大小决定。

## 二、几种常见的会计机构设计方法

（一）设置总会计师的大中型企业

设置总会计师的大中型企业一般有较多的财务会计人员，在总会计师的监督和财务部部长（经理）的领导下分工协作，形成以总会计师为首、以财务部部长为主管的，包括许多小组的财务组织体系。

在设计会计机构内部分工时，应考虑企业规模、业务特点、管理要求和会计信息的需要，会计机构可以分为几个小组，如图 1-1 所示。

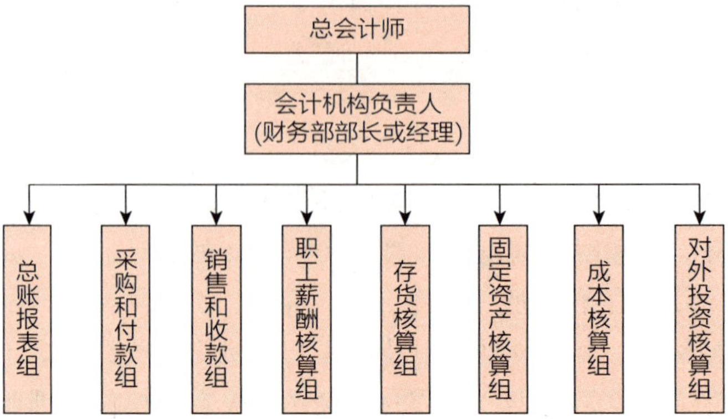


图1-1　大中型企业会计机构设计

（1）总账报表组。负责汇总记账凭证的编制、总账的登记及报表的编制，月末结账、利润结转等工作。

（2）采购和付款组。负责采购业务的监督与检查，采购成本的核算，在途（材料）商品明细账的登记，审核填写付款单并由财务部门负责人签署后支付。

（3）销售和收款组。负责销售业务的监督，审核销售发票及有关凭证并编号顺序进行登记，收取货款和发出商品，并经常或者定期向有关部门反映应收账款的明细情况和编制商品的销售分析报告。

（4）职工薪酬核算组。负责应付职工薪酬的审核，审查核算应付职工薪酬发放表，编制应付职工薪酬汇总表，以及应付职工薪酬分配表和职工“五险一金”的交纳。

（5）存货核算组。负责审核仓库的收发退领商品材料、物资凭证，检查账存与实存是否相符。包括原材料、辅料、燃料、周转材料、产成品以及商品的收、发、存记录，并定期进行盘点，保证账实相符。

（6）固定资产核算组。负责固定资产的分类和折旧以及在建工程账户等，企业新建、购建、大修理、更新重置和调出报废固定资产等。

（7）成本核算组。负责产品成本的计算，基本生产成本明细账、辅助生产成本明细账、制造费用明细账等账簿的登记，按期编制生产成本报表，反映各种产品的单位成本并进行分析。

（8）对外投资核算组。负责登记企业对外长期投资和短期投资的有关账簿，投资的付出、收回以及投资效益的分析等。

（二）不设置总会计师的企业

这种模式下，以财务会计科（处）长为领导，财务会计科下设几个组，分工较粗，如图 1–2 所示。

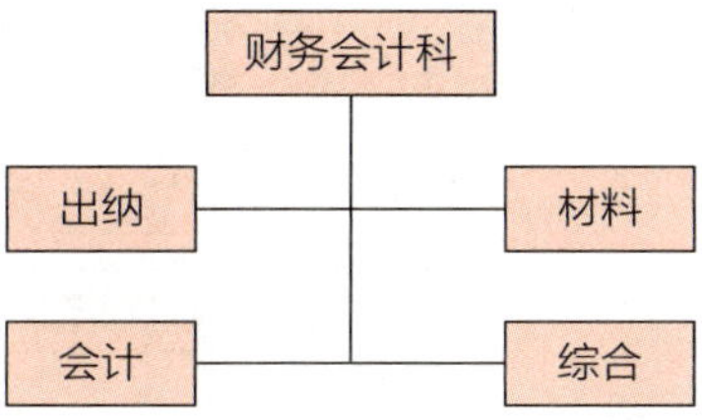


图1–2　不设置总会计师的企业会计机构设计

（三）小企业会计机构

小企业规模较小、业务单一、人员较少，一般只设会计主管、出纳、会计三个岗位，如图 1–3 所示。

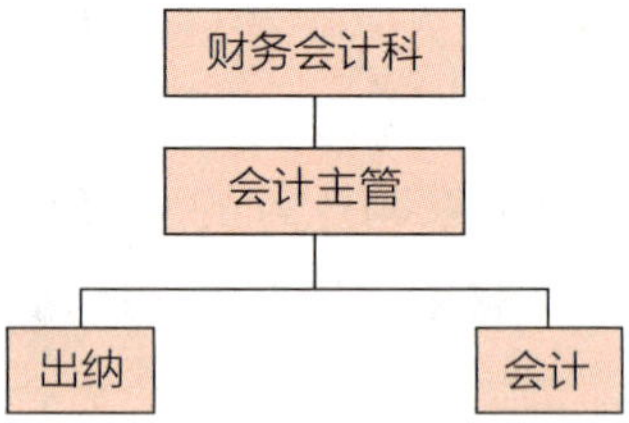


图1-3　小企业会计机构设计

【做中学】根据情境引例分析：

一般而言，一个单位是否单独设置会计机构，往往取决于三个因素：单位规模的大小；经济业务和财务收支的繁简；经营管理的要求。

依据《会计法》规定，会计机构设计的方式有三种：一是设计独立的会计机构和会计人员；二是不设计独立的会计机构，在有关机构中设置会计人员；三是不设置会计机构和会计人员，委托中介机构代理记账。是否单独设置会计机构由各单位根据需要自主决定。鲁中金达有限公司注册资本100万元，职工12人，业务简单，会计业务较少，可以不单设会计机构，但要设置会计人员，会计人员的设置应符合会计人员设置的有关规定。

该公司在会计人员设置上有什么不妥吗？还要等我们学完了学习子情境二之后再来判断。

【本学习子情境小结】

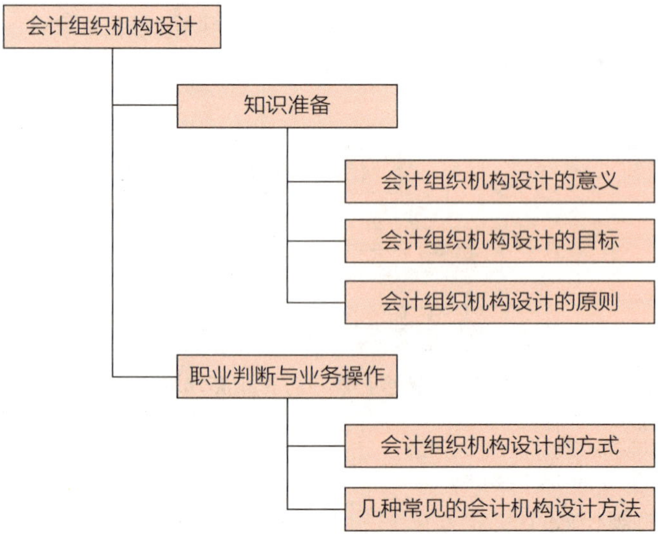

# 学习子情境二　会计人员配备

**【本学习子情境引例】**

鲁中金达有限公司因规模较小、业务较少，不单设会计机构，单位负责人决定由大家公认的、非常诚实的应届高中毕业生小李负责现金的收付、记账、会计报表和会计档案的保管等工作。为了避免出现问题，决定每一笔账务处理都由单位的某位副职领导亲自审核，以体现单位领导对会计工作的重视。

视频：会计人员配备引例

问题与任务：鲁中金达有限公司在会计人员配备上有无不妥之处？如何改进？

**【知识准备】**

## 一、企业会计人员配备的目标与要求

会计人员的编制是指各单位从事会计工作所需人员的有效数量。合理确定会计人员的编制，不仅可以防止会计机构内部人浮于事，又能避免事多压人、劳逸不均的状况，有效地保证会计机构高效率的运转。

视频：会计人员配备的相关规定

## 二、会计人员配备的法律规定

（1）《会计法》第三十七条规定“会计机构内部应当建立稽核制度。出纳人员不得兼任稽核、会计档案保管和收入、支出、费用、债权债务账目的登记工作。”

政策法规：《中华人民共和国会计法》

（2）《会计法》第三十八条规定“会计人员应当具备从事会计工作所需要的专业能力。担任单位会计机构负责人（会计主管人员）的，应当具备会计师以上专业技术职务资格或者从事会计工作三年以上经历。”

（3）《会计法》第三十九条规定“会计人员应当遵守职业道德，提高业务素质。对会计人员的教育和培训工作应当加强。”

动画：会计人员配备

（4）《会计法》第四十条规定“因有提供虚假财务会计报告，做假账隐匿或者故意销毁会计凭证、会计账簿、财务会计报告，贪污、挪用公款，职务侵占等与会计职务有关的违法行为被依法追究刑事责任的人员，不得再从事会计工作。”

## 【职业判断与业务操作】

视频：企业会计人员岗位职责的设计

### 一、企业会计人员岗位职责设计

（一）企业会计人员岗位责任制的建立

1. 按需设岗

企业要根据本单位会计业务的需要设置会计工作岗位，建立会计人员岗位责任制。

2. 内部牵制制度

3. 要有计划地进行轮岗，以促进会计人员全面熟悉业务和不断提高业务素质

根据规定，会计工作岗位可以一人一岗、一人多岗或者一岗多人。企业会计岗位包括：总会计师（或行使总会计师职权）岗位，会计机构负责人或者会计主管人员，出纳，财产物资核算，职工薪酬核算，成本费用核算，财务成果核算，资金核算，往来结算，总账报表，稽核，档案管理，会计电算化，管理会计岗位等。

对于会计档案管理岗位，在会计档案正式移交之前，属于会计岗位；正式移交档案管理部门之后，由档案管理部门人员保管，档案管理部门人员虽然管理会计档案，但不属于会计岗位。

**特别提示**

档案管理部门的人员管理会计档案，不属于会计岗位。医院门诊收费员、住院处收费员、药房收费员、药品库房记账员、商场收费（银）员所从事的工作均不属于会计岗位。单位内部审计、社会审计、政府审计工作也不属于会计岗位。

政策法规：《中华人民共和国总会计师条例》，2011.01.08国务院令第588号

（二）总会计师的设置

总会计师一般是在单位负责人直接领导下进行工作的单位领导决策层成员。总会计师是单位会计工作的主要负责人，全面负责本单位的财务会计管理和经济核算，参与本单位的重大经营决策活动，是单位负责人的参谋和助手。

**特别提示**

2011年修订的《总会计师条例》中明确指出：“总会计师是单位行政领导成员，协助单位主要行政领导人工作，直接对单位主要行政领导人负责。”

依据《会计法》规定，国有的和国有资产占控股地位或者主导地位的大、中型企业必须设置总会计师。也就是说，国有大中型企业必须设置总会计师，但并不排除其他单位设置总会计师，其他单位也可以根据需要，自行决定是否设置总会计师。

为保障总会计师的职权，《总会计师条例》还规定，凡设置总会计师的单位，在单位行政领导成员中，不能再设置与总会计师职责重叠的副职。

1. 总会计师的任职条件

（1）坚持社会主义方向，积极为社会主义建设和改革开放服务；

（2）坚持原则，廉洁奉公；

（3）取得会计师任职资格后，主管一个单位或者单位内一个重要方面的财务会计工作时间不少于三年；

（4）有较高的理论政策水平，熟悉国家财经法律、法规、方针、政策和制度，掌握现代化管理的有关知识；

（5）具备本行业的基本业务知识，熟悉行业情况，有较强的组织领导能力；

（6）身体健康，能胜任本职工作。

2. 总会计师的职责

总会计师的职责可以概括为“2个负责、1个协助、2个参与”，具体包括以下职责。

（1）总会计师负责组织本单位的下列工作：

① 编制和执行预算、财务收支计划、信贷计划，拟定资金筹措和使用方案，开辟财源，有效地使用资金；

② 进行成本费用预测、计划、控制、核算、分析和考核，督促本单位有关部门降低消耗、节约费用、提高经济效益；

③ 建立、健全经济核算制度，利用财务会计资料进行经济活动分析。

（2）总会计师负责对本单位财会机构的设置和会计人员的配备、会计专业职务的设置和聘任提出方案，组织会计人员的业务培训和考核，支持会计人员依法行使职权。

（3）总会计师协助单位主要行政领导对企业的生产经营、行政事业单位的业务发展以及基本建设投资等问题作出决策。

（4）总会计师参与新产品开发、技术改造、科技研究、商品（劳务）价格和工资奖金等方案的制定。

（5）总会计师参与重大经济合同和经济协议的研究、审查。

3. 总会计师的权限

（1）总会计师对违反国家财经法律、法规、方针、政策、制度和有可能在经济上造成损失、浪费的行为，有权制止或者纠正。制止或者纠正无效时，提请单位主要行政领导人处理。

（2）总会计师有权组织本单位各职能部门、直属基层组织的经济核算、财务会计和成本管理方面的工作。

（3）总会计师主管审批财务收支工作。除一般的财务收支可以由总会计师授权的财会机构负责人或者指定人员审批外，重大的财务收支，必须经总会计师审批或者由总会计师报单位主要行政领导人批准。

（4）预算、财务收支计划、成本和费用计划、信贷计划、财务专题报告、会计决算报表，必须经总会计师签署。

涉及财务收支的重大业务计划、经济合同、经济协议等，在单位内部必须经总会计师会签。

（5）会计人员的任用、晋升、调动、奖惩，应当事先征求总会计师的意见。财会机构负责人或者会计主管人员的人选，应当由总会计师进行业务考核，依照有关规定审批。

（三）会计机构负责人和会计主管的设置

独立设置会计机构的单位，应指定会计机构负责人。没有独立设置会计机构的单位，要在会计人员中指定会计主管人员。会计机构负责人和会计主管人员属于单位中层管理人员，具体组织管理本单位的会计工作。

1. 会计机构负责人和会计主管的任职条件

会计机构负责人和会计主管工作水平的高低关系到整个单位会计工作的水平和质量。会计机构负责人和会计主管，应具备以下条件：

（1）政治素质。会计机构负责人应遵纪守法、坚持原则、廉洁奉公、具备良好的职业道德。

（2）专业技术职务条件。担任会计机构负责人的，应当具备会计师以上专业技术职务资格或者具有从事会计工作 3 年以上经历。

（3）政策业务水平。会计机构负责人要熟悉国家的财经法规、法律、规章制度，掌握财务会计理论以及本行业业务的管理知识。

（4）组织能力。作为会计机构负责人，不仅要求自己是会计工作的行家里手，更重要的是要领导和组织好本单位的会计工作。因此，会计机构负责人应具备领导才能和组织能力，包括协调能力、综合分析能力等。

2. 会计机构负责人和会计主管岗位职责

（1）具体领导本单位财务会计工作；

（2）组织制定、贯彻执行本单位的财务会计制度；

（3）组织编制本单位的各项财务、成本计划；

（4）组织开展本单位财务成本分析；

（5）审查或参与拟定经济合同、协议及其他经济文件；

（6）参加生产经营管理会议，参与经营决策；

（7）负责向本单位领导、职工代表大会报告财务状况和经营成果；

（8）审查对外报送的财务会计报告；

（9）负责组织会计人员的政治理论、业务技术的学习和考核，参与会计人员的任免和调动。

（四）企业其他会计人员任职条件和岗位职责

企业会计人员应该具备下列条件：良好的职业道德；必要的专业知识和专业技能；熟悉国家有关法律、法规、规章和国家统一会计制度；具备熟练操作计算机技能。会计人员各岗位职责如下：

1. 出纳岗位

（1）办理现金收付和结算业务；

（2）登记现金和银行存款日记账；

（3）保管库存现金和各种有价证券；

（4）保管有关印章、空白收据和空白支票。

2. 固定资产核算岗位

（1）会同有关部门拟定固定资产的核算与管理办法；

（2）参与编制固定资产更新改造和大修理计划；

（3）负责固定资产的明细核算和有关报表的编制；

（4）计算提取固定资产折旧；

（5）参与固定资产的清查盘点。

3. 材料物资核算岗位

（1）会同有关部门拟定材料物资的核算与管理办法；

（2）审查汇编材料物资的采购资金计划；

（3）负责材料物资的明细核算；

（4）会同有关部门编制材料物资计划成本目录；

（5）配合有关部门制定材料物资消耗定额；

（6）参与材料物资的清查盘点。

4. 库存商品核算岗位

（1）负责库存商品的明细分类核算；

（2）会同有关部门编制库存商品计划成本目录；
（3）配合有关部门制定库存商品的最低、最高限额；
（4）参与库存商品的清查盘点。
5. 职工薪酬核算岗位
（1）监督应付职工薪酬的计提与发放；
（2）审核发放职工薪酬；
（3）负责职工薪酬的明细核算；
（4）负责职工薪酬分配的核算；
（5）负责职工福利费和工会经费等费用的计提与核算。
6. 成本费用核算岗位
（1）拟定成本核算办法；
（2）制定成本费用计划；
（3）负责成本管理基础工作；
（4）核算产品成本和期间费用；
（5）编制成本费用报表并进行分析；
（6）协助管理在产品和自制半成品。
7. 收入、利润及利润分配核算岗位
（1）负责编制收入、利润计划；
（2）办理销售款项结算业务；
（3）负责收入和利润的明细核算；
（4）负责利润分配的明细核算；
（5）编制收入和利润报表；
（6）协助有关部门对产成品进行清查盘点。
8. 资金核算岗位
（1）拟定资金管理和核算办法；
（2）编制资金收支计划；
（3）负责资金调度；
（4）负责资金筹集的明细分类核算；
（5）负责企业各项投资的明细分类核算。
9. 往来结算岗位
（1）建立往来款项结算手续制度；
（2）办理往来款项的结算业务；
（3）负责往来款项结算的明细核算。
10. 总账报表岗位
（1）负责登记总账；

（2）负责编制资产负债表、利润表、现金流量表等有关财务会计报表；

（3）负责管理会计凭证和财务会计报表。

11. 稽核岗位

（1）审查财务成本计划；

（2）审查各项财务收支；

（3）复核会计凭证和财务会计报表。

## 二、会计机构内部稽核制度设计

内部稽核制度是内部控制制度的重要组成部分，是指各单位的会计机构指定专职或者兼职会计人员，负责对有关会计凭证、会计账簿，财务会计报告和其他会计核算资料进行审核、复查的一种制度。会计稽核是会计机构本身对会计核算工作的一种自我检查或审核工作，建立会计机构内部稽核制度的目的在于防止会计核算工作上的差错和有关人员的舞弊。

视频：企业会计人员配备制度设计

会计机构稽核制度的内容一般包括：

（1）审核财务、成本、费用等计划指标项目是否齐全，编制依据是否可靠，有关计算是否正确，各项计划指标是否相互衔接等。审核之后应提出建议或意见，以便修改和完善计划与预算。

（2）审核实际发生的经济业务或财务收支是否符合现行法律、法规、规章制度的规定。对审核中发现的问题及时予以制止或纠正。

（3）审核会计凭证、会计账簿、财务会计报告和其他会计资料的内容是否真实、完整，计算是否正确，手续是否齐全，是否符合有关法律、法规、规章、制度的规定。

（4）审核各项财产物资的增减变动和结存情况，并与账面记录进行核对，确定账实是否相符。若不相符应查明账实不符的原因，并提出改进措施。

内部稽核制度不同于内部审计制度。前者是会计机构内部的一种工作制度；后者是单位在会计机构之外另行设置的内部审计机构或者审计人员对会计工作进行再检查的一种制度。

## 会计稽核制度范本

一、根据《会计法》第三十七条和《会计基础工作规范化》规定，结合本公司制定本制度。

二、会计稽核制定工作指定专人完成，直接由老板和总经理负责。

三、按月对原凭证和记账凭证审核一次，对会计账簿、会计报表复核一次。

四、按月盘点现金一次，并由出纳的现金、银行存款日记与会计现金、银行存款总账进行核对，如有不符应查明原因及时处理。

五、对库存原材料，每年年底盘存一次，据以调整账务（成本与库存）。

六、稽核人员对记账凭证、会计账簿、会计报表、纳税申报表和会计核算的其他资料以及出纳的现金、银行存款日记账等有关财务资料，除按月进行稽核外，还可根据需要对上列资料进行抽查，会计、出纳人员应予支持和配合。

七、稽核人员因工作需要，可向本厂员工开展稽核调查或询问，有关人员应予以支持和配合，不得借故推诿、阻挠。

八、原始凭证和记账凭证审核内容和方法：

（1）查原始凭证的合法性、合理性。大宗物品必须取得税务发票，对方如是一般纳税人，应取得专用发票，是小规模纳税人应取得普通发票或税务部门代开的专用发票（6%）。发票上的物品是否为本公司需要的东西，有无批准的购量预算。

（2）查原始凭证的真实性。发票上的物品是否为销售商所经营的产品，购进价与预算、现实是否相当，货物是否验收入库等。

（3） 核原始凭证的完整性，有无购货单位名称、购货时间、品名、规格、大小写、复写、公私章；是否发票联，有无涂改（金额涂改要退回重开），涂改处是否盖有公章，审批人是否签名等。

（4）核记账凭证的正确性。时间、编号是否正确，使用的科目、方向、金额是否正确，大小写是否相符，摘要记载是否清楚等。

九、复核会计账簿和会计报表是否正确无误：

（1）账与明细账是否相符，摘要栏是否记载得简要明了。

（2）对资产负债表数字与总账数字是否一致，核对损益表中的数字是否与总账和有关明细账相符，有无更改报表数字，有无对不同对象使用不同的数字报出。

（3）对报表之间的数字是否衔接，前后期之间是否衔接。

十、稽核人员应兢业、执法，发现问题应及时处理，并向老板、总经理汇报，取得支持。

### 三、会计机构内部牵制制度设计

内部牵制制度，也称钱账分管制度，是内部控制制度的重要组成部分。内部牵制制度是指凡是涉及款项和财物收付、结算及登记的任何一项工作，必须由两人或两人以上分工办理，以起到相互制约作用的一种制度。

《会计法》明确规定，各单位在建立会计机构内部稽核制度的同时，强调“出纳人员不得兼任稽核、会计档案保管和收入、支出、费用、债权债务账目的登记工作。”这是我国从会计实践总结出的经验和教训，必须严格执行。

### 四、会计人员回避制度设计

《会计基础工作规范》第十六条规定：“国家机关、国有企业、事业单位任用会计人员应当实行回避制度。单位领导人的直系亲属不得担任本单位的会计机构负责人、会计主管人员。会计机构负责人、会计主管人员的直系亲属不得在本单位会计机构中担任出纳工作。”

需要回避的主要有以下三种亲属关系：

（1）夫妻关系。夫妻关系是血亲关系和姻亲关系的基础和源泉，它是亲属关系中最核心、最重要的部分，当然需要回避。

（2）直系血亲关系。直系血亲关系是指具有直接血缘关系的亲属。法律上讲的直系血亲关系有两种情况：一种是出生于同一祖先，有自然联系的亲属，如祖父母、父母、子女等；第二种是指本来没有自然的或直接的血缘关系，但法律上确定其地位与血亲相等，如养父母和养子女之间的关系。直系血亲关系是亲属关系中最为紧密的关系之一，也应当列入回避范围。

（3）三代以内旁系血亲以及近姻亲关系。旁系血亲是指源于同一祖先的非直系的血亲。所谓三代，就是从自身往上或者往下数三代以内，除了直系血亲以外的血亲，就是三代以内旁系血亲，实际上就是自己的兄弟姐妹及其子女与父母的兄弟姐妹及其子女。所谓近姻亲，主要是指配偶的父母、兄弟姐妹、儿女的配偶及儿女配偶的父母。因为三代以内旁系血亲以及近姻亲关系在亲属中也是比较亲密的关系，所以也需要回避。

## 五、会计人员定期轮换制度设计

《会计基础工作规范》第十三条规定，会计人员的工作岗位应当有计划地进行轮换。

【做中学】根据情境引例分析：

鲁中金达有限公司业务简单，会计业务较少，可以不单设会计机构，但要设置会计人员，建立会计岗位责任制。

根据规定，会计工作岗位可以一人一岗、一人多岗或者一岗多人。但会计人员的设置应符合会计稽核制度和内部牵制制度。

内部牵制制度规定“出纳人员不得兼任稽核、会计档案保管和收入、支出、费用、债权债务账目的登记工作。”因此，单位负责人决定应届高中毕业生小李负责现金的收付、记账、会计报表和会计档案的保管等工作，显然不符合会计岗位设置的内部牵制制度。

因此，公司可以由小李负责现金的收付、记账等工作，但稽核、会计档案保管和收入、支出、费用、债权债务账目的登记工作应由专人负责。企业也可以委托代理记账机构代理记账。

【本学习子情境小结】

- 会计人员配备
  - 知识准备
    - 企业会计人员配备的目标与要求
    - 会计人员配备的法律规定
  - 职业判断与业务操作
    - 企业会计人员岗位职责设计
    - 会计机构内部稽核制度设计
    - 会计机构内部牵制制度设计
    - 会计人员回避制度设计
    - 会计人员定期轮换制度设计

## 学习子情境三　会计档案管理制度设计

**【本学习子情境引例】**

视频：会计档案保管制度设计引例

2018年12月，华中兴业公司的档案管理员张某在整理档案时感觉档案资料太多，档案室已经非常拥挤，没有空间再继续存放新档案文件。经过检查，他发现有许多会计档案已经超过了保管期限，于是张某找到了会计科科长李某讨论这件事情。经过核对，两人认为这些会计档案的确已经超过了保管年限，于是在登记以后两人一起对这些会计档案进行了销毁。

问题与任务：华中兴业公司的做法有哪些不妥之处？应如何改进？

**【知识准备】**

视频：什么是会计档案？

会计档案，是指单位在进行会计核算等过程中接收或形成的，记录和反映单位经济业务事项的，具有保存价值的文字、图表等各种形式的会计资料，包括通过计算机等电子设备形成、传输和存储的电子会计档案。

## 一、会计档案的内容

（1）会计凭证，包括原始凭证、记账凭证；

（2）会计账簿，包括总账、明细账、日记账、固定资产卡片及其他辅助性账簿；

（3）财务会计报告，包括月度、季度、半年度、年度财务会计报告；

（4）其他会计资料，包括银行存款余额调节表、银行对账单、纳税申报表、会计档案移交清册、会计档案保管清册、会计档案销毁清册、会计档案鉴定意见书及其他具有保存价值的会计资料。

其中：会计档案鉴定意见书，是指会计档案销毁前，应当由单位档案管理机构牵头，组织单位会计、审计、纪检监察等机构或人员共同对已到保管期限并准备销毁的档案进行鉴定，包括保管期限、有无继续保存价值、是否存在未了结事项等问题进行鉴定，并出具书面报告。

动画：会计档案管理制度设计1

动画：会计档案管理制度设计2

## 二、电子会计档案

单位可以利用计算机、网络通信等信息技术手段管理会计档案。同时满足下列条件的，单位内部形成的属于归档范围的电子会计资料可仅以电子形式保存，形成电子会计档案。

（1）形成的电子会计资料来源真实有效，由计算机等电子设备形成和传输；

（2）使用的会计核算系统能够准确、完整、有效接收和读取电子会计资料，能够输出符合国家标准归档格式的会计凭证、会计账簿、财务会计报表等会计资料，设定了经办、审核、审批等必要的审签程序；

（3）使用的电子档案管理系统能够有效接收、管理、利用电子会计档案，符合电子档案的长期保管要求，并建立了电子会计档案与相关联的其他纸质会计档案的检索关系；

（4）采取有效措施，防止电子会计档案被篡改；

（5）建立电子会计档案备份制度，能够有效防范自然灾害、意外事故和人为破坏的影响；

（6）形成的电子会计资料不属于具有永久保存价值或者其他重要保存价值的会计档案。

动画：会计档案管理内部控制设计案例1

动画：会计档案管理内部控制设计案例2

## 三、从外部接收的电子会计资料

满足上述规定条件，单位从外部接收的电子会计资料附有符合《中华人民共和国电子签名法》规定的电子签名的，可仅以电子形式归档保存，形成电子会计档案。

预算、计划、制度等文件材料，不属于会计档案，应当作为文书档案进行管理。

**【职业判断与业务操作】**

## 一、会计档案的整理制度设计

视频：会计档案的整理制度设计

会计年度终了后，应将装订成册的会计档案进行整理立卷。各种会计档案应按会计档案材料的关联性，分门别类地组成几个类型的案卷，将各卷按顺序编号。

（一）会计凭证整理制度

1. 按月立卷

每月末将装订成册的凭证，统一登记案卷目录，每月立卷一份。

2. 分散装订

根据凭证的多少，分散装订，做到整齐、牢固、美观。

3. 装订封面

装订封面的所有内容要填写齐全，包括：单位名称、年度、月份、起止日期、号码、装订人签章等。

（二）会计账簿整理制度

各种会计账簿办理完年度结账后，除跨年使用的账簿外，其他均需整理妥善保管。

（1）会计账簿在办理完年度结账后，只在下一行的摘要栏填写“结转下年”字样，不填其他内容。

（2）会计账簿在装订前，应按账簿启用表的使用页数，核对各个账户账面是否齐全，是否按顺序排列。

（3）活页账簿去掉空白页后，将本账面数项填写齐全，撤去账夹，用坚固耐磨的纸张做封面、封底，装订成册。不同规格的活页账不得装订在一起。多栏式活页账、三栏式活页账、数量金额式活页账等不得混装。

（4）会计账簿装订顺序：会计账簿封面→账簿启用表→账户目录→按本账簿页数顺序装订账页→会计账簿封底。

（5）装订后的会计账簿应牢固、平整、不得有折角或掉页现象。

（6）账簿装订的封口处，应加盖装订人印章。

（7）装订后，会计账簿的脊背应平整，并注明所属年度及账簿名称和编号。

（8）会计账簿的编号为一年一编，编号顺序为总账、现金日记账、银行存（借）款日记账、分户明细账、辅助账。

（三）会计报表整理制度

会计报表编制完成并按时报送后，留存报表均应按月装订成册，装订顺序为：封面→编制说明→会计报表→报表附注→封底。按保管期限编制卷号。年度终了统一归档保管。

**注意**

在整理会计档案时，使用的装具应做到整齐统一，类目醒目。记账凭证使用标准卷皮的不可装盒（袋）；会计账簿、财务会计报告以及其他材料必须装会计档案盒保管。会计档案卷皮、卷盒背脊要注明年月、类别、期限和卷号。

## 二、会计档案的归档保管制度设计

视频：会计档案的归档保管制度设计

为保证会计档案的真实、完整、可用、安全，单位应当加强会计档案管理工作，建立和完善会计档案的收集、整理、保管、利用和鉴定销毁等管理制度，采取可靠的安全防护技术和措施。

会计档案归档保管分单位会计管理机构保管和单位档案管理机构保管两个阶段。

（一）明确会计档案管理机构职责

（1）单位的会计档案由本单位的单位档案管理机构负责。单位档案管理机构是指单位的档案机构或者档案工作人员所属机构。

（2）单位也可以委托具备档案管理条件的机构代为管理会计档案。

（3）单位档案管理机构接收电子会计档案时，应当对电子会计档案的准确性、完整性、可用性、安全性进行检测，符合要求的才能接收。

（二）明确会计管理机构责任

（1）单位会计管理机构也就是单位的会计机构或会计人员所属机构。按照归档范围和归档要求，负责定期将应当归档的会计资料整理立卷，编制“会计档案保管清册”。

（2）当年形成的会计档案，在会计年度终了后，可由单位会计管理机构临时保管一年，再移交单位档案管理机构保管。因工作需要确需推迟移交的，应当经单位档案管理机构同意。

（3）单位会计管理机构临时保管会计档案最长不超过三年。临时保管期间，会计档案的保管应当符合国家档案管理的有关规定，且出纳人员不得兼管会计档案。

（4）单位会计管理机构在办理会计档案移交时，应当编制“会计档案移交清册”，并按照国家档案管理的有关规定办理移交手续。移交时，纸质会计档案应当保持原卷的封装。

（5）移交电子会计档案时，应当将电子会计档案及其元数据一并移交，且文件格式应当符合国家档案管理的有关规定。对于特殊格式的电子会计档案应当与其读取平台一并移交。

会计档案移交清册见表 1-1。

表1-1　会计档案移交清册

**会计档案移交清册**

| 序号 | 档案类别 | 案卷名称 | 起止日期 | 编号 | 卷内张数 | 保管期限 | 已保管期限 | 备注 |
|---|---|---|---|---|---|---|---|---|
| | | | | | | | | |
| | | | | | | | | |
| | | | | | | | | |
| | | | | | | | | |
| | | | | | | | | |
| | | | | | | | | |

## 三、会计档案的借阅使用制度设计

视频：会计档案借阅和保管制度设计

为保证会计档案的完整、安全，单位应当严格按照相关制度利用会计档案。

（1）会计档案管理部门，建立会计档案清册和借阅登记清册，在进行会计档案查阅、复制、借出时，履行登记手续，严禁篡改和损坏。

（2）单位保存的会计档案一般不得对外借出。确因工作需要且根据国家有关规定必须借出的，应当严格按照规定办理相关手续。须经财务负责人或单位领导批准后，方可办理调阅手续。

（3）会计档案借用单位应当妥善保管和利用借入的会计档案，确保借入会计档案的安全完整，并在规定时间内归还。不得在案卷中标画，不得拆算原卷册，更不得抽换。

（4）借阅会计档案人员，不得将会计档案携带出外。特殊情况，必须经单位领导批准。需要复制会计档案的，必须经财务负责人或单位领导批准后方可复制。

## 四、会计档案保管期限制度设计

会计档案的保管期限分为永久、定期两类。定期保管期限一般分为10年和30年。会计档案的保管期限，从会计年度终了后的第一天算起。《会计档案管理办法》明确企业和其他经济组织会计档案的保管期限。具体见表1-2。

表1-2　企业和其他经济组织会计档案保管期限表

| 序号 | 档案名称 | 保管期限 | 备注 |
|---|---|---|---|
| 一 | 会计凭证 | | |
| 1 | 原始凭证 | 30年 | |
| 2 | 记账凭证 | 30年 | |
| 二 | 会计账簿 | | |
| 3 | 总账 | 30年 | |
| 4 | 明细账 | 30年 | |
| 5 | 日记账 | 30年 | |
| 6 | 固定资产卡片 | | 固定资产报废清理后保管5年 |
| 7 | 其他辅助性账簿 | 30年 | |
| 三 | 财务会计报告 | | |
| 8 | 月度、季度、半年度财务会计报告 | 10年 | |
| 9 | 年度财务会计报告 | 永久 | |
| 四 | 其他会计资料 | | |
| 10 | 银行存款余额调节表 | 10年 | |
| 11 | 银行对账单 | 10年 | |
| 12 | 纳税申报表 | 10年 | |
| 13 | 会计档案移交清册 | 30年 | |
| 14 | 会计档案保管清册 | 永久 | |
| 15 | 会计档案销毁清册 | 永久 | |
| 16 | 会计档案鉴定意见书 | 永久 | |

## 五、会计档案的销毁制度设计

会计档案保管期满应按规定予以销毁，销毁前应进行鉴定，并按照销毁程序予以销毁。

视频：会计档案销毁制度设计

（一）销毁前鉴定制度

（1）已到保管期限的会计档案应当进行鉴定。单位应当定期对已到保管期限的会计档案进行鉴定，并形成“会计档案鉴定意见书”（格式见表1-3）。

表1-3　　会计档案鉴定意见书

**会计档案鉴定意见书**

| 序号 | 起止年月 | 档案类别 | 档案名称 | 凭证编号 | 册数 | 总册书 | 顺序号 | 应保管期限 | 已保管期限 | 销毁原因 | 备注 |
|---|---|---|---|---|---|---|---|---|---|---|---|
| | | | | | | | | | | | |
| | | | | | | | | | | | |
| | | | | | | | | | | | |
| | | | | | | | | | | | |
| | | | | | | | | | | | |
| | | | | | | | | | | | |
| 档案保管员: | | | | 财务负责人意见: | | | | 财务总监意见: | | | |
| 公司负责人意见: | | | | 审计部门意见: | | | | 分管领导意见: | | | |
| 监销员签名: | | | | 销毁员签名: | | | | 销毁日期: | | | |

（2）会计档案鉴定工作组织。会计档案鉴定工作应当由单位档案管理机构牵头，组织单位会计、审计、纪检监察等机构或人员共同进行。

（3）鉴定结果处理。经鉴定，仍需继续保存的会计档案，应当重新划定保管期限；对保管期满，确无保存价值的会计档案，可以销毁。

（二）销毁流程设计

（1）编制“会计档案销毁清册”。单位档案管理机构编制“会计档案销毁清册”,（格式见表1-4、表1-5）列明拟销毁会计档案的名称、卷号、册数、起止年度、档案编号、应保管期限、已保管期限和销毁时间等内容。

（2）相关人员签署意见。单位负责人、档案管理机构负责人、会计管理机构负责人、档案管理机构经办人、会计管理机构经办人在“会计档案销毁清册”上签署意见。

（3）组织销毁工作。单位档案管理机构负责组织会计档案销毁工作，并与会计管理机构共同派员监销。监销人在会计档案销毁前，应当按照会计档案销毁清册所列内容进行清点核对；在会计档案销毁后，应当在会计档案销毁清册上签名或盖章。

（4）电子会计档案销毁的特别规定。电子会计档案的销毁还应当符合国家有关电子档案的规定，并由单位档案管理机构、会计管理机构和信息系统管理机构共同派员监销。

表1-4　　会计档案销毁清册

## 会计档案销毁清册

单位名称（盖章）：______

单　位　性　质：______

单　位　代　码：______

启　用　年　限：______

单位负责人：

档案管理机构负责人：　　会计管理机构负责人：

档案管理机构经办人：　　会计管理机构经办人：

监销员签名：　　销毁员签名：　　销毁日期：

表1-5　　会计档案销毁清册

## 会计档案销毁清册

| 序号 | 档案类别 | 档案名称 | 所属年度 | 规定保管期限 | 实际保管期限 | 目录号 | 案卷号 | 页数 | 备注 |
| --- | --- | --- | --- | --- | --- | --- | --- | --- | --- |
| | | | | | | | | | |
| | | | | | | | | | |
| | | | | | | | | | |
| | | | | | | | | | |
| | | | | | | | | | |
| | | | | | | | | | |

**注意**

销毁会计档案时，应当由档案机构和会计机构共同派员监销。国家机关销毁会计档案时，应当由同级财政部门、审计部门派员参加监销。财政部门销毁会计档案时，应当由同级审计部门派员参加监销。

（三）不能销毁的会计档案

有些会计档案保管期虽满，但因有未了事项不得销毁，或因企业撤销、解散、破产或其他原因而终止的，在企业终止或者办理注销登记手续之前形成的会计档案。

（1）未了事项的会计凭证不得销毁。保管期满但未结清的债权债务会计凭证和涉及其他未了事项的会计凭证不得销毁，纸质会计档案应当单独抽出立卷，电子会计档案单独转存，保管到未了事项完结时为止。

（2）单独抽出立卷或转存的会计档案，应当在会计档案鉴定意见书、会计档案销毁清册和会计档案保管清册中列明。

（3）单位因撤销、解散、破产或其他原因而终止的，在终止或办理注销登记手续之前形成的会计档案，按照国家档案管理的有关规定处置。

【做中学】根据情境引例分析：

会计档案的销毁应当按照规定程序进行。一是对保管期满的会计档案进行鉴定，并形成“会计档案鉴定意见书”。会计档案鉴定工作应当由单位档案管理机构牵头，组织单位会计、审计、纪检监察等机构或人员共同进行。二是按规定程序销毁，首先应由单位档案管理机构编制“会计档案销毁清册”，列明拟销毁会计档案的名称、卷号、册数、起止年度、档案编号、应保管期限、已保管期限和销毁时间等内容。其次，相关人员签署意见。单位负责人、档案管理机构负责人、会计管理机构负责人、档案管理机构经办人、会计管理机构经办人在“会计档案销毁清册”上签署意见。最后，组织销毁工作。单位档案管理机构负责组织会计档案销毁工作，并与会计管理机构共同派员监销。监销人在会计档案销毁前，应当按照会计档案销毁清册所列内容进行清点核对；在会计档案销毁后，应当在会计档案销毁清册上签名或盖章。

如果销毁的是电子会计档案，还应当符合国家有关电子档案的规定，并由单位档案管理机构、会计管理机构和信息系统管理机构共同派员监销。

华中兴业公司的档案管理员张某与会计科科长李某，在登记以后对会计档案进行了销毁，没有严格执行会计档案销毁的有关规定。

**【知识拓展】**

单位分立、合并时的会计档案管理

（1）单位分立后，原单位存续的，其会计档案应当由分立后的存续方统一保管，其他方可以查阅、复制与其业务相关的会计档案。

单位分立后原单位解散的，其会计档案应当经各方协商后由其中一方代管或按照国家档案管理的有关规定处置，各方可以查阅、复制与其业务相关的会计档案。

单位分立中未结清的会计事项所涉及的会计凭证，应当单独抽出由业务相关方保存，并按照规定办理交接手续。

单位因业务移交其他单位办理所涉及的会计档案，应当由原单位保管，承接业务单位可以查阅、复制与其业务相关的会计档案。对其中未结清的会计事项所涉及的会计凭证，应当单独抽出由承接业务单位保存，并按照规定办理交接手续。

（2）单位合并后原各单位解散或者一方存续其他方解散的，原各单位的会计档案应当由合并后的单位统一保管。单位合并后原各单位仍存续的，其会计档案仍应当由原各单位保管。

（3）建设单位在项目建设期间形成的会计档案，需要移交给建设项目接受单位的，应当在办理竣工财务决算后及时移交，并按照规定办理交接手续。

（4）单位之间交接会计档案时，交接双方应当办理会计档案交接手续。

移交会计档案的单位，应当编制会计档案移交清册，列明应当移交的会计档案名称、卷号、册数、起止年度、档案编号、应保管期限和已保管期限等内容。

交接会计档案时，交接双方应当按照会计档案移交清册所列内容逐项交接，并由交接双方的单位有关负责人负责监督。交接完毕后，交接双方经办人和监督人应当在会计档案移交清册上签名或盖章。

电子会计档案应当与其元数据一并移交，特殊格式的电子会计档案应当与其读取平台一并移交。档案接受单位应当对保存电子会计档案的载体及其技术环境进行检验，确保所接收电子会计档案的准确、完整、可用和安全。

（5）单位的会计档案及其复制件需要携带、寄运或者传输至境外的，应当按照国家有关规定执行。

（6）单位委托中介机构代理记账的，应当在签订的书面委托合同中，明确会计档案的管理要求及相应责任。

**【本学习子情境小结】**

- 会计档案管理制度设计
  - 知识准备
    - 会计档案的内容
    - 电子会计档案
    - 从外部接收的电子会计资料
  - 职业判断与业务操作
    - 会计档案的整理制度设计
    - 会计档案的归档保管制度设计
    - 会计档案的借阅使用制度设计
    - 会计档案保管期限制度设计
    - 会计档案的销毁制度设计
  - 知识拓展
    - 单位分立、合并时的会计档案管理

# 学习子情境四　会计工作交接制度设计

**【本学习子情境引例】**

2018年6月，华中兴业公司因业务提升的需要，决定派出纳员王某外出学习三个月，同时决定在王某外出学习这段时间，其负责的出纳工作由财务科的档案管理员张某接管。在接到公司通知的当天下午，王某找到张某说明了公司的决定，张某通过询问办公室主任确定是公司的决定后，两个人认真核对了账目并作了详细的记录，其后张某接手了王某的出纳业务。

视频：会计工作交接制度设计引例

问题与任务：华中兴业公司的做法有哪些不妥之处？应如何改进？

**【知识准备】**

## 一、会计工作交接制度设计的目标

会计人员在工作调动或因故离职时，必须有人接替其工作，会计工作的这种移交和接替过程称为会计工作交接。

会计工作交接制度设计的目标是保证会计工作的连续性，明确交接人员各自的经济责任，防止会计工作因工作交换造成混乱和差错，杜绝可能出现的各种不法行为。

## 二、会计工作交接的制度规定

会计工作交接制度，是会计工作的一项重要制度。办理好会计工作交接，有利于保持工作的连续性，有利于明确责任。

（1）《会计法》第四十一条规定：会计人员调动工作或者离职，必须与接管人员办清交接手续。一般会计人员办理交接手续，由会计机构负责人（会计主管人员）监交；会计机构负责人（会计主管人员）办理交接手续，由单位负责人监交，必要时主管单位可以派人会同监交。

（2）《会计基础工作规范》同时进一步规定：

① 会计人员临时离职或者因病不能工作且需要接替或者代理的，会计机构负责人、会计主管人员或者单位领导人必须指定有关人员接替或者代理，并办理交接手续。

② 临时离职或者因病不能工作的会计人员恢复工作的，应当与接替或者代理人员办理交接手续。

③ 移交人员因病或者其他特殊原因不能亲自办理移交的，经单位领导人批准，可由移交人员委托他人代办移交，但委托人应当承担相应的责任。

**【职业判断与业务操作】**

## 一、会计工作交接前准备工作的规定

会计人员工作调动或者因故离职时，必须向接替人员办理正式的会计移交手续，在移交手续未办妥前不得调动或者离职。移交人员因故不能承办移交手续时，经领导批准，可委托他人代办移交，但移交中的责任仍需本人承担。

视频：会计工作交接制度的设计

会计人员办理移交手续前，必须及时做好以下工作：

（1）已经受理的经济业务尚未填制会计凭证的，应当填制完毕。

（2）尚未登记的账目，应当登记完毕，并在最后一笔余额后加盖经办人员印章。

（3）整理应该移交的各项资料。编制移交清册，列明应当移交的会计凭证、会计账簿、会计报表、印章、现金、有价证券、支票簿、发票、文件、其他会计资料和物品等内容。

（4）实行会计电算化的单位，从事该项工作的移交人员还应当在移交清册中列明会计软件及密码、会计软件数据磁盘（磁带等）及有关资料、实物等内容。

（5）对未了会计事项应写出书面材料，说明其内容、原因、处理办法及相关责任。

（6）会计机构负责人、会计主管人员移交时，还必须将全部财务会计工作、重大财务收支和会计人员的情况等，向接替人员详细介绍。对需要移交的遗留问题，应当写出书面材料。

## 二、会计工作的移交点收制度设计

移交人员在办理移交时，要按移交清册逐项移交，接替人员要逐项核对点收。

（1）库存现金要根据会计账簿有关记录进行点交。库存现金必须与会计账簿记录保持一致。不一致时，移交人员必须限期查清。

（2）有价证券的数量应与会计账簿记录一致，有价证券面额与发行价不一致时，按照账簿余额交接。

（3）会计凭证、会计账簿、会计报表和其他会计资料必须完整无缺。如有短缺，必须查清原因，并在移交清册中注明，由移交人员负责。

（4）银行存款账户余额要与银行对账单核对，如不一致，应当编制银行存款余额调节表，使二者调节相符，各种财产物资和债权债务的明细账户余额要与总账有关账户余额核对相符；必要时，应抽查个别账户的余额，与实物核对相符，或者与往来单位、个人核对清楚。

（5）移交人员经管的票据、印章和其他实物等，必须交接清楚。

（6）实行会计电算化的单位，交接双方应在电子计算机上对有关数据进行实际操作，确认有关数字正确无误后，方可交接。

## 三、会计工作交接的监交制度设计

为了明确责任，会计人员办理工作交接时，必须有专人负责监交。通过监交，保证交接双方都按照国家有关规定认真办理交接手续，防止交接工作流于形式，保证会计工作不因人员变动受影响，保证交接双方处在平等的法律地位上享有权利和承担义务。移交清册应当经过监交人员审查、签名和盖章，作为交接双方明确责任的证件。

（1）一般会计人员交接，由单位会计机构负责人、会计主管人员负责监交。

（2）会计机构负责人、会计主管人员交接，由单位负责人监交，必要时可由上级主管部门派人会同监交。通常有三种情况：

① 所属单位负责人不能监交时，需要由主管单位派人代表主管单位监交。如因单位撤并而办理交接手续等。

② 所属单位负责人不能尽快监交，需要由主管单位派人督促监交。如主管单位责成所属单位撤换不合格的会计机构负责人（会计主管人员），所属单位负责人以种种借口拖延不办交接手续时，主管单位就应派人督促会同监交等。

③ 不宜由所属单位负责人单独监交，而需要主管单位会同监交。如所属单位负责人与办理交接手续的会计机构负责人（会计主管人员）有矛盾，交接时需要主管单位派人会同监交，以防止可能发生单位负责人借机刁难等。

④ 主管单位认为交接中存在某种问题需要派人监交时，也可派人会同监交。

## 四、会计工作交接后的事宜

（1）交接完毕后，交接双方和监交人员要在移交清册上签名或者盖章，并应在移交清册上注明单位名称、交接日期、交接双方和监交人员的职务和姓名，移交清册页数以及需要说明的问题和意见等。

（2）接替人员应当继续使用移交的会计账簿，不得自行另立新账，以保持会计记录的连续性。

（3）移交清册一般应当填制一式三份，交接双方各执一份，存档一份。

## 五、会计工作交接人员的责任

会计工作交接中，合理、公正地区分交接人和接替者的责任是非常必要的。移交人员对移交的会计凭证、会计账簿、会计报表和其他会计资料的合法性、真实性承担法律责任。会计资料移交后，移交人员所移交的会计凭证、会计账簿、会计报表和其他会计资料是在其经办期间内发生的，应当对这些资料的真实性、完整性负责。即便接替人员在交接时因疏忽没有发现所接会计资料在真实性、完整性方面的问题，如事后发现，仍应由原移交人员负责，原移交人员不应以会计资料移交而推卸责任。

会计工作交接流程如图 1–4 所示。

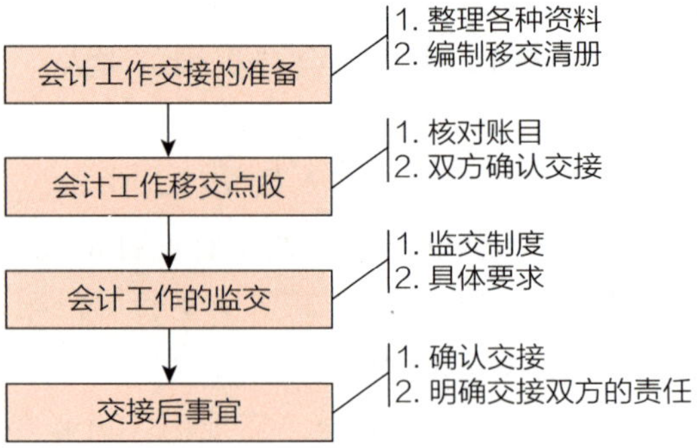


图1–4　会计工作交接流程

【做中学】根据情境引例分析：

首先，出纳岗位与会计档案的保管工作属于不相容职务，应分离，出纳员王某外出学习三个月，其工作不能由财务科的档案管理员张某接管，因此公司的决定不妥。

其次，会计人员办理工作交接时，必须有专人负责监交。一般会计人员交接，由单位会计机构负责人、会计主管人员负责监交。出纳员王某与张某未办理任何手续，张某擅自接手王某的出纳业务，也不符合会计人员的交接手续规定。

**【知识拓展】**

违反国家统一的会计制度行为的法律责任

《会计法》规定，有下列行为之一的，由县级以上人民政府财政部门责令限期改正，可以对单位并处3 000元以上5万元以下的罚款；对其直接负责的主管人员和其他直接责任人员，可以处2 000元以上2万元以下的罚款；属于国家工作人员的，还应当由其所在单位或者有关单位依法给予行政处分；构成犯罪的，依法追究刑事责任；对情节严重的会计人员，由县级以上财政部门吊销会计从业资格证书。

（1）不依法设置会计账簿的；

（2）私设会计账簿的；

（3）未按照规定填制、取得原始凭证或者填制、取得的原始凭证不符合规定的；

（4）以未经审核的会计凭证为依据登记会计账簿或者登记会计账簿不符合规定的；

（5）随意变更会计处理方法的；

（6）向不同的会计资料使用者提供的财务会计报告编制依据不一致的；

（7）未按照规定使用会计记录文字或者记账本位币的；

（8）未按照规定保管会计资料，致使会计资料毁损、灭失的；

（9）未按照规定建立并实施单位内部会计监督制度或者拒绝依法实施的监督或者不如实提供有关会计资料及有关情况的；

（10）任用会计人员不符合《会计法》规定的。

**【真实案例】**

## ××集团公司财务机构设置及岗位责任制

××集团公司创建于1988年，拥有总资产20多亿元、占地260多万平方米、员工3 000多名，涵盖轮胎、机电、化工、地产开发、资本运营五大产业。公司下设六个专业化公司，其财务管理实行财务经理负责制，整个财务系统有13名会计人员。

一、财务部内部分工

该公司财务部内部分工如图1-5所示。

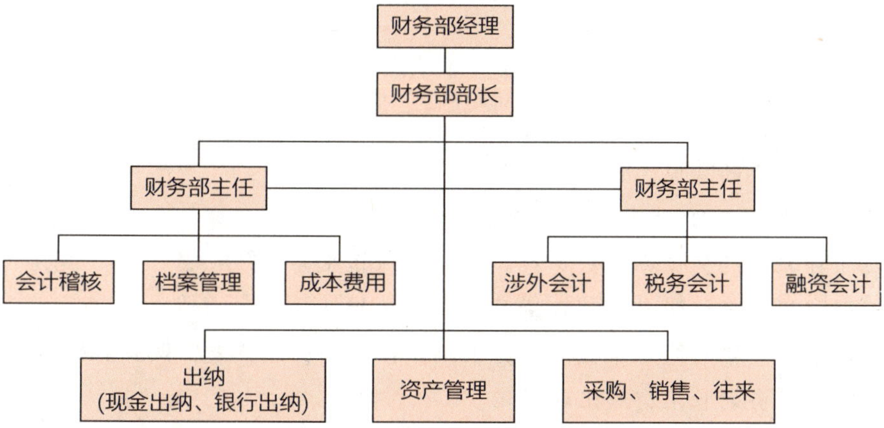


图1-5　财务部内部分工

二、各岗位职责

（一）财务部部长职责

1. 建立健全各项规章制度并组织监控公司日常的财务管理活动。

2. 完善公司财务部的组织机构和人员配备，拟订财务人员的培训、考核、轮换及晋升制度，负责组织全公司范围的财务人员的培训、考核等。

3. 主持财务部门工作会议，协调部门人员完成指定的工作目标。

4. 出席公司重要会议，接受财务工作的质询，参与公司的经营决策。

5. 协调公司财务部和各部门的财务管理工作。

6. 审核或参与重大合同、协议及其他重要经济文件的拟订。

7. 评议、考核本部门人员的工作表现并做必要的目标修订及人员改派。

8. 负责财务系统运行的整体管理，进行工作指导和监督检查。

9. 其他由财务经理交办及自行开展的工作。

（二）财务部主任职责

1. 定期编制、汇总公司报表和有关资料，及时提供会计信息。

2. 定期或不定期向领导报告各项财务收支和盈亏情况，以便决策人进行决策。

3. 检查与复核税金计算、预缴、清缴事项。

4. 负责财务系统运行的整体管理，进行流程设计和工作指导。

5. 财务部本部门工作的监督、检查、指导，与其他部门工作的协调。

6. 其他由财务部长交办及自行开展的工作。

（三）现金出纳工作职责

1. 根据审核批准的凭证办理现金的收付结算业务。

2. 及时登记现金日记账，做到日清月结，账实相符。

3. 负责现金、票据、代扣税票保管及使用，严格支票使用管理，支票、印鉴分别存放。

4. 处理员工薪金整理、发放、核对业务，现金支票签发。

5. 配合会计做好各种账务处理。

6. 每月至少进行一次现金盘点。

7. 进行现金凭证的制作、打印和装订。

8. 完成领导交办的其他工作。

（四）银行出纳工作职责

1. 根据审核批准的凭证办理银行存款的收付结算业务。

2. 及时登记银行日记账，做到日清月结，账实相符。

3. 及时与总账、银行对账单核对，月末编制银行余额调节表，做到账账相符。

4. 进行外汇业务的收汇、结汇和付汇。

5. 编制资金使用日报表，每日向总经理及分管副总汇报公司资金使用结存情况。

6. 严格银行支票的管理和使用，支票、印鉴分别存放。

7. 配合会计做好各种账务处理。

8. 负责银行凭证的制作、打印及装订。

9. 完成领导交办的其他工作。

（五）采购、销售、往来会计工作职责

1. 进行采购业务的管理，物资采购入库转账凭证的制单、打印和装订。

2. 负责销售业务的管理，产品调拨、销售出库，销售成本结转凭证的制单、打印和装订。

3. 核算项目客户的管理，往来账务的核对、对账和检查。与销售部销售出库的核对检查。销售发票的开具、核对。产成品的盘点及核对。

4. 核算项目供应商的管理，往来账务的核对、对账和检查。与采购部采购入库的核对检查。采购发票及相关费用发票的审核、钩稽。原材料、材料物资的盘点核对。

5. 做到记账准确、内容完整、数据真实、方法正确、手续齐备、清晰整洁。

6. 完成领导交办的其他任务。

（六）成本费用会计工作职责

1. 努力学习业务知识和各项财务法规。

2. 负责各种费用单据转账凭证的制单、打印和装订。

3. 按照正确的方法和标准进行月末费用凭证的计提、分摊的凭证制作。

4. 月末在产品、自制半成品、材料的盘点，计算、检查、核对。

5. 严格按照成本核算方法规定，正确归集、分摊生产费用和产品成本的结转。

6. 学习并掌握先进的成本管理和成本核算方法及计算机操作，提出降低成本的控制措施和建议。

7. 完成领导交办的其他任务。

（七）资产管理会计工作职责

1. 会同有关部门拟定在建工程、固定资产、周转材料的管理和核算实施办法。

2. 参与核定固定资产需用量，参与编制固定资产更新改造和大修理计划。

3. 负责在建工程的管理和监督，并积极配合相关部门做好在建工程的转固工作。

4. 进行固定资产系统的管理、使用、维护。对购置、内部转移、报废的固定资产要督促有关部门办理会计手续，及时进行账务处理并定期进行核对。

5. 正确计算、提取固定资产折旧并进行账务处理，及时、准确地进行在建工程的转固管理及账务处理。

6. 参与固定资产的盘点，并进行分析和报告。

7. 学习、掌握先进的资产管理方法，提出完善资产管理的措施和建议。

8. 完成领导交办的其他任务。

（八）税务会计工作职责

1. 负责编制公司月度、季度、年度税务报表，进行税金的计算、申报和解缴工作。

2. 完成税务登记证各项证件的变更、年检等工作。

3. 负责发票的开具、进项发票的认证抵扣。

4. 处理外汇核销业务和口岸的备案。

5. 办理出口退税业务。

6. 进行税收法规的收集、整理、宣传培训工作。

7. 协助出纳人员作好结汇等各项业务。

8. 配合好税务局的检查及日常数据的上报工作。

9. 各级财政部门资料的报送。

10. 以上各种税务、财政资料的暂时性管理、保存工作。

11. 完成各项与税收有关的其他工作。

（九）融资会计工作职责

1. 负责银行融资资料的整理及报送。

2. 研究国家的相关政策及银行的规定，筹划企业降低融资的成本。

3. 全面掌握公司对外融资情况，合理安排到期借款还、贷工作。

4. 完成公司贷款卡的年审工作，各种借、贷款项相关财务费用的监督、审核。

5. 按时编制并报送对外统计报表。

6. 完成除财政、税务部门外各政府部门与公司财务相关的工作。

7. 完成领导交办的其他任务。

8. 以上相关资料的暂时保管、保存。

（十）稽核、档案管理会计工作职责

1. 负责凭证的审核，利润的结转，库存、财务的结账。

2. 完成财务报表的编制、打印和装订，进行财务分析，为决策人提供决策数据。

3. 进行账簿的设置、打印，财务数据的备份。往来科目的检查、核对，问题的处理。现金盘点表、银行存款余额调节表的审核；

4. 对财务档案资料的编号、整理、装订提出规范化要求，年终要集中归档，妥善保管。

5. 完成领导交办的其他任务。

**【本学习子情境小结】**

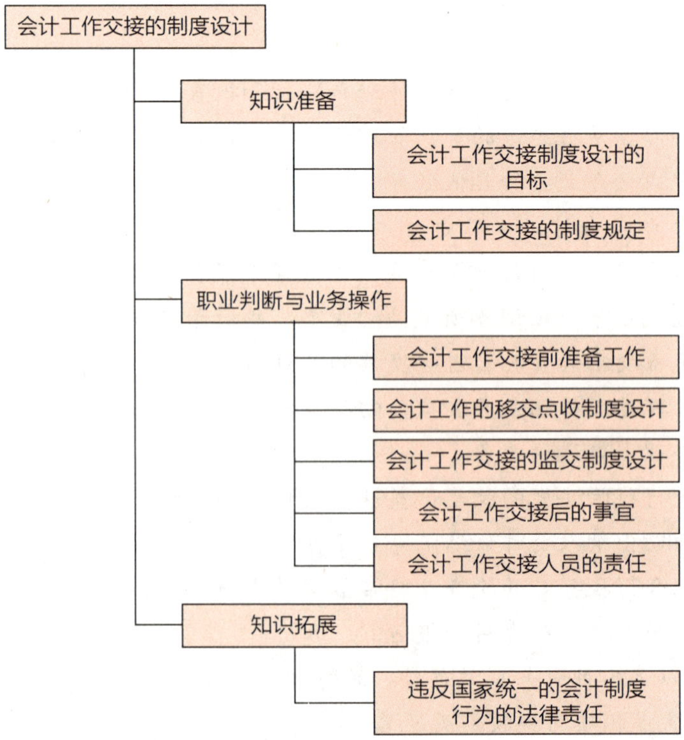

# 职业能力训练

## 一、单项选择题

1. 根据《会计法》的规定，担任单位会计机构负责人（会计主管人员）的，应当具备的基本专业技术资格证书是（　　）。

A. 会计师资格证书　　B. 初级会计师资格证书

C. 中专以上毕业证书　　D. 注册会计师资格证书

2. 会计档案保管期限分为永久和定期两类，定期保管期限分为10年和30年两种，保管期限起算日为（　　）。

A. 会计年度终了后第一天　　B. 每月终了后第一天

C. 经济业务发生日　　D. 会计档案装订日

3. 经批准，向外单位提供的原始凭证复印件，应当在专设的登记簿上登记，并由（　　）共同签名或者盖章。

A. 会计档案保管人员和收取人员

B. 总会计师和收取人员

C. 会计机构负责人和收取人员

D. 提供人员和收取人员

4. 各单位出纳人员可以登记的账目是（　　）。

A. 收入类账簿　　B. 债权、债务类账簿

C. 固定资产明细账　　D. 费用类账簿

5. 内部牵制制度是指凡是涉及款项和财物收付、结算及登记的任何一项工作，必须分工办理，分工办理人员为（　　）。

A. 两人　　B. 两人或两人以上

C. 三人　　D. 三人或三人以上

6. 会计法规定，国有的和国有资产占控股地位或者主导地位的大、中型企业必须设置（　　）。

A. 高级会计师　　B. 高级审计师

C. 总经济师　　D. 总会计师

7. 下列选项中不影响其在本单位担任总会计师、会计机构负责人、会计主管人员和出纳的是（　　）。

A. 与单位负责人夫妻关系或直系血亲关系

B. 与单位负责人老乡关系

C. 与单位负责人三代以内的旁系血亲关系

D. 与单位负责人近姻亲关系

8. 一般会计人员办理交接手续，负责监交的是（　　）。

A. 单位负责人　　B. 会计机构负责人
C. 稽核人员　　D. 内部审计机构负责人

9. 会计人员的工作交接，应当填制移交清册。移交清册一般应填制一式（　　）份。

A. 1　　B. 2　　C. 3　　D. 4

10. 根据《会计档案管理办法》的规定，会计档案保管期满需要销毁的，应当编制会计档案销毁清册。会计档案销毁清册的保管期限为（　　）。

A. 3 年　　B. 5 年　　C. 15 年　　D. 永久

11. 为促使会计人员全面熟悉业务和不断提高业务素质，要求对会计人员的工作岗位进行管理的制度是（　　）。

A. 有计划的轮岗　　B. 内部稽核
C. 内部监督　　D. 回避

12. 以下属于会计岗位的是（　　）。

A. 商场收费（银）员　　B. 单位内部审计
C. 稽核　　D. 会计档案管理

13. 以下属于出纳岗位职责的是（　　）。

A. 审核发放工资　　B. 保管空白支票
C. 办理销售款项结算　　D. 登记往来账

14. 企业会计档案管理机构临时管理会计档案最长期限不超过（　　）。

A. 半年　　B. 1 年　　C. 2 年　　D. 3 年

15. 出纳岗位职责不包括（　　）。

A. 审核发放工资　　B. 保管空白支票
C. 办理现金收付　　D. 登记日记账

16. 固定资产核算岗位职责包括（　　）。

A. 参与固定资产的清查盘点　　B. 保管各种有价证券
C. 对外报送财务会计报告　　D. 材料物资的明细核算

17. 必须设总会计师的企业有（　　）。

A. 股份制企业　　B. 有限责任公司
C. 国有企业　　D. 大型国有控股企业

18. 总会计师是（　　）。

A. 财务主管　　B. 单位行政领导
C. 财务总监　　D. 单位负责人

19. 担任总会计师应当具备的条件不包括（　　）。

A. 有会计师资格　　B. 有较强的组织领导能力
C. 有注册会计师资格　　D. 政策理论水平高
20. 单位出纳人员不能兼任的工作是（　　）。
A. 收入明细账的登记　　B. 固定资产账的登记
C. 银行日记账的登记　　D. 保管空白支票
21. 总会计师的职责不包括（　　）。
A. 组织会计人员的业务培训和考核
B. 建立、健全经济核算制度
C. 对单位财务报表的真实性、合法性负责
D. 编制和执行预算、财务收支计划、信贷计划
22. 以下属于总会计师职责的是（　　）。
A. 有权制止或者纠正违反国家财经法律的行为
B. 处理违反国家财经法律、法规的行为
C. 签署销售合同
D. 编制财务报表
23. 以下不是总会计师职责的是（　　）。
A. 会计人员的任用　　B. 会计人员的晋升
C. 会计人员的奖惩　　D. 会计人员的职业资格认定
24. 会计组织机构设计的原则包括（　　）。
A. 责权对等　　B. 可比性
C. 重要性　　D. 合法性
25. 会计组织机构设计的原则不包括（　　）原则。
A. 责权对等　B. 成本效益　C. 适应性　D. 科学性
26. 设计会计组织机构需要考虑的因素包括（　　）。
A. 单位业务的繁简　　B. 企业的行政级别
C. 对外的形象　　D. 所处的行业特点
27. 会计人员办理移交手续前，必须及时做好以下工作（　　）。
A. 提交离职报告
B. 办理工资结算
C. 负责找到接替的会计人员
D. 尚未登记的账目，应当登记完毕
28. 会计工资交接中，由上级主管部门派人会同监交的情况不包括（　　）。
A. 所属单位负责人不能监交
B. 所属单位负责人不愿意监交

C. 所属单位负责人不能尽快监交

D. 不宜由所属单位负责人单独监交

29. 账簿装订的封口处，应加盖（　　）印章。

A. 装订人　　B. 会计机构负责人

C. 出纳　　D. 单位

30. 会计凭证要求按（　　）立卷。

A. 年　　B. 月　　C. 类别　　D. 需要

## 二、多项选择题

1. 下列属于会计行政法规的有（　　）。

A.《会计法》　　B.《企业财务会计报告条例》

C.《总会计师条例》　　D.《企业会计准则——基本准则》

2. 下列关于企业会计机构设置的说法正确的有（　　）。

A. 独立设置会计机构

B. 不独立设置，在有关机构中设置会计人员

C. 委托中介机构代理记账

D. 委托税务机关代理记账

3. 会计机构、会计人员必须审核原始凭证，审核的依据是会计制度的规定，审核的标准是（　　）。

A. 合法　　B. 真实　　C. 准确　　D. 完整

4. 根据《会计法》的规定，出纳员不得兼管（　　）。

A. 会计档案保管　　B. 稽核

C. 银行存款日记账的登记　　D. 债权债务账目的登记

5. 下列关于会计人员回避制度的说法中，正确的有（　　）。

A. 单位负责人的直系亲属不得担任本单位的会计机构负责人

B. 单位负责人的直系亲属不得担任本单位的会计主管人员

C. 会计机构负责人的直系亲属不得在本单位的会计机构中工作

D. 会计机构负责人的直系亲属不得在本单位的会计机构中担任出纳工作

6. 会计凭证立卷不符合要求的是按（　　）立卷。

A. 年　　B. 月　　C. 类别　　D. 需要

7. 会计工作交接中，由上级主管部门派人会同监交的情况包括（　　）。

A. 所属单位负责人不能监交

B. 所属单位负责人不愿意监交

C. 所属单位负责人不能尽快监交
D. 不宜由所属单位负责人单独监交

8. 设计会计组织机构需要考虑的因素包括（　　　　）。
A. 单位业务的繁简　　　　　B. 企业的行政级别
C. 经济业务与财务收支的繁简　D. 企业管理的要求

9. 会计机构设置的原则包括（　　　　）。
A. 责权对等原则　　　　　B. 成本效益原则
C. 协调性原则　　　　　　D. 适当性原则

10. 以下属于总会计师职责的是（　　　　）。
A. 会计人员的任用　　　　B. 会计人员的晋升
C. 会计人员的奖惩　　　　D. 会计人员的职业资格认定

11. 总会计师的职责包括（　　　　）。
A. 组织会计人员的业务培训和考核
B. 建立、健全经济核算制度
C. 对单位财务报表的真实性、合法性负责
D. 编制和执行预算计划、财务收支计划、信贷计划

12. 总会计师的职责不包括（　　　　）。
A. 组织会计人员的业务培训和考核
B. 建立、健全经济核算制度
C. 对单位财务报表的真实性、合法性负责
D. 执行预算、财务收支计划、信贷计划

13. 单位出纳人员可以兼任的工作是（　　　　）。
A. 收入明细账的登记　　　B. 固定资产账的登记
C. 银行存款日记账的登记　D. 保管空白支票

14. 总会计师应当具备的条件包括（　　　　）。
A. 有会计师资格　　　　　B. 坚持原则
C. 身体健康　　　　　　　D. 政策理论水平高

15. 单位档案管理机构接收电子会计档案时，应当对电子会计档案的下列方面进行检测符合要求才能接收（　　　　）。
A. 准确性　　　　　　　　B. 完整性
C. 可用性　　　　　　　　D. 安全性

16. 必须设总会计师的企业是（　　　　）。
A. 股份制企业　　　　　　B. 有限责任公司
C. 中型国有企业　　　　　D. 大型国有控股企业

17. 固定资产核算岗位的职责不包括（　　　　）。

A. 参与固定资产的清查盘点　B. 保管各种有价证券
C. 对外报送财务会计报告　D. 材料物资的明细核算

18. 销毁会计档案鉴定时，参与部门或人员包括（　　）。
A. 单位档案管理人员　B. 单位会计机构人员
C. 单位审计人员　D. 单位纪检监察人员

19. 以下不属于会计岗位的是（　　）。
A. 商场收费（银）员　B. 单位内部审计
C. 稽核岗位　D. 会计档案管理

20. 下列人员中，不能作为会计人员交接监交人的是（　　）。
A. 出纳　B. 办公室负责人
C. 单位负责人　D. 会计机构负责人

21. 会计档案的保管期限分为（　　）两类。
A. 10 年　B. 30 年　C. 定期　D. 永久

22. 下列各项中，属于会计档案的有（　　）。
A. 银行存款余额调节表　B. 纳税申报表
C. 会计档案移交清册　D. 会计档案鉴定意见书

23. 内部牵制制度要求，涉及事项的任何一项工作，必须由两人或两人以上分工办理，以起到相互制约的作用，这些事项包括（　　）。
A. 款项收付　B. 财物收付
C. 会计档案　D. 结算及登记

24. 总会计师负责组织本单位的工作包括（　　）。
A. 编制和执行预算、财务收支计划、信贷计划，拟订资金筹措和使用方案，开辟财源，有效地使用资金
B. 进行成本费用预测、计划、控制、核算、分析和考核，督促本单位有关部门降低消耗、节约费用、提高经济效益
C. 建立、健全经济核算制度，利用财务会计资料进行经济活动分析
D. 承办单位主要行政领导人交办的其他工作

25. 总会计师的权限包括（　　）。
A. 对违反国家财经法律、法规、方针、政策、制度和有可能在经济上造成损失、浪费的行为，有权制止或者纠正
B. 有权组织本单位各职能部门、直属基层组织的经济核算、财务会计和成本管理方面的工作
C. 主管审批财务收支工作

D. 预算、财务收支计划、成本和费用计划、信贷计划、财务专题报告、会计决算报表，须经总会计师签署

26. 会计主管岗位的职责一般包括（　　）。

A. 具体领导单位财务会计工作

B. 组织制定、贯彻执行本单位的财务会计制度

C. 组织编制本单位的各项财务、成本计划

D. 组织开展财务成本分析

27. 材料物资核算岗位的职责一般包括（　　）。

A. 会同有关部门拟定材料物资的核算与管理办法

B. 审查汇编材料物资的采购资金计划

C. 负责材料物资的明细核算

D. 会同有关部门编制材料物资计划成本目录

28. 资金核算岗位的职责一般包括（　　）。

A. 拟定资金管理和核算办法　B. 编制资金收支计划

C. 负责登记银行存款日记账　D. 负责库存现金明细分类核算

29. 稽核岗位的职责一般包括（　　）。

A. 财产清查　B. 审查财务成本计划

C. 审查各项财务收支　D. 复核会计凭证和财务会计报表

## 三、判断题

（　　）1. 按照《会计法》的要求，所有实行独立核算和非独立核算的单位都必须依法设置会计账簿。

（　　）2. 设置总会计师的单位，总会计师也属于会计人员。

（　　）3. "会计主管人员"就是通常所说的"会计主管"或"主管会计"，是指负责组织管理会计事务、行使会计机构负责人职权的负责人。

（　　）4. 为了保障总会计师的职权，《总会计师条例》规定，凡设置总会计师的单位就不能再设置与总会计师职责重叠的副职。

（　　）5. 出纳员不能兼任稽核、会计档案保管和收入、费用、债权债务等账目登记工作，但可以编制收付款凭证。

（　　）6. 总账报表岗位的职责一般包括负责编制资产负债表、利润表、现金流量表等有关财务会计报表。

（　　）7. 往来结算岗位的职责一般包括办理往来款项的结算业务。

（　　）8. 资金核算岗位的职责一般包括编制收入和利润报表。

（　　）9. 成本核算岗位的职责一般包括负责成本管理基础工作。

(　　) 10. 档案管理部门的人员管理会计档案，属于会计岗位。

(　　) 11. 会计档案管理岗位属于会计岗位。

(　　) 12. 对会计人员的工作岗位要有计划地进行轮岗，以促进会计人员全面熟悉业务和不断提高业务素质。

(　　) 13. 会计工作岗位可以一人一岗、一人多岗或者一岗多人。

(　　) 14. 出纳人员可以兼管会计档案保管。

(　　) 15. 财会机构负责人或者会计主管人员的人选，应当由总会计师进行业务考核，依照有关规定审批。

(　　) 16. 总会计师参与新产品开发、技术改造、科技研究、商品（劳务）价格和工资奖金等方案的制定。

(　　) 17. 总会计师取得会计师任职资格后，主管一个单位或者单位内一个重要方面的财务会计工作时间不少于三年。

(　　) 18. 总会计师是单位的行政领导。

(　　) 19. 单位是否设置会计机构，要考虑企业的外部影响。

(　　) 20. 会计机构的设置应尊重责权对等的原则。

(　　) 21. 内部稽核制度属于内部审计制度的组成部分。

(　　) 22. 内部稽核制度是会计机构内部的一种工作制度。

(　　) 23. 内部稽核制度也称为内部牵制制度。

(　　) 24. 内部牵制制度是指凡是涉及款项和财物收付、结算及登记的任何一项工作，必须由两人或两人以上分工办理，以起到相互制约作用的一种制度。

(　　) 25. 会计机构负责人、会计主管人员的直系亲属不得在本单位会计机构中担任出纳工作。

(　　) 26. 单位领导人的直系亲属不得担任本单位的出纳工作。

(　　) 27. 企业应当于每月月末将会计凭证装订成册，统一登记案卷目录。

(　　) 28. 会计账簿在办理完年度结账后，只在下一行的摘要栏填写“结转下年”字样，不填其他内容。

(　　) 29. 会计账簿的编号为一年一编。

(　　) 30. 借阅会计档案人员，不得在案卷中标画，不得拆散原卷册，更不得抽换。

(　　) 31. 会计档案销毁前，应由会计机构负责编制“会计档案鉴定意见书”。

(　　) 32. 单位会计档案只能以纸质形式进行保管，电子档案必须打印。

（　　）33. 预算、计划、制度等文件材料，不属于会计档案，应当作为文书档案进行保管。

（　　）34. 单位可以委托具有档案管理条件的机构代为管理会计档案。

（　　）35. 借阅会计档案人员，可以将会计档案携带外出。

（　　）36. 复制会计档案的，必须经财务负责人或单位领导批准后方可复制。

（　　）37. 会计档案保管期限分为 30 年、10 年。

（　　）38. 会计档案鉴定意见书保管期限为 30 年。

（　　）39. 银行存款余额调节表应永久保存。

（　　）40. 纳税申报表保管期限为 30 年。

## 四、案例分析题

### 案例 1——会计组织机构设计 1

**【基本资料】**

A 公司成立于 2018 年 1 月 8 日，公司设立了财务处，由张某出任财务处长，并任命李某担任公司的出纳。张某很重视财务工作，根据需要设置了会计账簿，并制定了本公司的财务会计处理办法。同年 8 月，公司财务部门计算申报税款，张某要求按照本公司的财务会计处理办法计算纳税，而李某则认为公司的财务会计处理办法在某些方面与国家有关税收的法律、法规相冲突，认为应当按照国家相关法律、法规的规定计算缴纳，张某则坚持认为本公司有自身的情况，不同意李某的意见。李某觉得张某的法律意识淡薄，在这样的人领导下工作没有前途，便辞去了出纳工作，马上离开了公司。由于李某辞职比较突然，公司一时找不到合适的人担任出纳，张某便让曾经做过出纳工作的会计档案保管员黄某兼任出纳工作。公司通知李某到公司办理交接手续，并让董事会秘书陈某进行监督；李某则以事务繁忙，且自己不会有什么问题为由不同意到公司来办理交接。

**【问题】**

根据我国有关法律、法规的规定回答下列问题：

（1）就公司财务会计处理办法的适用问题，张某与李某的主张哪一个正确？为什么？

（2）张某让黄某担任出纳工作的做法是否合法？为什么？

（3）李某就工作交接所提出的主张是否合法？为什么？

（4）公司委派陈某监督交接的做法是否合法？为什么？

## 案例 2——会计组织机构设计 2

**【基本资料】**

××市石油机械工程公司为国有企业，有专门的会计机构。2017 年 8 月，王某从某高校会计专业毕业后来公司工作。2018 年 6 月，王某取得初级会计专业技术资格。由于其有较高的业务水平，王某被领导委以重任，担任会计机构负责人。王某上任后，考虑到其姐姐是一个财会人员，且为人正派，便让其姐姐担任公司的出纳人员。

**【问题】**

请根据我国相关法律、法规的规定回答下列问题：

（1）该石油机械工程公司对王某的任用是否合法？为什么？

（2）王某任用其姐姐的行为是否合法？为什么？

## 五、不定项选择题

1. 2018 年 6 月，某市财政局派出检查组对某国有企业的会计工作进行检查。检查中了解到某企业有以下情况：

（1）2017 年 5 月，新任经理李某上任后，将其朋友的女儿蒋某调入该厂会计科任出纳，兼管会计档案保管工作。蒋某会计专业本科刚毕业，在校期间专业学习成绩优异。

（2）2017 年 11 月，会计张某申请调离该企业，人事部门在其没有办清会计工作交接手续的情况下，即为其办理了调动手续。

（3）2018 年 1 月 6 日，该企业档案科会同会计科编制会计档案销毁清册。经理李某签字后，按规定程序进行了监销。经查实，销毁的会计档案中有一些是保管期满但未结清的债权债务原始凭证。

**【问题回答】**

（1）下列各项正确的有（　　　）。

A. 蒋某是未取得会计证的人员，不得从事会计工作

B. 蒋某是李某朋友的女儿，不能担任该厂的出纳

C. 蒋某年轻，精力充沛，可以兼管会计档案保管工作

D. 蒋某会计专业本科毕业，具备从事会计工作的专业能力

（2）出纳人员不得兼管的工作包括（　　　）。

A. 稽核　　　　B. 日记账的登记

C. 档案管理　　　　D. 各种明细账的登记

（3）会计人员交接的情况有（　　　）。

A. 离职　　B. 调动　　C. 临时休假　　D. 产假

（4）不得销毁的档案有（　　　　）。

A. 保管期限未满的档案

B. 未结清的债权债务的原始凭证

C. 未完工项目的会计资料

D. 正在建设期的单位的会计档案

2. 2018 年 5 月，某企业人员到 B 公司要求调阅有关会计档案资料。B 公司会计科科长李某考虑到该企业是本公司的长期供货单位，有良好的合作关系，遂让会计科人员予以配合，并经过会计科科长李某签字同意后，将公司部分会计档案资料借出。7 月，公司外购一批材料，货款已付。会计科在审核有关单据时，发现收到的购货发票“金额”栏中数字有更改迹象，并在更改之处加盖了出具发票单位财务专用章。会计科经审查相关购货合同，确认更改后的数字是正确的。之后，据此登记入账。11 月，公司档案科会同会计科清理会计档案，编制了会计档案销毁清册，经公司总会计师批准，将保管期满的会计档案全部销毁。事后查明，在销毁的该批档案中，有若干张系保管期满但尚未结清债权债务的原始凭证。12 月，因经营管理和市场等原因，公司当年经营业绩滑坡已成定局。公司董事长要求会计科“动动脑筋，确保完成全年利润目标”。之后，会计科科长李某通过虚增营业收入、隐瞒费用和成本开支等手段调整了公司财务报告，“完成”了当年利润目标，并按法定要求将公司财务报告对外报出。

**【问题回答】**

（1）B 公司对外提供查阅和借出会计档案资料的做法是否符合规定？简要说明理由。

（2）不能销毁的会计档案包括（　　　　）。

A. 保管期满但未结清的债权债务原始凭证

B. 涉及其他未了事项的原始凭证，不得销毁，应当单独抽出立卷

C. 保管到未了事项完结时为止

D. 正在项目建设期间的建设单位，其保管期满的会计档案不得销毁

（3）会计档案借阅的规定有（　　　　）。

A. 财务部建立会计档案清册和借阅登记清册

B. 凡需借阅会计档案的，单位领导批准后，方可办理调阅手续

C. 借阅会计档案的人员，不得在案卷中标画，不得拆散原卷

册，更不得抽换

D. 借阅会计档案的人员，不得将会计档案携带出外，特殊情况，必须经单位领导批准

（4）以下正确的是（　　　）。

A. 销毁会计档案时，应当由档案机构和会计机构共同派员监销

B. 国家机关销毁会计档案时，应当由同级财政部门、审计部门派员参加监销

C. 财政部门销毁会计档案时，应当由同级审计部门派员参加监销

D. 企业销毁会计档案时，可以由财务负责人监销

（5）下列说法正确的是（　　）。

A. 单位销毁会计档案应进行鉴定，并编制“会计档案鉴定意见书”

B.“会计档案鉴定意见书”也属于会计档案

C.“会计档案鉴定意见书”应由会计档案管理人员、会计人员、审计人员、纪检监察人员签字

D.“会计档案鉴定意见书”可以代替“会计档案销毁清册”

3. 2018 年 1 月，某服装厂发生如下事项：

（1）7 日，该厂会计人员郑某脱产学习一个星期，会计科科长指定出纳王某兼管郑某的债权债务账目的登记工作，未办理会计工作交接手续。

（2）10 日，该厂档案科同会计科销毁了一批保管期限已满的会计档案，未报经厂领导批准，也未编造会计档案销毁清册。会计档案销毁后未履行任何手续。

（3）该厂 2018 年度亏损 20 万元。20 日，会计科科长授意会计人员采取伪造会计凭证等手段调整企业的财务会计报告，将本年度利润调整为盈利 50 万元，并将调整后的企业财务会计报告经厂长及有关人员签名、盖章后向有关单位报送。

**【问题回答】**

（1）出纳员不得兼任的工作有（　　　）。

A. 收入明细账的登记　　　B. 费用明细账的登记

C. 银行日记账的登记　　　D. 会计档案保管

（2）以下有关会计人员工作交接的监交正确的是（　　　）。

A. 会计人员交接由单位负责人监交

B. 会计人员交接由会计机构负责人监交

C. 会计主管交接由财务负责人监交

D. 会计主管交接由单位负责人监交

（3）以下项目中，关于销毁会计档案的说法正确的是（　　　　）。

A. 需编制“会计档案销毁清册”

B. 会计档案保管期满

C. 经单位负责人签署意见同意

D. 销毁后监销人应当在“会计档案销毁清册”上签章

（4）会计工作需要交接的规定包括（　　　　）。

A. 会计人员临时离职或者因病不能工作且需要接替或者代理的

B. 临时离职或者因病不能工作的会计人员恢复工作的

C. 按规定带薪休假

D. 因公出差

（5）会计工作交接的注意事项包括（　　　　）。

A. 已经受理的经济业务尚未填制会计凭证的，应当填制完毕

B. 尚未登记的账目，应当登记完毕，并在最后一笔余额后加盖经办人员印章

C. 整理应该移交的各项资料，对未了事项写出书面材料

D. 对未了会计事项应写出书面材料，说明其内容、原因处理办法及相关责任

# 学习情境二
# 企业会计核算制度设计

## 【职业能力目标】

### 知识目标

- ○ 识记会计科目设计的原则、基本方法和程序
- ○ 识记会计凭证设计的原则、原始凭证和记账凭证设计的要求及内容
- ○ 识记会计账簿设计的原则和步骤
- ○ 识记会计报表设计的种类、目标、范围和重点
- ○ 识记账务处理程序的概念、种类、设计要求

### 能力目标

- ○ 能够设计适合本单位情况的会计科目、原始凭证和记账凭证、对外会计报表与对内会计报表和财务处理程序
- ○ 掌握会计科目、会计凭证、会计账簿、会计报表和账务处理程序的设计方法
- ○ 具有一定的创新能力和获取信息能力
- ○ 能够与单位内部、外部的相关人员进行沟通协调
- ○ 增强依法办事的观念，培养良好的职业道德

# 学习子情境一 会计科目设计

**【本学习子情境引例】**

东海公司、南河公司两个投资人决定合股投资8 000万元经营一家商城，其经营范围主要为服饰、家用电器和日用百货，并开设一个冷饮店。已租入三层楼房一栋，其中，一楼经营日用百货，二楼经营服饰、家用电器，三楼为冷饮店。营业执照已办妥，准备开业。请为公司设计一套会计制度。经事前调查，获得以下资料：

1. 公司名称为江河商城有限责任公司。
2. 已在银行开立账户。
3. 除两家合股投资外，还准备向银行贷款和吸收他人资金，但他人投资不作为股份，只作为长期应付款，按高于同期银行存款利率10%付息。
4. 商场和冷饮店均需重新装修后方能开业。
5. 需购入收款机、货架、柜台、音响设备、桌椅等设备，运输车一辆。
6. 冷饮店的收入作为非主营业务处理。
7. 商场购销活动中，库存商品按售价记账，可以赊购赊销。
8. 雇请的安保、保洁人员若干人，每月按计时工资计发报酬，奖金视营销情况而定。
9. 房屋按月交纳租金。
10. 按规定缴纳增值税、所得税、城市维护建设税和教育费附加，税率按国家规定执行。
11. 公司要求管理费用、销售费用等共同费用应在商场和冷饮店之间按比例分摊。
12. 利润要按商场和冷饮店分别计算，税后利润按规定提取公积金。

问题与任务：江河商城有限责任公司应如何设计会计科目？

**【知识准备】**

## 一、会计科目设计的概念和意义

政策法规：《企业会计准则》

会计科目是按照经济业务的内容和经济管理的要求，对会计要素的具体内容进行分类核算的项目。所谓会计科目设计，实质上就是对会计要素的具体内容作出科学的分类，借以确定每类经济业务的名称及其相互之间的关系，使之形成完整的会计科目体系。在设计会计科目时，既要明确规定每一会计科目反映的经济内容及其所属类别，又要具体确定各个科目之间的相互关系。会计科目分类后，要求既能反映资金运动的全部过程和结果，又能反映其各个组成部分的特殊情况。除此之外，由于企业的经济业务特点不同，会计对象的具体内容也不一样，所以在设计企业的会计科目时，应考虑企业的具体情况和要求，根据企业的实际情况设计合适的会计科目。

会计科目在整个会计制度中具有“支柱”作用，会计科目设计是会计制度设计的基本内容，影响甚至决定其他内容的设计。会计科目设计的意义，表现在以下三个方面。

（一）有利于提高会计信息质量

通过会计科目的设计，对会计核算的具体内容进行系统的分类，并形成完整的会计科目体系，使经济业务得到系统的反映，便于投资者、债权人和企业管理当局以及其他会计信息使用者了解和掌握企业财务状况、经营成果和现金流量的情况。

（二）有利于建立科学完善的会计核算方法体系

会计核算方法体系作为一个完整的体系，除设置会计科目外，还包括复式记账、填制和审核凭证、登记账簿、成本计算、财产清查和编制会计报表；其中会计科目设置是有效应用其他方法的基础和依据。会计科目设计得科学合理，才能较好地设计会计凭证、会计账簿和会计报表；否则，就会造成账目混乱、核算不便、编表困难等现象，直接影响到会计核算工作的顺利进行。

（三）有利于会计工作的合理分工和顺利开展

严密完善的会计科目体系为财会部门的内部分工提供了方便，便于准确划分会计核算小组并正确确定各小组的工作任务，便于会计工作有序进行。

## 二、会计科目设计的原则

（一）合法性原则

合法性原则是指会计科目设计符合国家现行会计法规制度的要求。国家的会计法规制度体现了国家对财会工作的总体要求，设计会计科目时，首先最主要和最直接的依据是财政部颁发的《企业会计准则》《小企业会计准则》。

动画：会计科目设计

（二）适应性原则

适应性原则是指会计科目设计要满足国家宏观管理和企业微观管理的需要。会计科目的设计除符合国家相关财经法规制度和会计法规外，还必须考虑单位规模大小、业务繁简和对经济管理的具体要求。因此，要根据企业经营过程的特点和资金运动的规律来设计会计科目。

（三）逻辑性原则

逻辑性原则是指总分类科目之间以及总分类科目与明细分类科目之间应具有一定的逻辑性。具体要求为：

（1）会计科目应使用肯定性、明确性的概念，不能使用否定性或模棱两可的概念。

（2）全部总分类科目的外延之和必须能够全面反映单位资金运动的全过程，即具有全面覆盖性。

（3）总分类科目外延应当与其所属的明细科目的外延之和相等。

（4）各个统一会计科目之间在外延上必须保持全异关系，即总分类科目之间、明细分类科目之间不能出现包含关系、交叉关系或全同关系。

（四）明晰性和发展性原则

会计科目的名称、文字必须简单明了，做到通俗易懂，便于理解和记忆。对每个会计科目要进行科学的编号，便于电子计算机操作。此外，设置会计科目还要考虑本单位经济业务的发展，预留适当的空间，以便扩充时采用。

## 三、会计科目设计的基本方法

（一）借鉴设计法

此方法也称参照设计法，适用于新成立的单位设计会计科目使用。其特点是根据单位经济业务的具体内容，参考相关单位的会计科目进行设计。如一个新成立的股份制公司会计科目设计，除根据会计准则的有关要求外，再参照同类型股份制公司会计科目设计的特点进行设计，以达到不同企业会计科目通用化、标准化的目的。

（二）归纳合并法

此方法适用于被合并或兼并的单位设计会计科目。其设计的特点是在分析各原有会计科目体系的基础上，对相同或相近的会计科目加以归类合并，重新设计能覆盖其核算内容的新的会计科目。使用该方法主要是将核算内容一致而名称不一致的会计科目统一起来，使各单位的会计核算更具有可比性。

（三）补充修订法

此方法主要适用于对现行会计科目的修订和补充，通常在经济业务有新的变化或经营管理有新要求的情况下使用。该方法首先应分析、研究现有会计科目的运用情况，了解哪些会计科目可以继续使用，哪些会计科目的核算内容或使用方法需要适当变动，在原有基础上通过局部变动，设计出适应本单位新情况的会计科目。

**【职业判断与业务操作】**

## 一、全面了解企业生产经营情况和经济业务内容

要设计科学合理的会计科目，应全面了解企业经济业务，根据具体经济业务设计适合的会计科目。需要了解的具体内容如下：

（一）企业所属行业

实际经营活动中的企业往往分属于不同的行业，如制造业、批发和零售业、交通运输业、房地产业等。不同的企业要根据所属行业资金运动的特点，确定符合本行业特点的会计科目。制造业主要业务是产品的设计和生产，包括供应、生产和销售；对于批发和零售业主要业务是商品的采购和销售，一般没有生产过程，所以设计会计科目应了解企业所属行业。

**特别提示**

按照国民经济行业分类标准（GB/T 4754—2002），行业类型分为农业、林业、牧业、渔业、采矿业、制造业、电力、燃气及水的生产和供应业、建筑业、交通运输、仓储和邮政业、信息传输、计算机服务和软件业、批发和零售业、住宿和餐饮业、金融业、房地产租赁业和商务服务业、科学研究及技术服务和地质勘查业、水利与环境和公共设施管理业、居民服务和其他服务业、卫生及社会保障和社会福利业、文化与体育和娱乐业、公共管理与社会组织、国际组织。

（二）企业性质和生产经营活动

企业的所有制形式包括国有企业、外商投资企业、民营企业及其他类型的企业。通过了解，确定企业性质，并在此基础之上选择会计科目。这就需要全面地了解经营活动内容。主要包括：

（1）主营业务的性质。例如制造业、商业、金融业、保险业、进出口贸易、交通运输或者提供服务等。

（2）与生产产品或提供劳务相关的市场信息。例如，主要客户和合同、付款条件、质量保证、生产流程等。

（3）业务的开展情况。例如生产过程、业务分部的设立情况、产品和服务的交付等。

（4）联营、合营与外包情况。

（5）从事电子商务的情况。例如是否存在通过互联网销售和营销活动。

（6）地区与行业分布。例如是否涉及多种经营和跨地区经营，各个地区和各行业分布的情况以及相互之间是否存在依赖关系。

（7）生产设施、仓库的地理位置及办公地点。

（8）主要客户。销售的主要客户及与其订立的销售条款或条件。

（9）采购供应商。包括供应合同、原材料供应商、付款条件。

（10）劳动用工情况。如职工薪酬、退休金和其他福利、股权激励或其他奖金安排。

（11）研究与开发活动及其支出。

（12）生产组织方式和产品工艺过程。例如制造业的生产分为几个车间，批发和零售业的购销分为几个商品部或柜组，施工企业的工程分在几个项目部等。

**特别提示**

按照企业登记类型，内资企业所有制形式主要有国有企业、集体企业、股份合作企业、国有联营企业、集体联营企业、国有与集体联营企业、其他联营企业、国有独资公司、其他有限责任公司、股份有限公司、私营独资企业、私营合伙企业、私营有限责任公司、私营股份有限公司、其他企业。

（三）投资活动

（1）拟实施或已实施的并购活动与资产处置情况。

（2）证券投资、委托贷款的发生与处置。

（3）资本性投资活动，包括固定资产和无形资产投资，计划发生的变动，以及重大的资本承诺等。

（四）筹资活动

（1）债务构成内容。

（2）固定资产的融资租赁。

【做中学】根据情境引例分析：

1. 该公司属于商业零售企业，组织形式为有限责任公司，所以应按《企业会计准则》的规定，结合商品流通企业经营的特点设计会计制度。

2. 销售商品是该公司的主营业务，冷饮店的业务应作为非主营业务，在会计科目设计上，应加以区别。

3. 公司要求共同性费用如管理人员工资、办公费、折旧费及房租等，要在两部分业务中分摊，在会计制度设计时应满足其要求，确定合理的分配标准。

4. 商场购销活动中，库存商品按售价记账，应设置“商品进销差价”科目。

5. 向他人借款按公司规定，应设置“长期应付款”账户进行会计核算，所支付利息记入“财务费用”账户。

## 二、对企业经济业务进行科学分类，选定适用于企业的会计科目

会计科目按提供指标的详细程度不同分为总分类科目和明细分类科目。会计科目的设计包括总分类科目的设计和明细分类科目的设计。

（一）总分类科目的设计

总分类科目，也叫总账科目或一级科目，是对会计要素具体内容进行总括分类、提供总括信息的会计科目。根据我国财政部 2006 年 10 月 30 日颁布的《企业会计准则——应用指南》（财会〔2006〕18 号文）的规定：“会计科目和主要账务处理涵盖了各类企业的各种交易或事项，是以企业会计准则中确认、计量的规定为依据制定的。企业在不违反会计准则确认、计量规定的前提下，可根据本企业的实际情况自行增设、分拆或合并会计科目。对于不存在的交易事项，可不设置相关科目。”所以总分类科目的设计实际上是各单位根据本单位可能发生的各项经济业务，参照国家现行的会计制度中的会计科目表，选择适用的会计科目。凡是国家会计制度中已明确规定的会计科目，企业只有用名的选择权，而没有起名权；只有对现行会计制度中没有涉及而企业确实已经发生的经济业务，才允许企业自行增设会计科目。

1. 筹资业务会计科目的设计

（1）筹集资本金业务会计科目的设计。企业收到投资者投入的资本，一方面设置“库存现金”“银行存款”“原材料”“库存商品”“固定资产”“无形资产”等科目记录投资者投入的资产，另一方面设置“实收资本（或股本）”等科目记录形成的所有者权益。

在筹集资本金业务中，对于投资者实际缴付的出资额超过注册资本（或股本）中所占份额，应当设置“资本公积”科目予以反映。

（2）借款业务会计科目的设计。借款按期限不同，分为借入的 1 年期以下（含 1 年）和 1 年期以上的借款，分别设置“短期借款”“长期借款”科目予以反映。

短期借款利息一般应计入当期损益，应设置“财务费用”“应付利

息”等科目，以反映企业借入短期借款应负担的利息费用及未实际支付的利息。

长期借款既可用于生产经营，又可用于购建固定资产等。按长期借款的不同用途，若属于筹建期间借款而发生的利息费用，除用于固定资产之外，应设置“管理费用”等科目；若属于购建固定资产的长期借款，按规定可予以资本化的利息费用，应设置“在建工程”等科目；若应计入当期损益或者属于生产经营期间的利息费用，则应设置“财务费用”等科目。

（3）发行债券业务会计科目的设计。企业发行的 1 年期以上的债券，应设置“应付债券”科目记录。长期债券的利息费应设置“在建工程”“制造费用”“财务费用”“研发支出”“应付利息”等科目，以反映企业债券应负担的利息费用及未实际支付的利息。

2. 生产经营业务会计科目的设计

（1）采购业务会计科目的设计。

① 购进业务会计科目的设计。企业采用实际成本进行材料日常核算的，购入材料的采购成本，应设置“在途物资”科目核算；企业若采用计划成本进行材料日常核算，应设置“材料采购”科目核算。购进材料的款项结算，应根据不同情况设置“库存现金”“银行存款”“预付账款”“其他货币资金”“应付账款”“应付票据”“预付账款”等科目。

购入材料超过正常信用条件延期支付价款，实质上具有融资性质的，应设置“长期应付款”“未确认融资费用”等科目。

② 验收业务会计科目的设计。存货验收后，需要设置“原材料”“周转材料”“库存商品”等科目记录。如果存货采用计划成本法核算，还要设置“材料成本差异”科目核算实际成本与计划成本的差异额。

（2）生产业务会计科目的设计。

① 各项费用会计科目的设计。在产品生产过程中，应设置“生产成本”和“制造费用”科目记录生产费用的发生、归集和分配，以及产品成本的形成。另外，还需要设置“管理费用”科目核算行政管理部门发生的，以及生产过程中发生的不计入产品成本的费用。

② 固定资产折旧会计科目的设计。固定资产在生产过程中因磨损而减少的价值，原本应在“固定资产”科目予以记录，但是为使“固定资产”科目永远反映其原始价值，以适应固定资产管理的需要，对于固定资产的磨损价值，单独设置“累计折旧”科目反映。企业发生的固定资产折旧费用，应按照固定资产的不同用途，设置“制造费用”“销售费用”“管理费用”“其他业务成本”科目反映。

③ 职工薪酬会计科目的设计。企业需向职工支付的工资、职工福利、社会保险费、住房公积金、工会经费、职工教育经费、非货币性福利等各种薪酬。由于职工薪酬的分配和结算时间与工资发放时间往往不一致，因此，除应设置“生产成本”“制造费用”“劳务成本”“管理费用”“销售费用”“在建工程”“库存现金”“银行存款”等科目，还应设置“应付职工薪酬”科目反映职工薪酬的结算和发放情况。

④ 完工产品会计科目的设计。企业生产完成验收入库的产成品，应设置“库存商品”科目反映。如果产成品种类较多的，也可按计划成本进行日常核算，其实际成本与计划成本的差异，可以单独设置“产品成本差异”科目核算。

（3）销售业务会计科目的设计。

① 销售收入会计科目的设计。对于企业的主营业务和非主营业务应分别设置“主营业务收入”和“其他业务收入”科目予以反映。

② 销售成本、费用会计科目的设计。销售成本结转时，应设置“库存商品”“主营业务成本”“其他业务成本”等会计科目反映；发生的销售费用，应设置“销售费用”“库存现金”“银行存款”等科目反映；计算本期应负担的税金及附加，应设置“税金及附加”“应交税费”等科目反映。

③ 结算债权会计科目设计。发生赊销业务时，形成的债权应设置“应收账款”“其他应收款”“应收票据”科目予以反映。

按照现行企业会计制度的规定，企业应在期末分析各种应收账款的可收回性，预计可能发生的坏账损失并按照一定方法计提坏账准备。因此，还应设置“资产减值损失”“坏账准备”会计科目。

3. 投资业务会计科目设计

企业为了近期内出售而持有的以公允价值计量且其变动计入当期损益的金融资产，应设置“交易性金融资产”科目反映。

企业持有的到期日固定、回收金额固定或可确定，且有明确意图和能力持有至到期的非衍生金融资产，应设置“持有至到期投资”科目予以反映。

企业初始确认时即被指定为可供出售的非衍生金融资产，以及没有划分为以公允价值计量且其变动计入当期损益的金融资产、持有至到期投资、贷款和应收款项的金融资产应设置“可供出售金融资产”科目予以反映。

4. 利润计算及利润分配业务会计科目设计

（1）利润计算会计科目设计。在计算利润的过程中，除前面已提到的科目外，还需要设置和运用“营业外收入”“营业外支出”“所得税费用”等科目，同时还要设置“本年利润”科目专门计算利润。

（2）利润分配会计科目设计。利润分配实质上是企业利润额的减少，本应记入“本年利润”科目的贷方，这样“本年利润”科目就不能提供当年累计实现的利润，而这一指标是信息使用者十分关注的。因此，必须单独设置“利润分配”科目专门反映当期利润分配的情况。

【做中学】根据情境引例分析：

1. 江河商城有限责任公司主营商品购销，兼营冷饮店，因此不需要设计成本类会计科目。

2. 库存商品采用售价金额核算法，因此需要设置“商品进销差价”科目。

3. 向他人借款，按公司规定应设置“长期应付款”账户进行核算，所支付利息记入“财务费用”账户。

4. 总账科目设计见表2-1。

（二）明细分类科目的设计

明细分类科目包括二级、三级明细科目，是对总分类科目的进一步分类，对总分类科目反映的经济内容起详细补充作用。这就决定了明细科目的设计必须在总分类科目的基础上进行。明细科目在行业会计制度中没有作统一的规定，由企业根据需要自行设置。由于企业的管理要求、总账科目反映的经济内容及用途不同，明细科目可以有不同的设计方法。

1. 一般明细科目的设计

（1）按核算内容的类别或项目分别设计。按核算内容的类别或项目设计就是根据总账科目所核算的经济内容分类或分项目设计，这种方法在明细科目设计中比较常用。对于有外币现金和外币存款的单位应分别按人民币和各种外币存款设置库存现金与银行存款明细账进行明细核算。按经济内容的类别设置明细账的科目还有“其他货币资金”“库存商品”“周转材料”“固定资产”等总账科目。按项目设置明细科目的有“管理费用”“销售费用”“财务费用”“营业外收入”“营业外支出”等总账科目。

（2）按核算内容的对象分别设计。企业的债权、债务、采购、销售和资产清理都必须要明确其对象，如应收款项应向谁收取，应付款项应明确应付给谁等。为此，企业的“应收股利”“应收账款”“预付账款”“应付账款”“应付股利”等总账科目，应按应收债务单位、应付债权单位、销售单位等对象分别设置明细科目进行核算。

对于企业生产过程中发生的各项生产费用，应按成本核算对象和成本项目分别归集和分配，以便形成某一成本核算对象的生产成本。因此，企业生产成本的核算首先应根据本单位生产的特点，按品种、批别、步骤确定成本核算对象，“生产成本”科目也应按成本核算对象设置“直接材料”“直接人工”“制造费用”等明细科目进行核算。

（3）按业务部门设计。为了考核各车间、部门的业绩，明确经济责任，有些明细科目可以按车间、部门设置。如果企业的产品生产为多步骤，企业的“制造费用”科目就应按车间设置二级明细科目，并按支出的用途设置三级科目，核算其为生产产品和提供劳务而发生的各项间接费用。

2. 按会计准则规定要求明细科目的设计

（1）有总账科目一般应设置相应的明细科目。“资本公积”科目，应设置“资本（股本）溢价”“其他资本公积”等两个明细科目。

（2）“长期股权投资”科目，根据采用的核算方法确定明细科目的名称。当长期股权投资核算采用权益法核算时，在“长期股权投资”科目下，应设置“投资成本”“损益调整”“其他综合收益”“其他权益变动”四个明细科目。

（3）“利润分配”科目，应设置“提取法定盈余公积”“提取任意盈余公积”“应付股利”“盈余公积补亏”和“未分配利润”五个明细科目。

3. 不设置明细科目的情况

有些科目不需要设置明细科目。如“坏账准备”“累计折旧”“本年利润”“固定资产减值准备”“以前年度损益调整”等科目。

【做中学】根据情境引例分析：

1. 库存商品按柜组设置二级科目服装组、家电组、百货组，再按品种设置三级科目；

2. 管理费用按费用项目可设置职工薪酬、折旧费、业务招待费、办公费、工会经费、职工教育经费、其他费用等明细科目。

## 三、会计科目编号的设计

（一）数字顺序法

数字顺序法即顺序号法，是将全部总分类科目从第 1 号开始，编列到最后一个科目为止，有多少总分类科目，就相应排列到多少号。考虑到某些经济业务虽然暂时没有，但以后可能会发生，则应当在编号时适当留出空号，以备增加会计科目时使用。这种编号方法优点是简单，缺点是不能反映科目的分类。此法一般在经济业务简单、会计科目数量少的单位使用。

（二）数字分组法

数字分组法，是将数字划分为若干组，从某数起到某数止分为一组，作为某类会计科目的号码，数目的起止数取决于各类科目的数量，并留出适当空号以备增设科目时使用。我国《企业会计准则》规定，采用“四位数字法”对会计科目进行分组。第一位表示六大类别，即资产类为1，负债类为2，共同类为3，所有者权益类为4，成本类为5，损益类为6。第二位数字可以划分大类下面的小类，剩余两码为流水号。为便于会计科目的增减，一般情况下，编码要考虑到未来的扩展性，在编码间，留有一定的间隔。具体说明见图2-1。

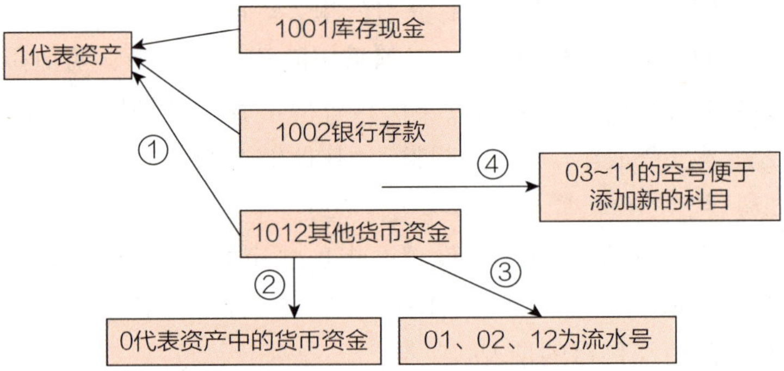


图2-1 数字分组法

（三）文字编号法

文字编号法，是用具有一定代表意义的字母对账户进行编号的方法。通常有英文字母和汉语拼音字母两种编号法。

用英文字母进行编号时，通常以英文词目的字首表示。如，以A代表资产（Assets），以AC代表流动资产（Current Assets），以ACC代表流动资产中的库存现金（Cash），以此类推。

用汉语拼音字母进行编号时，可以拼音字母的字首表示。例如，以G表示固定资产，G2表示固定资产折旧等，以此类推。这种编号法便于记忆，但书写不方便，故实务中很少采用。

（四）文字、数字混合编号法

文字、数字混合编号法，是用文字和数字相结合的编号法。通常以文字表示科目的类别，以数字表示科目的排列顺序。例如，以AC代表流动资产（Current Assets），或用汉语拼音字母L表示流动资产（Liu Dong Zi Chan）等。再用数字表示科目编号，设流动资产中的第12个科目为原材料，该账户的编号就可用“AC212”表示（或用“L212”表示）。其中的 2 表示为流动资产的第二小类（存货）科目，12 表示流动资产的第 12 个科目，依次类推。这种编号法有利于说明账户的经济内容，也便于记忆，兼具有文字和数字编号的优点。它对财产物资等的明细编号比较适用，但编号手续较复杂。

【做中学】根据情境引例分析：

江河商城有限责任公司会计科目编号设计如表 2–1 所示。

表2–1　　会计科目表

| 序号 | 编号 | 科目名称 | 序号 | 编号 | 科目名称 |
|---|---|---|---|---|---|
| | | 一、资产类 | 23 | 2211 | 应付职工薪酬 |
| 1 | 1001 | 库存现金 | 24 | 2221 | 应交税费 |
| 2 | 1002 | 银行存款 | 25 | 2232 | 应付股利 |
| 3 | 1012 | 其他货币资金 | 26 | 2241 | 其他应付款 |
| 4 | 1121 | 应收票据 | 27 | 2501 | 长期借款 |
| 5 | 1122 | 应收账款 | 28 | 2701 | 长期应付款 |
| 6 | 1221 | 其他应收款 | | | 三、所有者权益类 |
| 7 | 1231 | 坏账准备 | 29 | 4001 | 实收资本 |
| 8 | 1402 | 在途物资 | 30 | 4002 | 资本公积 |
| 9 | 1405 | 周转材料 | 31 | 4101 | 盈余公积 |
| 10 | 1407 | 库存商品 | 32 | 4103 | 本年利润 |
| 11 | 1411 | 商品进销差价 | 33 | 4104 | 利润分配 |
| 12 | 1417 | 存货跌价准备 | | | 四、损益类 |
| 13 | 1601 | 固定资产 | 34 | 6001 | 主营业务收入 |
| 14 | 1602 | 累计折旧 | 35 | 6051 | 其他业务收入 |
| 15 | 1604 | 工程物资 | 36 | 6301 | 营业外收入 |
| 16 | 1605 | 在建工程 | 37 | 6401 | 主营业务成本 |
| 17 | 1606 | 固定资产清理 | 38 | 6402 | 其他业务成本 |
| 18 | 1701 | 无形资产 | 39 | 6403 | 税金及附加 |
| 19 | 1801 | 长期待摊费用 | 40 | 6601 | 销售费用 |
| | | 二、负债类 | 41 | 6602 | 管理费用 |
| 20 | 2001 | 短期借款 | 42 | 6603 | 财务费用 |
| 21 | 2201 | 应付票据 | 43 | 6711 | 营业外支出 |
| 22 | 2202 | 应付账款 | 44 | 6801 | 所得税费用 |

## 四、会计科目使用说明的设计

### （一）会计科目核算内容与范围说明的设计

会计科目核算内容与范围是某一科目区别于其他科目的主要标志。因此，应明确规定每一会计科目核算的具体经济业务的内容与范围，有些会计科目还需区别易混淆的内容，指出不在该科目核算的内容。

（二）会计科目核算方法说明的设计

会计科目的核算方法是指如何运用记账方法对会计事项进行账务处理。即说明该科目核算的经济业务内容增加时记在科目的哪一方，减少时又记在科目的哪一方，期末余额在哪一方，表示什么含义。

（三）明细科目设置方法说明的设计

首先概括地说明设置明细科目的要求和依据，其次具体写明所需设置的各个明细科目的名称及其核算内容。

（四）涉及该科目的主要业务账务处理举例

主要业务账务处理举例是如何应用会计科目的示范，能够使会计人员融会贯通、深刻理解会计科目的核算内容和使用方法，便于会计人员参考使用。

【做中学】根据情境引例分析：

“主营业务收入”科目使用说明编写如下：

1. 本科目核算企业根据收入准则确认的销售商品、提供劳务等主营业务的收入。

2. 本科目应当按照主营业务的种类进行明细核算。

3. 主营业务收入的主要账务处理。

（1）企业销售商品或提供劳务实现的销售收入，应按照实际收到或应收的价款，借记“银行存款”“应收账款”“应收票据”等科目，按销售收入的金额，贷记本科目，按专用发票上注明的增值税税额，贷记“应交税费——应交增值税（销项税额）”科目。

企业采用递延方式分期收款、实质上具有融资性质的销售商品或提供劳务满足收入确认条件的，按应收合同或协议价款，借记“长期应收款”科目，按应收合同或协议价款的公允价值，贷记本科目，按专用发票上注明的增值税额，贷记“应交税费——应交增值税（销项税额）”科目，按其差额，贷记“未实现融资收益”科目。企业以库存商品进行非货币性资产交换（在非货币性资产交换具有商业实质且公允价值能够可靠计量的情况下）或债务重组，应按照用于交换或抵债的库存商品的公允价值，借记有关资产科目或“应付账款”等科目，贷记本科目。

（2）企业本期发生的销售退回或销售折让，按应冲减的销售商品收入，借记本科目，按专用发票上注明的应冲减的增值税销项税额，借记“应交税费——应交增值税（销项税额）”科目，按实际支付或应退还的价款，贷记“银行存款”“应收账款”等科目。

（3）根据建造合同准则确认合同收入时，按应确认的合同费用，借记“主营业务成本”科目，按应确认的合同收入，贷记本科目，按其差额，借记或贷记“工程施工——合同毛利”科目。

4. 期末，应将本科目的余额转入“本年利润”科目，结转后本科目应无余额。

**【本学习子情境小结】**

- 会计科目的设计
  - 知识准备
    - 会计科目设计的概念和意义
    - 会计科目设计的原则
    - 会计科目设计的基本方法
  - 职业判断与业务操作
    - 全面了解企业生产经营情况和经济业务内容
    - 对企业经济业务进行科学分类，选定适用于企业的会计科目
    - 会计科目编号的设计
    - 会计科目使用说明设计

## 学习子情境二　会计凭证设计

**【本学习子情境引例】**

江河商城有限责任公司发生如下经济业务：

1. 收款台收银员将收到的现金、转账支票填写内部缴款单送交出纳。
2. 业务人员填写差旅费借款单预借差旅费，发生差旅费报销业务。
3. 安保部填写领料单从仓库领取保洁材料。

4. 商品出入库业务填写商品出库单、商品入库单。

5. 购入固定资产送交使用部门填写固定资产交接验收单，该资产报废时使用部门填写固定资产报废申请单。

问题与任务：1. 上述业务中涉及的原始凭证应如何设计？

2. 应如何设计通用记账凭证？

**【知识准备】**

## 一、会计凭证设计的意义

政策法规：会计基础工作规范

会计凭证是记录经济业务的发生和完成情况，明确经济责任，作为记账依据的书面证明。会计凭证分为原始凭证和记账凭证，伴随着会计核算和会计监督而存在。合理地设计和使用会计凭证，可以使会计核算更加清晰，会计监督更加有效，从而加强企业管理、提高经济效益。会计凭证设计，就是根据单位实际情况，对凭证的种类、内容、用途、格式和传递程序作出科学的规划，绘制出科学、规范的格式，以便完整、及时、真实地记录经济活动，提供所需要的信息载体。

## 二、会计凭证设计的原则

（一）清晰性原则

会计凭证设计要能全面反映经济业务的情况，如经济业务的发生时间、地点、内容及责任等情况；凭证要素齐全，如对外原始凭证中应设计凭证名称、填制日期、填制单位、接受单位、业务内容、数量、单价、计量单位、金额大写与小写、填制人签章等内容；中心内容或主要内容应排列在凭证的重要位置。

（二）经济性原则

经济性原则要求尽量考虑一证两用或多用，以节约纸张和减少数字的转抄。凭证面积以能充分反映业务内容为原则，不宜过大或过小，过大浪费纸张，增加印刷成本，过小不便于保管；专用凭证的常用项目应事先印刷在凭证上，以免手写耽误时间且影响整洁和美观。

（三）实用性原则

许多自制原始凭证是为加强经济核算和企业内部管理服务的，设计时应充分注意贯彻这一原则。例如职工考勤表、产品加工单、工时记录、停工记录、产量记录、管理费用分配卡等的设计，都要便于各种核算、控制、分析和检查，满足管理的需要。

（四）统一性原则

统一性原则要求凭证的内容和格式应尽量做到统一和标准化。一个单位内部使用的凭证应做到标准化。贯彻统一性原则不仅使凭证内容更清晰，同时也便于装订和归档保存。

**【职业判断与业务操作】**

## 一、原始凭证的设计

（一）原始凭证设计的基本步骤

1. 确定原始凭证的种类和内容

在设计原始凭证时，首先必须根据本单位经济业务的具体内容、经营管理要求和会计核算方式等，确定所需要的原始凭证种类，保证本单位发生的各项经济业务都有相应的原始凭证作为反映载体。

2. 设计原始凭证的格式和联次

不同种类的原始凭证具有不同的用途，这就要求针对不同的原始凭证，分别设计其格式和联次，并规定各联的具体用途。

3. 制定原始凭证的传递程序

原始凭证的传递程序一般可以通过原始凭证各联次的具体用途或有关单位和个人的签章表示。根据原始凭证涉及的相关部门，为协调各部门的工作，确定合理的原始凭证联数和传递程序，以保持部门间的联系和制约。

原始凭证设计好后，应试用一个阶段，在试用过程中，应听取各方意见，并检查是否符合业务管理和核算要求；表式的设计是否有效、合理；根据试行情况做出修改、完善，才能将其确定为正式的原始凭证。

（二）原始凭证要素的设计

原始凭证是在业务发生时填制和取得的，证明经济业务的发生和完成情况，以作为记账的原始依据。原始凭证分为自制原始凭证和外来原始凭证两大类。

在原始凭证设计时，主要考虑自制原始凭证的设计。因为企业凭证设计人员只能考虑本企业范围内的凭证，对外来凭证的制作无从干预。原始凭证设计的基本内容包括：原始凭证的名称、日期和编号；接受凭证单位的名称；经济业务内容摘要；经济业务的实物数量、单价和金额；填制单位的名称或者填制人姓名；经办人员的签名或者盖章。

### （三）主要经济业务原始凭证的设计

#### 1. 货币资金收付业务原始凭证的设计

动画：差旅费报销单的设计

动画：货币资金内部控制设计案例

货币资金收付业务是指与库存现金、银行存款收付有关的经济业务。银行存款收付凭证由银行统一印制，不需另行设计。需要设计的主要是库存现金的收付凭证，如借款单、差旅费报销单、内部缴款单、备用金领用单、生活困难补助单、收款收据等。设计货币资金业务原始凭证时，应注意以下几点：

（1）要有经济业务说明，简要记录经济业务内容。

（2）金额栏除有阿拉伯数码记载外，还要有大写金额并注明“大写”字样。

（3）责任人签章必须齐全，如审核人、出纳员、收款人、付款单位等。

（4）货币资金收付业务原始凭证一定要有单位公章。付款业务要有外单位加盖的公章，对外收款业务应加盖本单位公章。

【做中学】根据情境引例设计：

根据江河商城有限责任公司发生的经济业务需要设计“内部缴款单”“借款单”“差旅费报销单”。

1. “内部缴款单”，用于收款台收银员将收到的现金、转账支票送交出纳人员的原始凭证。见表2-2。

表2-2　内部缴款单

**内部缴款单**

缴款单位：　　　　年　月　日　　　　编号

| 款项类别 | 张数 | 金额 |
|---|---|---|
| 1. 现金<br>2. 转账支票<br>3. 银行送款回单<br>4.<br>合　计 | | |
| 合计（大写） | | |

复合：　　　　出纳：　　　　缴款员：

注：内部缴款单一式两联或一式三联。一式两联的：第一联会计记账，第二联存根。一式三联的：第一联会计记账，第二联存根，第三联交交款人。

2. “借款单”，用于单位人员因公出差时，预借差旅费，或其他原因借款时的原始凭证。“差旅费报销单”用于因公出差人员报销差旅费时的原始凭证。设计的格式见表2-3、表2-4。

表2-3　　借　款　单

## 借　款　单

年　月　日

| | | |
|---|---|---|
| 借款单位： | | |
| 借款理由： | | |
| 借款数额：人民币（大写） | | ¥______元 |
| 本单位负责人意见： | | 借款人： |
| 会计主管核批： | 付款方式： | 出纳： |

注：借款单必须经过授权批准，应该有本单位负责人签字。借款单可以一式两联或一式三联。若一式两联：第一联记账，第二联存根。若一式三联：第一联为财务使用，作为后续催还凭证单独装订，第二联为记账联，提供给会计记账使用，第三联为借款人持有，作为其留存凭单。

表2-4　　差旅费报销单

## 差旅费报销单

年　月　日填　　　　附件　张

| | | | | | | | |
|---|---|---|---|---|---|---|---|
| 姓名 | | 出差地点 | | 出差事由 | | 日期 | 月　日起<br>月　日止 |
| 乘火车费 | 自　站至　站 | | | 金额 | | 说明 | |
| 乘汽车费 | 自　站至　站 | | | 金额 | | | |
| 乘飞机费 | 自　站至　站 | | | 金额 | | | |
| 行李运费 | 千克 | 每千克　元 | | 金额 | | | |
| 出差补助费 | 天 | 定额 | | 金额 | | | |
| 住宿费 | 天 | 定额 | | 金额 | | | |
| 其他 | | | | | | | |
| 合计金额 | 小写 | | | | | 单位负责人 | |
| | 大写 | | | | | | 年　月　日 |

会计主管：　　　　出纳：　　　　报销人：

注："差旅费报销单"一般由出差人员根据出差时的火车票、汽车票、飞机票，以及住宿费、会议费等单据汇总填制，必须设计所附原始凭证张数，以防凭证丢失。

2. 采购业务原始凭证的设计

企业采购过程中主要是采购材料或商品，支付货款，同时货物验收入库。在采购业务时，企业所取得的由对方单位开出的提货单和发货票，都是外来凭证，无须购货单位设计；材料或商品验收入库时，必须设计"收料单"或"库存商品入库单"等。

"收料单"属于一次性原始凭证，购进材料验收入库时，由仓库保管员根据购进材料的实际验收情况填制。其内容应包括：购进材料或商品的运输和检验情况，供货发票号码、供应单位、材料类别、编号、名称、规格、计量单位，应收数量、实收数量；还应包括保管员、检验员等人员的签名或盖章。设计的"收料单"一般格式如表 2–5 所示。

表2–5　　收　料　单

**收　料　单**

发票号码：

供应单位：　　　　　　　　　　收料单编号：

材料类别：　　　年　月　日　　收料仓库：

| 编号 | 名称 | 规格 | 单位 | 数量 | | 实际成本 | | | | | 备注 |
|---|---|---|---|---|---|---|---|---|---|---|---|
| | | | | 应收 | 实收 | 买价 | | 运杂费 | 其他 | 合计 | |
| | | | | | | 单价 | 金额 | | | | |
| | | | | | | | | | | | |
| | | | | | | | | | | | |
| 合计 | | | | | | | | | | | |

第一联记账联

主管：　　　检验员：　　　保管员：　　　会计：

注："收料单"一般一式三联，一联仓库留存，据以登记材料物资明细账和材料卡片；一联随发票账单到会计部门报账；一联交采购人员存查。

3. 生产过程业务原始凭证的设计

生产过程的核心任务是生产费用的归集与分配，产品成本的计算，对于生产过程业务的原始凭证主要是反映生产费用的归集与分配，大部分属于自制原始凭证，包括材料费用的归集与分配原始凭证设计、职工薪酬归集与分配原始凭证设计、制造费用归集与分配原始凭证设计、产品成本计算及验收入库原始凭证设计。在设计时，一般应注意以下几点：

一是原始凭证的各项目应划分正确、详细。并应设有横行、竖栏"合计"项以便于纵横核对。

二是在各种费用分配凭证上应当在明显的位置记明该类费用分配的标准，设分配栏，以便编制凭证时计算。

三是为明确岗位责任，可以设制证人、会计主管人员签章，因为这些经济业务凭证大都是内部自制凭证，不必加盖公章。

（1）材料费用的归集与分配原始凭证的设计。材料费用归集与分配的原始凭证主要包括："领料单""限额领料单""发出材料汇总表""材料费用分配汇总表""外购动力费分配表"等。

"领料单"，属于一次凭证，是为了记录反映企业领用材料情况而设计的，领料单内容应包括：领料部门或人员、领用材料用途，领用材料类别、编号、名称、规格、计量单位，请领和实发数量等，还应包括领料人、保管员等人员的签名或盖章。设计的"领料单"一般格式如表 2-6 所示。

表2-6　　　　领　料　单

**领　料　单**

领料部门：　　　　　　　　　　　　　　发料单编号：

用途：　　　　　　年　月　日　　　　　发料仓库：

| 材料 | | | 单位 | 数量 | | 实际成本 | |
|---|---|---|---|---|---|---|---|
| 编号 | 名称 | 规格 | | 请领 | 实发 | 单价 | 金额 |
| | | | | | | | |
| | | | | | | | |
| | | | | | | | |
| 合计 | | | | | | | |

第一联记账联

部门经理：　　　　会计：　　　　保管员：　　　　经办人：

注："领料单"一般一式三联。一联领料部门留存备查，一联留仓库，据以登记材料物资明细账和材料卡片，一联转会计部门或月末经汇总后转会计部门据以进行总分类核算。

"限额领料单"，属于累计凭证，为了成本控制避免浪费而设计的，它同领料单的区别在于它多了一项"定额"。以便于仓库发料人员根据"定额"栏的数量来确定是否发料，如果要领的料累计已超过定额，仓库就不能发料，从而达到节约材料的目的。限额领料单内容除具备领料单的内容外，必须有一定时期（一个月、半月或 10 天）的领用定额，每次领料情况的记录，有关人员签名或盖章还要包括生产计划部门负责人。设计的"限额领料单"一般格式如表 2-7 所示。

表2-7　　　　　　　　　　　　　　限额领料单

**限额领料单**

领料单位：　　　　　　　　　　　　　　　　　　　　　编　　号：

用　　途：　　　　　　　　　　年　月　日　　　　　　发料仓库：

| 材料类别 | 材料编号 | 材料名称及规格 | 计量单位 | 全月领用限额 | 实际领用 | | | |
|---|---|---|---|---|---|---|---|---|
| | | | | | 数量 | 单位成本 | 金额 | 计划单价 |
| | | | | | | | | |

| 日期 | 请领 | | | 实发 | | | 退回 | | | 限额结余 |
|---|---|---|---|---|---|---|---|---|---|---|
| | 数量 | 领料单位负责人签章 | | 数量 | 发料人签章 | 领料人签章 | 数量 | 收料人签章 | 退料人签章 | |
| | | | | | | | | | | |
| | | | | | | | | | | |
| | | | | | | | | | | |
| | | | | | | | | | | |
| | | | | | | | | | | |
| | | | | | | | | | | |

生产计划部门负责人：　　　　　　　供应部门负责人：　　　　　　　仓库负责人：

“发出材料汇总表”，属于原始凭证汇总表，是为了简化编制记账凭证及记账的手续而设计的，根据“领料单”定期汇总编制的原始凭证。要设计横行、竖栏“合计”项以便于纵横核对，分别反映材料的用途（产品或耗用部门）和各种材料耗用情况。设计的“发出材料汇总表”一般格式如表 2-8 所示。

表2-8　　　　　　　　　　　　　　发出材料汇总表

**发出材料汇总表**

年　月　日

| 项目 | 材料 | | | 材料 | | | 材料 | | | 材料 | | | 合计 |
|---|---|---|---|---|---|---|---|---|---|---|---|---|---|
| | 数量 | 单价 | 金额 | 数量 | 单价 | 金额 | 数量 | 单价 | 金额 | 数量 | 单价 | 金额 | 金额 |
| | | | | | | | | | | | | | |
| | | | | | | | | | | | | | |
| | | | | | | | | | | | | | |
| | | | | | | | | | | | | | |
| | | | | | | | | | | | | | |
| | | | | | | | | | | | | | |

会计主管：　　　　复核：　　　　记账：　　　　保管：　　　　制单：

注：“发出材料汇总表”用于仓库发料员发货后，根据“领料单”“限额领料单”汇总编制。横行、竖栏“合计”项要相等。

（2）职工薪酬归集与分配原始凭证的设计。职工薪酬归集与分配原始凭证主要包括“职工薪酬费用分配汇总表”“社会保险及住房公积金提取表”等。该类原始凭证应当设计有职工薪酬费用分配标准、分配率、分配金额，编制人员、复合、会计主管人员签名或盖章。设计的“职工薪酬费用分配汇总表”“社会保险及住房公积金提取表”一般格式如表2-9、表2-10所示。

表2-9　职工薪酬费用分配汇总表

**职工薪酬费用分配汇总表**

年　月　日

| 车间及部门 | 应付职工薪酬 | | |
|---|---|---|---|
| | 分配标准 | 分配率 | 分配额 |
| | | | |
| | | | |
| | | | |
| | | | |
| | | | |
| | | | |

会计主管：　　复核：　　制单：

表2-10　社会保险及住房公积金提取表

**社会保险及住房公积金提取表**

年　月　日

| 部门 | 应付职工薪酬总额 | 各种社会保险及住房公积金 | | | | | | |
|---|---|---|---|---|---|---|---|---|
| | | 养老保险 | 医疗保险 | 失业保险 | 工伤保险 | 生育保险 | 住房公积金 | 合计 |
| | | | | | | | | |
| | | | | | | | | |
| | | | | | | | | |
| | | | | | | | | |
| | | | | | | | | |

会计主管：　　复核：　　制单：

（3）制造费用归集与分配原始凭证的设计。制造费用归集与分配原始凭证主要包括“电（水）费分配表”“固定资产折旧计算表”“制造费用分配表”等。其一般设计格式如表2-11～表2-13所示。

表2-11　　电（水）费分配表

**电（水）费分配表**

年　月　日

| 使用部门 | 数量 | 单价 | 金额 |
|---|---|---|---|
| | | | |
| | | | |
| | | | |
| 合计 | | | |

会计主管：　　复核：　　制单：

表2-12　　固定资产折旧计算表

**固定资产折旧计算表**

年　月　日

| 使用部门 | 固定资产项目 | 上月折旧额 | 上月增加固定资产 | | 上月减少固定资产 | | 本月折旧额 |
|---|---|---|---|---|---|---|---|
| | | | 原价 | 折旧额 | 原价 | 折旧额 | |
| 基本生产车间 | 厂房<br>机器设备<br>小计 | | | | | | |
| 行政管理部门 | 房屋建筑物<br>管理设备<br>小计 | | | | | | |
| 专设销售机构 | 房屋建筑物<br>办公设备<br>小计 | | | | | | |
| 合计 | | | | | | | |

会计主管：　　复核：　　制单：

注：“固定资产折旧计算表”用于计算固定资产折旧提取的原始凭证，应按固定资产类别和用途分别列示，一般在上月折旧基础上，加上月增加固定资产提取折旧，减上月减少固定资产提取折旧，计算本月折旧额，以保持提取折旧的连续性。

表2-13　　制造费用分配表

**制造费用分配表**

年　月　日　　　　单位：元

| 产品名称、项目 | 分配标准（　　） | 分配率 | 分配金额 |
|---|---|---|---|
| | | | |
| | | | |
| | | | |

会计主管：　　　　复核：　　　　制单：

（4）产品成本计算及验收入库原始凭证的设计。产品成本计算及验收入库原始凭证主要包括"完工产品成本计算单""产成品入库单"。

"完工产品成本计算单"，是用于计算完工产品的总成本和单位成本的原始凭证。其内容应包括：完工产品数量、总成本、单位成本，产品成本构成项目，以及各成本项目总成本、单位成本，制单、复核、会计主管人员签名或盖章。设计的"完工产品成本计算单"一般格式如表2-14所示。

表2-14　　完工产品成本计算单

**完工产品成本计算单**

年　月　日

| 项目 | 产品（完工数量　　） | | 产品（完工数量　　） | |
|---|---|---|---|---|
| | 总成本 | 单位成本 | 总成本 | 单位成本 |
| 直接材料 | | | | |
| 直接人工 | | | | |
| 制造费用 | | | | |
| 合计 | | | | |

会计主管：　　　　复核：　　　　制单：

"产成品入库单"，属于一次原始凭证，是用于产品完工验收入库的原始凭证。其内容应包括：交库单位，完工名称、规格、计量单位，交付数量、实收数量，单价、金额等，还应有保管员、检验员等人员的签名或盖章。设计的“产成品入库单”一般格式如表 2-15 所示。

表2-15　　产成品入库单

**产成品入库单**

交库单位（部门）：　　　　年　月　日　　　　编号：

| 产品名称 | 规格 | 计量单位 | 交付数量 | 入库数量 | 单价 | 金额 | 备注 |
|---|---|---|---|---|---|---|---|
| | | | | | | | |
| | | | | | | | |
| | | | | | | | |

检验：　　　　仓库验收：　　　　车间交件人：

注：“产成品入库单”一般一式三联，一联仓库留存，据以登记仓库保管账；一联交会计部门据以入账；一联交库单位留存。

4. 销售与收款业务原始凭证的设计

企业发生销售业务时，企业需要开具“增值税专用发票”，其是国家税务总局监制设计印制的，无须自行设计。该过程的原始凭证主要包括“提货单”“销售商品成本计算单”，该类原始凭证设计时应注意以下几点：

（1）在凭证中要有商品的名称、规格、数量便于购货单位检查、验收。

（2）销售业务涉及部门很多，因此增值税专用发票要采用数联复写的方式。一般有发票联，交购买方记账；抵扣联，购买方交税务机关抵扣；存根联，销售方留存；记账联，销售方记账等。并且还要有经手人、负责人签章和单位公章。

（3）增值税专用发票要设计有连续的编号，以防止发票的丢失和伪造。

“增值税专用发票”格式，如表 2-16 所示。

“销售商品成本计算单”是用于计算已销商品实际成本，结转已销商品成本的原始凭证。其内容应包括：销售商品的名称及规格、计量单位，销售商品的数量、单价和金额，并要有制单会计、复核和会计主管人员签名或盖章，“销售商品成本计算单”一般格式见表 2-17。

表2-16　　增值税专用发票

**山东增值税专用发票**

**发　票　联**

No

开票日期：　　年　月　日

| | | | | | | | | |
|---|---|---|---|---|---|---|---|---|
| 购买方 | 名　　称：<br>纳税人识别号：<br>地 址、电 话：<br>开户行及账号： | | | | | 密码区 | | |
| 货物或应税劳务名称、服务名称 | 规格型号 | 单位 | 数量 | 单价 | 金额 | 税率 | 税额 | |
| | | | | | | | | |
| 价税合计（大写） | | | | | | （小写）¥ | | |
| 销售方 | 名　　称：<br>纳税人识别号：<br>地 址、电 话：<br>开户行及账号： | | | | | 备注 | | |

收款人：　　复核：　　开票人：　　销售方：

第三联　发票联　购买方记账凭证

注：增值税专用发票一般一式三联，第一联：记账联，是销售方发票联，是销售方的记账凭证，即是销售方作为销售货物的原始凭证，在票面上的"税额"指的是"销项税额"，"金额"指的是销售货物的"不含税金额价格"。发票三联是具有复写功能的，一次开具，三联的内容一致第一联是记账联（销售方用来记账）。第二联是抵扣联（购买方用来扣税）。第三联是发票联（购买方用来记账）。

表2-17　　销售商品成本计算单

**销售商品成本计算单**

年　月　日　　　　第　号

| 商品名称及规格 | 单位 | 数量 | 单价 | 金额 | | | | | | | | | 备注 |
|---|---|---|---|---|---|---|---|---|---|---|---|---|---|
| | | | | 百 | 十 | 万 | 千 | 百 | 十 | 元 | 角 | 分 | |
| | | | | | | | | | | | | | |
| | | | | | | | | | | | | | |
| | | | | | | | | | | | | | |
| | | | | | | | | | | | | | |
| 合计 | | | | | | | | | | | | | |

会计主管：　　复核：　　制单：

5. 利润形成与分配原始凭证的设计

利润形成与分配原始凭证主要包括“本年利润结转表”“提取盈余公积计算表”“内部转账单”等。其格式如表 2-18～表 2-20 所示。

表2-18 本年利润结转表

**本年利润结转表**

年　月　日　　　　单位：元

| 科目名称 | 借方发生客 | 贷方发生额 |
| --- | --- | --- |
| | | |
| | | |
| | | |
| | | |
| | | |
| | | |
| | | |
| | | |
| | | |
| | | |
| 合计 | | |

会计主管：　　　　审核：　　　　制表：

表2-19 提取盈余公积计算表

**提取盈余公积计算表**

企业名称：　　　　年度　　　　单位：元

| 项目 | 金额 |
| --- | --- |
| 本年净利润 | |
| 减：弥补以前年度亏损 | |
| 计提盈余公积基数 | |
| 本年应计提法定盈余公积 | |

会计主管：　　　　复核：　　　　制单：

表2-20　　内部转账单

**内部转账单**

年　月　日　　单位：元

| 应借科目 | 应贷科目 | 金额 | 备注 |
| --- | --- | --- | --- |
| 利润分配——未分配利润 | | | |
| | 利润分配——提取法定盈余公积金 | | |
| | 利润分配——提取任意盈余公积金 | | |
| | 利润分配——应付现金股利或利润 | | |

会计主管：　　复核：　　制单：

【做中学】根据情境引例设计：

根据江河商城有限责任公司发生的经济业务，需要设计“领料单”“库存商品入库单”“库存商品出库单”。

1.“领料单”，用于各部门从仓库领用保洁材料的原始凭证，如表2-6所示。

2.“库存商品入库单”，用于外购商品验收入库时的原始凭证。“库存商品出库单”用于对外销售商品时的原始凭证。设计的格式如表2-21、表2-22所示。

表2-21　　库存商品入库单

**库存商品入库单**

供应单位：

合 同 号：　　年　月　日　　编号：

| 商品编号 | 名称 | 规格 | 单位 | 应收数量 | 实收数量 | 单价 | 金额 | 备注 |
| --- | --- | --- | --- | --- | --- | --- | --- | --- |
| | | | | | | | | |
| | | | | | | | | |
| | | | | | | | | |

会计：　　记账：　　仓库主管：　　保管员：　　验收：　　采购：　　制单：

注：商品流通企业“库存商品入库单”与生产制造业“库存商品（或产成品）入库单”不同。它除了记录商品的名称、商品的编号、实际验收数量、进货价格等内容外，还要记录与采购有关的合同编号、采购价格、结算方式等内容。

“库存商品入库单”一般一式三联，第一联留作仓库登记实物账；第二联交给采购部门，作为采购员办理付款的依据；第三联交给财务记账。根据不同的需要，也可以适当地增加一联，交给送货人员，使其留作商品已经送到的依据。

表2-22　　库存商品出库单

**库存商品出库单**

提货部门：　　　　字第　　号

用　　途：　　　　年　月　日

| 商品编号 | 名称 | 规格 | 单位 | 数量 | 单价 | 金额 | 备注 |
| --- | --- | --- | --- | --- | --- | --- | --- |
| | | | | | | | |
| | | | | | | | |
| | | | | | | | |

记账：　　仓库主管：　　发货人：　　提货人：　　开票人：

注：商品流通企业“库存商品出库单”一般一式四联，第一联：存根，开单人员自存。第二联：交财务，作为财务部门入账的原始凭证。第三联：交仓房，作为仓库保管员登记保管账的依据。第四联：随货同行，交货运人员用。

6. 固定资产业务原始凭证的设计

固定资产业务主要有“新建固定资产移交清册”“固定资产调拨单”“固定资产报废申请单”“固定资产清查表”“固定资产清查盈亏报告表”“固定资产折旧计算表”“固定资产租赁计算表“固定资产验收单”“固定资产领用单”等原始凭证。企业可根据自身特点自行设计，凭证有关内容会同固定资产管理部门协商设计。

【做中学】根据情境引例设计：

根据江河商城有限责任公司发生的经济业务，需要设计“固定资产交接验收单”“固定资产报废申请单”。

1. “固定资产交接验收单”，用于购入的固定资产送交使用部门用部门填写固定资产交接验收单，格式如表2-23所示。

2. “固定资产报废申请单”用于资产报废时使用部门填写的原始凭证。格式如表2-24所示。

表2-23　　固定资产交接验收单

## 固定资产交接验收单

<table>
<tr><td rowspan="2">固定资产编号</td><td rowspan="2">固定资产名称</td><td rowspan="2">规格及技术特征</td><td rowspan="2">计量单位</td><td rowspan="2">数量</td><td colspan="3">原始价值</td><td rowspan="2">规定使用年限</td><td rowspan="2">净残值率（或额）</td><td colspan="4">折旧计算资料</td></tr>
<tr><td>买价</td><td>运杂费</td><td>合计</td><td>折旧方法</td><td>年折旧率</td><td>月折旧率</td><td>工作小时折旧率</td></tr>
<tr><td></td><td></td><td></td><td></td><td></td><td></td><td></td><td></td><td></td><td></td><td></td><td></td><td></td><td></td></tr>
<tr><td></td><td></td><td></td><td></td><td></td><td></td><td></td><td></td><td></td><td></td><td></td><td></td><td></td><td></td></tr>
<tr><td>附属设备</td><td colspan="13"></td></tr>
<tr><td>购置日期</td><td colspan="2"></td><td colspan="2">使用日期</td><td></td><td colspan="4" rowspan="2">发票单及技术资料</td><td colspan="4" rowspan="2"></td></tr>
<tr><td>备注</td><td colspan="5"></td></tr>
<tr><td colspan="3">财会部门</td><td colspan="3">管理财产部门</td><td colspan="4">使用保管部门</td><td colspan="4">购置（承办）部门</td></tr>
<tr><td>名称</td><td colspan="2"></td><td colspan="2">名称</td><td></td><td colspan="2">名称</td><td colspan="2"></td><td colspan="2">名称</td><td colspan="2"></td></tr>
<tr><td>负责人</td><td colspan="2"></td><td colspan="2">负责人</td><td></td><td colspan="2">负责人</td><td colspan="2"></td><td colspan="2">负责人</td><td colspan="2"></td></tr>
<tr><td>经办人</td><td colspan="2"></td><td colspan="2">经办人</td><td></td><td colspan="2">经办人</td><td colspan="2"></td><td colspan="2">经办人</td><td colspan="2"></td></tr>
</table>

表2-24　　固定资产报废申请单

## 固定资产报废申请单

申请单位：　　　　　　　　　　年　　月　　日　　　　　　　　　　编号：

<table>
<tr><td>编号</td><td>固定资产名称</td><td>规格</td><td>计量单位</td><td>数量</td><td>规定使用年限</td><td>实际已用年限</td><td>原值</td><td>已提折旧</td><td>净值</td></tr>
<tr><td></td><td></td><td></td><td></td><td></td><td></td><td></td><td></td><td></td><td></td></tr>
<tr><td></td><td></td><td></td><td></td><td></td><td></td><td></td><td></td><td></td><td></td></tr>
<tr><td></td><td></td><td></td><td></td><td></td><td></td><td></td><td></td><td></td><td></td></tr>
<tr><td colspan="2">固定资产所在地址</td><td colspan="8"></td></tr>
<tr><td colspan="2">报废原因</td><td colspan="8"></td></tr>
<tr><td colspan="2">鉴定小组意见</td><td colspan="8"></td></tr>
<tr><td colspan="2">单位领导意见</td><td colspan="8"></td></tr>
<tr><td colspan="2">主管部门审批意见</td><td colspan="8"></td></tr>
</table>

7. 往来结算业务原始凭证的设计

往来结算业务指企业赊销、赊购业务和其他应收、应付款业务。除正常的发票外，还有证明赊销赊购的欠款、收款单据。欠款、收款单据内容应包括欠款、收款时间、金额、日期、内容和经手人等。

## 二、记账凭证的设计

（一）记账凭证设计的基本步骤

1. 记账凭证种类的设计

根据事前调查的内容和已设计的会计账务处理程序，以及企业经营活动的特点来决定设计什么样的记账凭证。

2. 记账凭证内容的设计

记账凭证内容的设计应能简明扼要地说明经济业务发生的事实，确定登记账簿的会计科目和应记金额，它既是沟通原始凭证和账簿的桥梁，又是一种序时记录。

3. 记账凭证传递路线、登记方法和保管方法的设计

记账凭证从填制到复核，直到据以登记有关账簿，涉及凭证传递程序的问题，这个问题将在“账务处理程序”中介绍。记账凭证及所附原始凭证的保管制度也是记账凭证设计时应考虑的基本内容之一。

动画：固定资产会计的设计

（二）记账凭证要素的设计

记账凭证是会计人员根据审核无误的原始凭证，按照经济业务事项的内容加以归类，并据以确定会计分录后所填制的会计凭证，是登记账簿的直接依据。为满足记账的需要，记账凭证必须具备以下基本内容：

动画：固定资产内部控制设计案例

（1）记账凭证的名称；

（2）编号及填制日期；

（3）经济业务简要说明（摘要）；

（4）会计科目名称；

（5）记账金额；

动画：无形资产会计设计1

（6）所附原始凭证的张数；

（7）会计主管、审核、记账等人员签章。

（三）记账凭证格式的设计

1. 复式记账凭证设计

复式记账凭证是将一项经济业务所涉及的应借、应贷的各个会计科目，都集中填列在一张凭证中的记账凭证。复式记账凭证按其设置的具

动画：无形资产会计设计2

体形式不同分为通用记账凭证和专用记账凭证。专用记账凭证又可分为收款凭证、付款凭证和转账凭证。

如果单位经济业务少，可以只设置一种通用记账凭证，统一编号，使会计业务比较简洁。

【做中学】根据情境引例设计：

江河商城有限责任公司规格较小，经济业务量较少，可设计使用通用记账凭证格式如表 2–25 所示。

表2–25　　　　记 账 凭 证

**记 账 凭 证**

年　　月　　日　　　　　　　　第　　号

| 摘要 | 总账科目 | 明细科目 | √ | 借方金额 | | | | | | | | | | 贷方金额 | | | | | | | | | |
|---|---|---|---|---|---|---|---|---|---|---|---|---|---|---|---|---|---|---|---|---|---|---|---|
| | | | | 千 | 百 | 十 | 万 | 千 | 百 | 十 | 元 | 角 | 分 | 千 | 百 | 十 | 万 | 千 | 百 | 十 | 元 | 角 | 分 |
| | | | | | | | | | | | | | | | | | | | | | | | |
| | | | | | | | | | | | | | | | | | | | | | | | |
| | | | | | | | | | | | | | | | | | | | | | | | |
| | | | | | | | | | | | | | | | | | | | | | | | |
| | | | | | | | | | | | | | | | | | | | | | | | |

附原始凭证　张

会计主管：　　记账：　　出纳：　　审核：　　制单：

收款凭证是用来记录库存现金、银行存款收款业务，其借方科目必然是“库存现金”或“银行存款”科目，格式设计时，将借方科目固定印在表格的左上角，在表格内反映贷方科目。付款凭证是用来记录库存现金、银行存款付款业务，其贷方科目必然是“库存现金”或“银行存款”科目，格式设计时，将贷方科目固定印在表格的左上角，在表格内反映借方科目。转账凭证用于货币资金以外的转账业务，因而借贷双方的会计科目都是不确定的，所以其格式设计基本上与通用记账凭证相同，只需将记账凭证的名称改为“转账凭证”即可。上述三种记账凭证的格式见表 2–26～表 2–28。

动画：转账凭证的设计

表2-26　　　　收 款 凭 证

## 收 款 凭 证

借方科目：　　　　　　　　年　　月　　日　　　　　　　　收字第　　号

| 摘要 | 贷方科目 | | √ | 金额 | | | | | | | | | |
|---|---|---|---|---|---|---|---|---|---|---|---|---|---|
| | 总账科目 | 明细科目 | | 千 | 百 | 十 | 万 | 千 | 百 | 十 | 元 | 角 | 分 |
| | | | | | | | | | | | | | |
| | | | | | | | | | | | | | |
| | | | | | | | | | | | | | |
| 附凭证　　张 | 合计 | | | | | | | | | | | | |

会计主管：　　　　记账：　　　　稽核：　　　　出纳：　　　　制单：

表2-27　　　　付 款 凭 证

## 付 款 凭 证

贷方科目：　　　　　　　　年　　月　　日　　　　　　　　附字第　　号

| 摘要 | 借方科目 | | √ | 金额 | | | | | | | | | |
|---|---|---|---|---|---|---|---|---|---|---|---|---|---|
| | 总账科目 | 明细科目 | | 千 | 百 | 十 | 万 | 千 | 百 | 十 | 元 | 角 | 分 |
| | | | | | | | | | | | | | |
| | | | | | | | | | | | | | |
| | | | | | | | | | | | | | |
| 附凭证　　张 | 合计 | | | | | | | | | | | | |

会计主管：　　　　记账：　　　　稽核：　　　　出纳：　　　　制单：

表2-28　　　　转 账 凭 证

## 转 账 凭 证

年　　月　　日　　　　　　　　转字第　　号

| 摘要 | 总账科目 | 明细科目 | √ | 借方金额 | | | | | | | | | | 贷方金额 | | | | | | | | | |
|---|---|---|---|---|---|---|---|---|---|---|---|---|---|---|---|---|---|---|---|---|---|---|---|
| | | | | 千 | 百 | 十 | 万 | 千 | 百 | 十 | 元 | 角 | 分 | 千 | 百 | 十 | 万 | 千 | 百 | 十 | 元 | 角 | 分 |
| | | | | | | | | | | | | | | | | | | | | | | | |
| | | | | | | | | | | | | | | | | | | | | | | | |
| | | | | | | | | | | | | | | | | | | | | | | | |
| 附凭证　　张 | 合计 | | | | | | | | | | | | | | | | | | | | | | |

会计主管：　　　　记账：　　　　出纳：　　　　制单：

2. 单式记账凭证的设计

单式记账凭证是将某项经济业务所涉及的会计科目，分别按每个会计科目的借方或贷方编制一张记账凭证。其中，填制借方科目的凭证称为借项记账凭证；填制贷方科目的凭证称为贷项记账凭证。单式记账凭证通常适用于业务量较大、企业会计部门内部分工较细的单位。借项记账凭证、贷项记账凭证的一般格式见表2-29、表2-30。

表2-29　　借项记账凭证

**借项记账凭证**

借方科目：　　　　年　月　日　　　　第　号

| 摘要 | 二级或明细科目 | 过账 | 金额 |
|---|---|---|---|
| | | | |
| | | | |

附件　张

会计主管：　记账：　出纳：　审核：　制单：

表2-30　　贷项记账凭证

**贷项记账凭证**

贷方科目：　　　　年　月　日　　　　第　号

| 摘要 | 二级或明细科目 | 过账 | 金额 |
|---|---|---|---|
| | | | |
| | | | |

附件　张

会计主管：　记账：　出纳：　审核：　制单：

3. 汇总记账凭证的设计

汇总记账凭证是指按照会计核算的要求定期将所有的记账凭证按经济业务的性质进行分类汇总编制而成的记账凭证，然后再据以登记总分类账。根据会计核算程序的不同，单位使用的汇总记账凭证一般有“科目汇总表”“汇总收款凭证”“汇总付款凭证”和“汇总转账凭证”等。这部分内容的设计见学习子情境五“账务处理程序设计”部分。

### 三、会计凭证传递程序的设计

会计凭证的传递是指从会计凭证的取得或填制时起至归档保管过程中，在单位内部有关部门和人员之间的传送程序。会计凭证的传递是会计核算得以正常、有效进行的前提。会计凭证的传递，要求能够满足内部控制制度的要求，使传递程序合理有效，同时尽量节约传递时间，减少传递的工作量。

企业生产组织特点、经济业务的内容和管理要求不同，会计凭证的传递也有所不同。为此，企业应根据具体情况制定每一种凭证的传递程序和方法。例如，收料单的传递中应规定：材料到达企业后多长时间内验收入库，收料单由谁填制，一式几联，各联次的用途是什么，何时传递到会计部门，会计部门由谁负责收料单的审核工作，由谁据以编制记账凭证、登记账簿、整理归档等。

### 【本学习子情境小结】

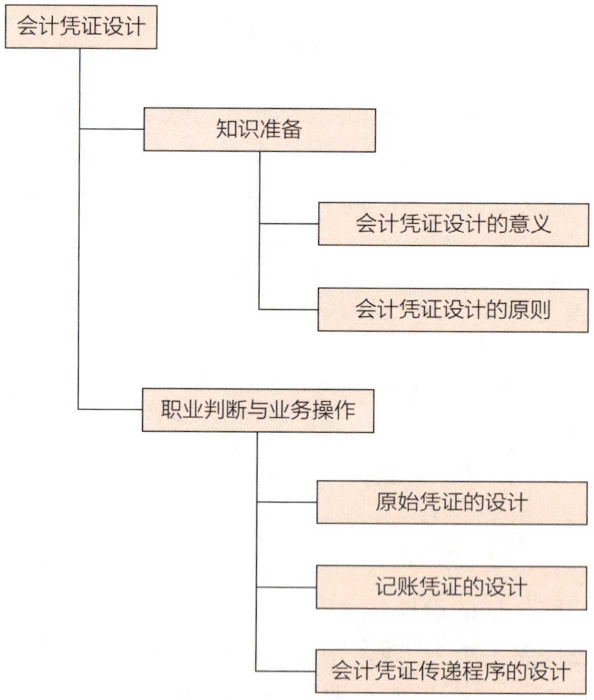

# 学习子情境三　会计账簿设计

**【本学习子情境引例】**

接学习子情境一。江河商城有限责任公司按照会计法规要求设计总账、库存现金日记账和银行存款日记账，并根据已设置的库存商品明细科目、管理费用明细科目设计明细分类账。为加强对支票的控制，设计支票登记簿备查账。

问题与任务：江河商城有限责任公司应如何设计上述总账、明细账、日记账和备查账？

**【知识准备】**

## 一、会计账簿设计的概念

政策法规：《会计工作基础规范》

会计账簿是以会计凭证为依据，对全部经济业务进行全面、系统、连续、分类的记录和核算的簿籍，它是由专门的格式并以一定形式联结在一起的账页所组成的。设置会计账簿的意义在于：

（1）通过设置和登记账簿，可以把所有的经济业务按其不同性质进行分类和汇总，把分散的核算资料加以系统化，可取得总括和明细的核算资料。

（2）根据账簿所提供的核算资料，可以加强日常监督，为编制会计报表提供必要的资料。

（3）利用账簿提供的核算资料，可开展财务分析和会计检查。

会计账簿的设计，就是根据企业的经营特点和管理要求对账簿的种类、数量、格式、内容、各种账簿之间的关系等进行的设计。

## 二、会计账簿设计的原则

（一）与企业规模和会计分工相适应的原则

企业规模较大，经济业务必然较多，会计人员的数量也相应增多，其分工较细，会计账簿也较复杂，册数也多，在设计时考虑这些特点以适应其需要。反之，企业规模小，经济业务量也相应少，在设计账簿时，明细分类账合成几本即可。

（二）既满足管理需要又避免重复设账的原则

账簿设计的目的是取得管理所需要的资料，因此账簿设置也以满足需要为前提，避免重复设账、记账，浪费人力物力。

（三）账簿设计与账务处理程序紧密配合原则

账务处理程序的设计实质上已大致规定了账簿的种类，在进行账簿的具体设计时，应充分注意已选定的账务处理程序。如设计的是日记总账账务处理程序，就必须设计一本日记总账，再考虑其他账簿；又如设计的是多栏式日记账账务处理程序，就必须设计四本多栏式日记账，分别记录现金收付和银行存款收付业务，然后再考虑设其他账簿。

（四）账簿设计与会计报表指标相衔接的原则

会计报表是根据账簿记录编制的，报表中的有关数据指标应能直接从有关总分类账户或明细分类账户中取得和填列，以方便会计报表的编制。

**【职业判断与业务操作】**

## 一、会计账簿设计的步骤

为保障组织的严密性和有效性，设计账簿应当按照下列步骤进行。

（一）确定所使用的账簿的种类

根据单位的经济业务类型、经济管理要求以及财会机构内部分工情况，确定使用账簿的种类。

（二）设计各种账簿的格式和内容

在确定所用的账簿种类后，还需要设计每一种账簿的形式、账页格式、具体内容等。

（三）规定各账簿之间的关系

设计出的各种会计账簿，虽有其各自的特点和不同用途，但它们并不是完全孤立的，相互之间存在客观的联系。如总分类账对其所属的明细分类账起着统驭和控制的作用，而明细分类账对其总分类账起着补充和说明的作用，二者之间是制约与被制约的关系。为此，设计账簿时，应明确规定各种账簿之间的勾稽关系，保证各种账簿的相互制约和相互补充。

（四）建立会计账簿的保管制度

会计账簿是单位重要的会计档案，必须建立归档管理制度并妥善保管，以备日后查阅。年终，应将用完的账簿装订成册，交专人负责管理。

## 二、序时账簿的设计

序时账簿也称日记账，是按照经济业务发生时间的先后顺序，逐日逐笔登记经济业务的账簿。日记账又有普通日记账和特种日记账两类。

（一）普通日记账的设计

普通日记账是用来登记全部经济业务发生情况的日记账。在这种日记账中，根据全部经济业务及其发生时间的先后顺序，逐日逐项编制会计分录，因而这种日记账也称分录日记账或分录簿，其格式见表 2–31。

表2–31　　普通日记账

普通日记账

| 摘要 | 账户名称 | | 借方金额 | 贷方金额 | 余额 |
|---|---|---|---|---|---|
| | 一级科目 | 二级科目 | | | |
| | | | | | |
| | | | | | |
| | | | | | |
| | | | | | |

（二）特种日记账的设计

特种日记账是用来登记某一类经济业务发生情况的日记账。如库存现金日记账、银行存款日记账、转账日记账、购货日记账、销货日记账等。

1. 库存现金日记账和银行存款日记账的设计

在我国企业单位中，日记账一般都是指库存现金日记账和银行存款日记账。这两种日记账，无论在何种账务处理程序下，也无论在何种规模的企业单位中，都是必须设计的。如果单位经常有外汇收支业务，为了加强外汇的管理，银行存款日记账还应专设“外币式（或称双币式）银行存款日记账”，分别用人民币和外币登记。在中外合资企业中，必须设置双币式银行存款日记账，见表 2–32。

表2–32　　双币式银行存款日记账

双币式银行存款日记账

| 年 | | 凭证 | | 借方 | | | 贷方 | | | 余额 | | |
|---|---|---|---|---|---|---|---|---|---|---|---|---|
| 月 | 日 | 字 | 号 | 外币 | 兑换率 | 人民币 | 外币 | 兑换率 | 人民币 | 外币 | 兑换率 | 人民币 |
| | | | | | | | | | | | | |
| | | | | | | | | | | | | |
| | | | | | | | | | | | | |
| | | | | | | | | | | | | |

【做中学】根据情境引例设计：

江河商城有限责任公司设计的库存现金日记账、银行存款日记账见表2-33、表2-34。

表2-33　　库存现金日记账

**库存现金日记账**

| 年 | | 摘要 | 对方科目 | 借方 | | | | | | | | | | 贷方 | | | | | | | | | | 余额 | | | | | | | | | |
|---|---|---|---|---|---|---|---|---|---|---|---|---|---|---|---|---|---|---|---|---|---|---|---|---|---|---|---|---|---|---|---|---|---|
| 月 | 日 | | | 千 | 百 | 十 | 万 | 千 | 百 | 十 | 元 | 角 | 分 | 千 | 百 | 十 | 万 | 千 | 百 | 十 | 元 | 角 | 分 | 千 | 百 | 十 | 万 | 千 | 百 | 十 | 元 | 角 | 分 |
| | | | | | | | | | | | | | | | | | | | | | | | | | | | | | | | | | |
| | | | | | | | | | | | | | | | | | | | | | | | | | | | | | | | | | |
| | | | | | | | | | | | | | | | | | | | | | | | | | | | | | | | | | |
| | | | | | | | | | | | | | | | | | | | | | | | | | | | | | | | | | |
| | | | | | | | | | | | | | | | | | | | | | | | | | | | | | | | | | |
| | | | | | | | | | | | | | | | | | | | | | | | | | | | | | | | | | |
| | | | | | | | | | | | | | | | | | | | | | | | | | | | | | | | | | |

表2-34　　银行存款日记账

**银行存款日记账**

| 年 | | 凭证 | | 摘要 | 对方科目 | 借方 | | | | | | | | | | 贷方 | | | | | | | | | | 余额 | | | | | | | | | |
|---|---|---|---|---|---|---|---|---|---|---|---|---|---|---|---|---|---|---|---|---|---|---|---|---|---|---|---|---|---|---|---|---|---|---|---|
| 月 | 日 | 字 | 号 | | | 千 | 百 | 十 | 万 | 千 | 百 | 十 | 元 | 角 | 分 | 千 | 百 | 十 | 万 | 千 | 百 | 十 | 元 | 角 | 分 | 千 | 百 | 十 | 万 | 千 | 百 | 十 | 元 | 角 | 分 |
| | | | | | | | | | | | | | | | | | | | | | | | | | | | | | | | | | | | |
| | | | | | | | | | | | | | | | | | | | | | | | | | | | | | | | | | | | |
| | | | | | | | | | | | | | | | | | | | | | | | | | | | | | | | | | | | |
| | | | | | | | | | | | | | | | | | | | | | | | | | | | | | | | | | | | |
| | | | | | | | | | | | | | | | | | | | | | | | | | | | | | | | | | | | |
| | | | | | | | | | | | | | | | | | | | | | | | | | | | | | | | | | | | |
| | | | | | | | | | | | | | | | | | | | | | | | | | | | | | | | | | | | |

2. 购货日记账和销货日记账设计

对于进货、销货业务比较频繁的企业，还应设计购货日记账和销货日记账两本账，以集中反映原材料（商品）的供应情况和销售情况。设计这两种账的企业，可不再在转账日记账中登记购销业务中的转账业务。

（1）购货日记账的设计。购货日记账是专门用来登记购货业务的账簿。购货业务有现款购进和欠款购进两种情况，因此，购货日记账的设计也可以有两种。一种是只登记欠款购进业务，将现款购进业务放在库存现金和银行存款日记账中登记。另一种是登记全部购进业务即将现款购进业务也在购货日记账中登记。登记全部购进业务的格式如表2-35所示。过入分类账时，“材料采购”和“应付账款”账户，可根据定期的合计数一次过入，无须逐笔过账；“库存现金”和“银行存款”账户，用现款购进在库存现金日记账和银行存款日记账中也要同时登记，故无须过账，对于所欠各供货单位的应付款项，则应逐笔过入“应付账款”明细账，以显示与各供货单位的款项结算关系。购货日记账如只登记欠款购进业务，则上述格式中的库存现金和银行存款栏可以不设。

表2-35 购货日记账

**购货日记账**

| 年 | | 凭证 | | 摘要 | 供货单位 | 材料采购借方 | | | | 现金贷方 | 银行存款贷方 | 应付账款贷方 |
|---|---|---|---|---|---|---|---|---|---|---|---|---|
| 月 | 日 | 字 | 号 | | | 买价 | 运费 | 其他 | 合计 | | | |
| | | | | | | | | | | | | |
| | | | | | | | | | | | | |
| | | | | | | | | | | | | |
| | | | | | | | | | | | | |

（2）销货日记账的设计。销货日记账是专门用来登记销货业务的，同购进业务一样，销货业务也有现款销售和欠款销售两种情况。因此销货日记账的登记内容也有两种：一种是只登记欠款销售业务，现款销售业务放在现金和银行存款日记账中登记；另一种是登记全部销售业务，

即将现款销售业务在销货日记账中登记的同时，又在现金或银行存款日记账中登记。其后一种的格式设计如表2-36所示。过入分类账时，“应收账款”和“主营业务收入”账户，可根据该两栏的定期合计数一次过入，不必逐笔过账：对现款销售业务，可在现金日记账和银行存款日记账中也同时登记，可根据两本日记账过账，这里就不需过账，以免重复。同样，在现金日记账和银行存款日记账中，有关销售的对应账户也不需过账。对于应收账款的明细数，应逐笔过入有关明细账，以反映与各购货单位的结算情况。

表2-36 销货日记账

**销货日记账**

| 年 | | 凭证 | | 摘要 | 购货单位 | 现金借方 | 银行存款借方 | 应收账款借方 | 主营业务收入贷方 |
|---|---|---|---|---|---|---|---|---|---|
| 月 | 日 | 字 | 号 | | | | | | |
| | | | | | | | | | |
| | | | | | | | | | |
| | | | | | | | | | |
| | | | | | | | | | |

## 三、分类账簿的设计

分类账簿是用于分类记录经济业务，以便了解和考核其详细情况或总括情况的账簿。分类账簿分为总分类账簿和明细分类账簿。

（一）总分类账簿的设计

总分类账簿格式一般有三栏式总账、多栏式总账、对应账户式总账、日记式总账和以表代账格式。目前，大部分企业采用三栏式总账，其他类型很少有企业使用。

在每张账页上设三个金额栏，即“借”“贷”“余”三栏，这种格式能全面清晰地反映各种经济业务的变化及结果，也便于记账、查账。

【做中学】根据情境引例设计：

三栏式总账格式的设计，见表2-37所示。

表2-37　　三栏式总账

**三栏式总账**

会计科目________　　第______页

| 年 | | 凭证 | | 摘要 | 借方 | 贷方 | 借或贷 | 余额 |
|---|---|---|---|---|---|---|---|---|
| 月 | 日 | 字 | 号 | | | | | |
| | | | | | | | | |
| | | | | | | | | |
| | | | | | | | | |

（二）明细分类账簿的设计

明细分类账簿是总分类账簿的必要补充，为经营管理提供详细的价值核算指标和实物核算指标。由于各单位的经营特点和管理要求不同，各类经济业务的核算和管理方式不同，因此对明细分类账设计有不同要求。同时，明细账户具有灵活多变、账页数量难以固定，随时可能增删取舍的特点，因此，按外表形式明细分类账簿一般使用活页式账簿或卡片式账簿。其账页格式根据管理需要和记录的具体业务内容而定，一般有三栏式明细账、多栏式明细账或数量金额式明细账三种。

1. 三栏式明细账的设计

三栏式明细账适用于只要求进行金额核算，不需要进行数量核算的账户，如债权、债务等，常用于应付账款、应收账款、其他应收款、其他应付款等账户。其格式与“三栏式总账”相同，主要特征是在账页上分设“借”“贷”“余”三个金额栏，单纯提供详细、具体的价值核算指标。三栏式明细分类账格式如表2-38所示。

表2-38　　三栏式明细分类账

**三栏式明细分类账**

购货单位名称________　　第______页

| 年 | | 凭证 | | 摘要 | 借方 | 贷方 | 借或贷 | 余额 |
|---|---|---|---|---|---|---|---|---|
| 月 | 日 | 字 | 号 | | | | | |
| | | | | | | | | |
| | | | | | | | | |
| | | | | | | | | |

2. 多栏式明细账的设计

多栏式明细分类账是将属于同一个一级账户或二级账户的明细账户，合并在一张账页上进行登记，以集中提供一组同类的若干详细资料。即在“借方发生额”和“贷方发生额”之下，再分别设置若干金额栏，分栏登记各明细账的发生额。多栏式明细账具体又分为借贷式和合计式两种。

借贷式主要适用于资产、负债、所有者权益类账户。其格式是在“借”“贷”“余”三方各设专栏，以起到分析控制作用。例如，一般纳税人“应交税费——应交增值税明细账”，格式见表 2-39 所示。

表2-39　应交税费——应交增值税明细账

**应交税费——应交增值税明细账**

| 年 | | 凭证 | | 摘要 | 借方 | | | | | | 贷方 | | | | | 合计 |
|---|---|---|---|---|---|---|---|---|---|---|---|---|---|---|---|---|
| 月 | 日 | 字 | 号 | | 合计 | 进项税额 | 已交税金 | 减免税款 | 出口抵减内销产品应纳税额 | 转出未交增值税 | 合计 | 销项税额 | 出口退税 | 进项税额转出 | 转出多交增值税 | |
| | | | | | | | | | | | | | | | | |
| | | | | | | | | | | | | | | | | |

合计式主要适用于费用、成本和收入等类账户的明细分类核算，其作用是对经济事项进一步分类。例如，制造费用明细账、管理费用明细账、销售费用明细账。

【做中学】根据情境引例设计：

管理费用明细账的设计，见表 2-40 所示。

表2-40　管理费用明细账

**管理费用明细账**

| 年 | | 凭证 | | 摘要 | 借方 | | | | | | | 贷方 | 余额 |
|---|---|---|---|---|---|---|---|---|---|---|---|---|---|
| 月 | 日 | 字 | 号 | | 职工薪酬 | 折旧费 | 业务招待费 | 办公费 | 工会经费 | 坏账损失 | 其他 | | |
| | | | | | | | | | | | | | |
| | | | | | | | | | | | | | |
| | | | | | | | | | | | | | |

3. 数量金额式明细账的设计

数量金额式明细账是在三栏式明细账的基础上，增加“数量”和“单价”栏而形成的。它适用于既要进行金额核算，又要进行实物量核算的财产物资科目。例如，原材料、周转材料、库存商品等明细账。

【做中学】根据情境引例设计：

库存商品明细账的设计，如表 2–41 所示。

表2–41　　库存商品明细账

**库存商品明细账**

柜组________　编号________　名称________　规格________　计量单位________

| 年 | | 凭证 | | 摘要 | 收入 | | | 发出 | | | 结存 | | |
|---|---|---|---|---|---|---|---|---|---|---|---|---|---|
| 月 | 日 | 字 | 号 | | 数量 | 单价 | 金额 | 数量 | 单价 | 金额 | 数量 | 单价 | 金额 |
| | | | | | | | | | | | | | |
| | | | | | | | | | | | | | |
| | | | | | | | | | | | | | |

## 四、备查账簿的设计

备查账簿的主要用途是记录序时账簿和分类账簿未能或无法反映的特殊经济事项。它的种类和格式一般没有固定的模式，完全取决于特殊经济事项的种类、内容以及对此实施管理的具体要求。为此，在设计备查账簿时，必须从实际情况出发，讲求实用性、简单化。企业中常用备查账簿格式设计如下：

（一）代管财物登记簿的设计

有些财产物资，不属于本企业所有，但企业对其保管和使用负有责任。如经营性租赁固定资产，为反映租入资产的名称、租借时间和归还时间、租金情况等内容，应设置备查账簿予以登记。租入固定资产明细账设计，如表 2–42 所示。

表2-42　　租入固定资产明细账

**租入固定资产明细账**

出租单位　　资产名称　　规格型号　　计量单位　　第　页

| 租入凭证 | | 租入数量 | 原始价值 | 净值 | 租期 | 月租金 | | 使用部门 | 负责人签字 | 修理费 | | 归还期限 | 经手人签字 |
|---|---|---|---|---|---|---|---|---|---|---|---|---|---|
| 日期 | 编号 | | | | | 单位租金 | 总租金 | | | 各次 | 累计 | | |
| | | | | | | | | | | | | | |
| | | | | | | | | | | | | | |

（二）反映重要空白凭证的备查记录的设计

现金支票、转账支票、银行本票及其他重要结算凭证从银行购回后，应专门登记，以反映购回的起止号码、领用人、领用日期、领用号码及注销情况，以明确经济责任。一旦出现问题，有利于查明真相，追究当事人责任或过失。

【做中学】根据情境引例设计：

支票登记簿设计，如表2-43所示。

表2-43　　支票登记簿

**支票登记簿**

第　页

| 签发日期 | | 支票号码 | 预计金额 | 收款单位 | 用途 | 支票领用人 | 财务负责人 | 实付金额 | 报销日期 | | 报销交单人 |
|---|---|---|---|---|---|---|---|---|---|---|---|
| 月 | 日 | | | | | | | | 月 | 日 | |
| | | | | | | | | | | | |
| | | | | | | | | | | | |
| | | | | | | | | | | | |

（三）其他登记簿的设计

对某些不纳入总账核算范围，而业务上需要掌握的事项均可根据需要设置备查簿登记。如对应付票据就应详细登记每一张应付票据的种类、号数、签发日期、到期日、票面金额、合同交易号、收款人姓名或单位名称，以及付款日期和金额等详细资料。应付票据到期付清时，应在备查簿内逐笔注销。

**【典型任务举例】**

山东银座商城股份公司部分原始凭证见表 2−44～表 2−48。

表2−44　　山东银座商城股份公司付款通知单

**山东银座商城股份公司付款通知单**

年　月　日

| | | |
|---|---|---|
| 付款事由 | | 合同号: |
| 收款人 | | |
| 开户行、账号: | | |
| 支付金额（大写） | | 部门负责人: |
| 支付方式 | □现金　□转账支票　□银行汇票　□电汇 | 公司负责人: |
| 备　注 | | 财务负责人: |

出纳:　　　　经手人:

表2−45　　山东银座商城股份公司费用报销单

**山东银座商城股份公司费用报销单**

报销部门:　　　　年　月　日　　　　附报销单据　张

<table>
<tr><td>费用项目及用途</td><td>金额</td><td rowspan="2">部门<br>审批</td><td rowspan="2"></td></tr>
<tr><td></td><td></td></tr>
<tr><td></td><td></td><td rowspan="2">公司<br>审批</td><td rowspan="2"></td></tr>
<tr><td></td><td></td></tr>
<tr><td></td><td></td><td rowspan="2">财务<br>审批</td><td rowspan="2"></td></tr>
<tr><td>合计</td><td></td></tr>
<tr><td>金额（大写）:</td><td colspan="3"></td></tr>
<tr><td>实报金额（大写）:</td><td colspan="3"></td></tr>
<tr><td colspan="4">付款方式: □现金　□转账支票　□银行汇票　□电汇　□其他</td></tr>
</table>

出纳:　　　　经手人:

表2-46　　山东银座商城股份公司收款通知单

**山东银座商城股份公司收款通知单**

年　月　日

| | | |
|---|---|---|
| 收款事由 | | 合同号: |
| 交款人 | | |
| 出票人开户行、账号: | | |
| 收款金额（大写） | ¥ | |
| 收款方式 | □现金　□转账支票　□银行汇票　□其他 | |
| 备注 | | |

出纳:　　　　经手人:

表2-47　　材料物资验收单

**材料物资验收单**

年　月　日

| | | | | | | |
|---|---|---|---|---|---|---|
| 采购部门 | | | 验收部门 | | | |
| 编号 | 品名 | 规格型号 | 单位 | 数量 | 单价 | 金额 |
| | | | | | | |
| | | | | | | |
| | | | | | | |
| 备注: | | | | | | |

送交人:　　　　验收人:

表2-48　　领　款　条

**领　款　条**

年　月　日

| | | | | | | | | |
|---|---|---|---|---|---|---|---|---|
| 今领到 | | | | | | | | |
| 事由 | | | | | | | | |
| 金额（大写） | | 万 | 千 | 百 | 十 | 元 | 角 | 分 |
| | | | | | | | | |

领款人:

【本学习子情境小结】

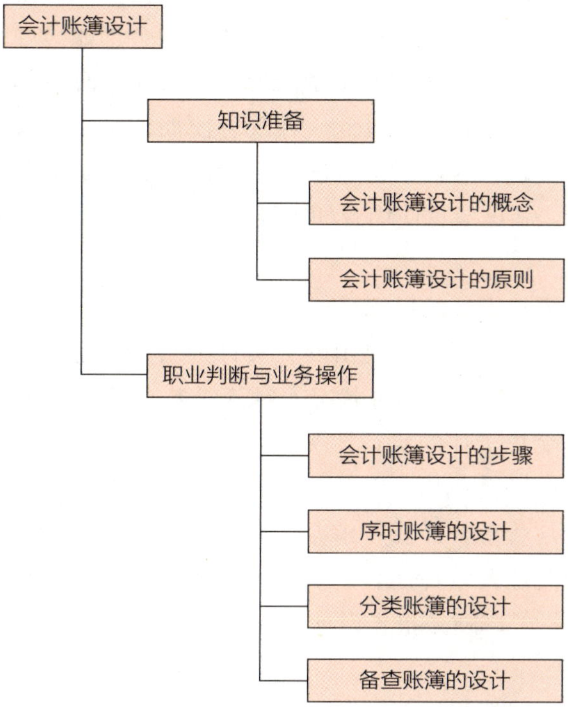


## 学习子情境四　财务会计报告设计

【本学习子情境引例】

接学习子情境一，江河商城有限责任公司应当按照规定向当地主管税务机关报送财务会计报表和有关纳税资料，投资者、银行、公司管理者及职工都需要了解江河商城有限责任公司的财务状况、经营成果、现金流量等情况。同时，企业内部管理者为加强经营管理，需要了解管理费用、销售费用等成本费用，以及进销存等情况。

问题与任务：江河商城有限责任公司对外和对内应设计哪些报表？应如何设计这些报表？

【知识准备】

### 一、财务报告设计的意义

财务报告是企业对外提供的反映企业某一特定日期财务状况和某一

会计期间经营成果、现金流量等会计信息的文件。

财务报告是企业会计部门根据经过审核的会计账簿记录和有关资料编制的。企业日常会计核算反映在会计凭证和会计账簿中，而会计账簿种类繁多，不便于信息使用者（投资者、债权人、政府部门及企业管理者）直接使用，因此有必要设计一种既方便简洁又承载大量信息的表格形式，以综合反映企业的财务状况、经营成果、现金流量以及企业的经营情况等信息，满足信息使用者的需要。

## 二、财务报告设计的目标

财务报告设计的目标，是由财务会计的目标决定的，应以满足外部会计信息使用者了解企业财务状况、经营成果、现金流量等信息的需要，以及以管理层受托责任的履行情况，以最简明扼要的形式，全面、总括地提供反映企业经营成果、财务状况及现金流量等会计信息。同时管理者需要加强内部管理，需要了解企业经营情况、资金运用情况、成本费用等情况，因此还要设计适合企业经营管理需要的内部报表。因此，财务报告设计包括外部财务报告设计和内部财务报告设计。

**【职业判断与业务操作】**

## 一、对外财务报告的设计

（一）对外财务报告体系的设计

设计对外财务报告时，应按我国统一会计准则规定执行，只有这样才能满足会计信息使用者的需要。企业在设计时要根据企业会计准则中规定的报表种类、格式、内容、编制时间、编制方法、计量单位、编号等的统一要求及报表指标内涵等使用统一的会计核算口径。

企业应该根据自身经营规模，选择使用会计准则，执行《企业会计准则》的企业，对外提供的财务报告至少应当包括：资产负债表、利润表、现金流量表、所有者权益变动表，以及附注，简称“四表一注”，如表 2-49 所示。执行《小企业会计准则》的企业，其对外报送的财务会计报告，可以不包括所有者权益变动表，即“三表一注”。

表2-49　《企业会计准则》对外财务报告体系

<table>
<tr><th colspan="2">种类</th><th>按编制时间分类</th><th>反映内容</th><th>报送时间</th></tr>
<tr><td rowspan="4">会计报表</td><td>资产负债表（企会01号）</td><td>年度报表、中期报表</td><td>静态</td><td rowspan="5">年报为年度终了4个月内，半年报为半年度终了2个月内；季报为季度终了30天内；月报为月度终了后10天内</td></tr>
<tr><td>利润表（企会02号）</td><td>年度报表、中期报表</td><td>动态</td></tr>
<tr><td>现金流量表（企会03号）</td><td>年度报表、中期报表</td><td>动态</td></tr>
<tr><td>所有者权益变动表（企会04号）</td><td>年度报表</td><td>动态</td></tr>
<tr><td colspan="2">报表附注</td><td>年度报表、中期报表</td><td></td></tr>
</table>

注意：小企业会计准则规定，小企业的财务报告至少应当包括：资产负债表、利润表、现金流量表、附注，即“三表一注”。

（二）对外财务报告编制流程的设计

财务报告是企业内部加强经营管理的重要依据，是企业外部的会计信息使用者进行决策和监督的重要依据，是国家进行宏观经济管理的重要信息来源。财务报告编制流程的设计如下。

（1）严格进行日常账务处理。各会计岗位人员应遵守岗位职责，严格按照企业会计准则规定进行规范的日常账务处理。做到账证相符。

（2）进行全面的财产清查。账账核对相符：总账与总账、总账与明细账、明细账与明细账、会计明细账与实物保管账核对相符；账实核对相符：库存现金日记账与库存现金核对相符；银行存款日记账与银行对账单核对相符，实物明细账与实存财产物资核对相符；往来明细账与往来款项核对相符。

（3）编制会计报表及附注。根据总账和明细账编制资产负债表、利润表、现金流量表、所有者权益变动表“四表”；根据有关账簿资料编制会计报表附注。

（4）经领导审核确认。单位负责人和主管会计工作的负责人、会计机构负责人（会计主管人员）签名并盖章；设置总会计师的单位，还须由总会计师签名并盖章。

（5）对外报送。确定对外报送对象，按时对外报送。财务报告应按期报送所有者、债权人、有关各方及当地财税机关、开户银行、主管部门。股份有限公司的会计报表还应在股东会议召开 20 日之前备置于公司办公处所，供股东查阅。

注意

我国对会计报表的有关规定主要有：会计报表应按期报送所有者、债权人、有关各方及当地财税机关、开户银行、主管部门。有限责任公司的会计报表应分送给各投资单位。股份有限公司的会计报表还应在股东会议召开20日之前备置于公司办公处所，供股东查阅。公开发行股票的公司，应按财政部有关规定公告有关报表文件。月份报表应于月份终了后六天内报出；年度会计报表应在年度终了后四个月内报出。财务报表通常经注册会计师审计。

（三）具体会计报表及财务报告附注的设计

1. 资产负债表的设计

（1）资产负债表设计的依据。资产负债表是反映企业某一特定日期（月末、季末、半年末、年末）财务状况的报表。资产负债表列示了企业在特定日期所拥有或控制的经济资源，所承担的现有义务和所有者对企业资产的要求权。资产负债表以“资产 = 负债 + 所有者权益”这一基本会计等式为理论依据。其设计的优点是对资产、负债和所有者权益等关系的列示比较直观，能一目了然地看出企业的财务状况，便于对资产负债表进行结构分析。

特别提示

资产负债表的编制原理是把企业特定日期（通常是期末）的资产、负债和所有者权益项目按一定分类标准和排列次序予以排列而形成的一定格式的报表。

（2）资产负债表表首的设计。资产负债表的表首包括报表名称、编制报表的单位名称、日期以及金额单位四项内容。资产负债表是静态报表，反映的是某一特定日期的财务状况，因此，其时间必然是一个时点而非时期。报表的日期应是会计期间确定的结账的日期，而不是编制资产负债表的日期。为了便于阅读分析，应在表首中标明金额单位。关于表首的结构，即它的四项内容的排列顺序，一般有两种方式：一是将编制报表的单位名称列在表首的左侧（见表2–50）；二是将编制报表的单位名称列示于表名之上（见表2–51）。国际会计惯例一般采用后者，而我国则采用前者。

表2-50　　资产负债表

编制单位：　　年　月　日　　单位：元

| 资产 | 负债和所有者权益 |
| --- | --- |
| 具体项目（略） | 具体项目（略） |

表2-51　　×××公司资产负债表

年　月　日　　单位：元

| 资产 | 负债和所有者权益 |
| --- | --- |
| 具体项目（略） | 具体项目（略） |

（3）资产负债表格式的设计。资产负债表的格式通常有两种，即账户式和报告式。账户式也叫横式，是根据“资产 = 负债 + 所有者权益”这一会计等式，将报表分为左右两方，左方列示资产，右方列示权益。权益部分又可分为上下两部分，上部列示负债，下部列示所有者权益。资产负债表的左右双方金额必定相等。这种左右结构的格式，形式如同“T”字形账户，所以被称为账户式。这种格式的优点在于最后一行数字平衡，便于阅读和对比分析资产、负债、所有者权益各项目的相互关系，也可以避免表身过长，故较普遍采用。其简化格式见表 2-52。

**特别提示**

资产负债表的格式主要有账户式和报告式（也称垂直式）两种，我国企业会计准则规定资产负债表采用账户式格式。

表2-52　　资产负债表

编制单位：　　年　月　日　　单位：元

| 资产 | 负债和所有者权益 |
| --- | --- |
| 资产：（略） | 负债：（略）<br>所有者权益：（略） |

报告式资产负债表，也称直式、顺序式或叙述式资产负债表，是根据“资产 - 负债 = 所有者权益”这一会计等式，按从上到下的顺序排列，即上面为资产，中间为负债，下面为所有者权益。运用这种格式编制的资产负债表，篇幅过长，不便于阅读，其简化格式见表 2-53。

表2-53　资产负债表

编制单位：　　　　年　月　日　　　　单位：元

| 项目 | 金额 |
| --- | --- |
| 资产：（略）<br>负债：（略）<br>所有者权益：（略） | |

（4）资产负债表项目的设计。

① 项目排列顺序的设计。表内各项目如何排列，是依据一定的理论决定的。

**特别提示**

资产负债表项目的排列方法一般是按流动性排列。按照流动性排列，就是按照各项目的流动性程度大小，即变现能力的强弱排列，流动性大的项目排在前面，流动性小的项目排在后面。

从国际惯例看，在市场经济形势下，由于竞争激烈，优胜劣汰是普遍规律，当企业以举债作为主要筹资方式时，负债占总资产的比重较大，经常会有债务到期而需立即偿还的现象，这时企业是否有足够的偿债能力就成为债权人十分关心的问题，也是企业管理者关注的重点。因此，按资产变现快慢来排列资产项目就很有必要，将变现速度快的排在前，稍慢的次之，最慢的排在最后，恰恰反映出市场经济的竞争规律。我国现有的资产负债表各项目的排列也按此惯例进行。至于表右方的权益项目，将临时性权益（负债）排在前，永久性权益（所有者权益）排在后，负债项目按偿还期限长短排列，偿还期限短的排前，偿还期限长的排后。所有者权益项目按在企业留存时间进行排列，留存时间长的排在前，留存时间短的排在后。

② 项目金额的设计。为了反映企业财务状况与前期相比的变动情况，资产负债表的各项目均需设计“年初余额”和“期末余额”两栏。资产负债表“年初余额”栏内项目的数字，应根据上年年末资产负债表“期末余额”栏内所列的相应数字填列。如果本年度资产负债表规定的各个项目名称和内容与上年度不一致时，应对上年年末资产负债表各项目的名称和数字按照本年度的规定进行调整，填入资产负债表“年初余额”栏内。资产负债表“期末余额”栏内各项目数字，一般根据本期总账和有关明细账的期末余额填列。有些项目的数字不能直接根据账户的期末

余额填列，而应根据有关项目的特定要求，对账簿的资料进行整理、加工、分析和计算后才能填列。其格式如表2-54所示。

表2-54　　资产负债表（账户式）

编制单位：　　　　年　月　日　　　　单位：元

| 资产 | 期末余额 | 年初余额 | 负债和所有者权益 | 期末余额 | 年初余额 |
|---|---|---|---|---|---|
| 流动资产： | | | 流动负债： | | |
| 货币资金 | | | 短期借款 | | |
| 以公允价值计量且其变动计入当期损益的金融资产 | | | 以公允价值计量且其变动计入当期损益的金融负债 | | |
| 衍生金融资产 | | | 衍生金融负债 | | |
| 应收票据及应收账款 | | | 应付票据及应付账款 | | |
| 预付款项 | | | 预收款项 | | |
| 其他应收款 | | | 应付职工薪酬 | | |
| 存货 | | | 应交税费 | | |
| 持有待售资产 | | | 其他应付款 | | |
| 一年内到期的非流动资产 | | | 持有待售负债 | | |
| 其他流动资产 | | | 一年内到期的非流动负债 | | |
| 流动资产合计 | | | 其他流动负债 | | |
| 非流动资产： | | | 流动负债合计 | | |
| 可供出售金融资产 | | | 非流动负债： | | |
| 持有至到期投资 | | | 长期借款 | | |
| 长期应收款 | | | 应付债券 | | |
| 长期股权投资 | | | 长期应付款 | | |
| 投资性房地产 | | | 预计负债 | | |
| 固定资产 | | | 递延收益 | | |

续表

| 资产 | 期末余额 | 年初余额 | 负债和所有者权益 | 期末余额 | 年初余额 |
|---|---|---|---|---|---|
| 在建工程 | | | 递延所得税负债 | | |
| 生产性生物资产 | | | 其他非流动负债 | | |
| 油气资产 | | | 非流动负债合计 | | |
| 无形资产 | | | 负债合计 | | |
| 开发支出 | | | 所有者权益（股东权益）： | | |
| 商誉 | | | 实收资本（或股本） | | |
| 长期待摊费用 | | | 其他权益工具 | | |
| 递延所得税资产 | | | 资本公积 | | |
| 其他非流动资产 | | | 减：库存股 | | |
| 非流动资产合计 | | | 其他综合收益 | | |
| | | | 盈余公积 | | |
| | | | 未分配利润 | | |
| | | | 所有者权益（股东权益）合计 | | |
| 资产合计 | | | 负债和所有者权益合计 | | |

2. 利润表的设计

（1）利润表设计的依据。利润表是反映企业在一定会计期间（月份、季度、半年度或年度）经营成果（或亏损，下同）的报表。企业在一定会计期间的经营成果一般是指企业在一定期间内实现的利润，包括收入减去费用后的净额等。

**特别提示**

利润表的设计原理是“收入 − 费用 = 利润”的动态平衡公式，以充分反映企业经营业绩的主要来源和构成。

（2）利润表表首的设计。利润表同样包括表首和表体两部分。利润表表首也由报表名称、编制报表的单位名称、时间以及金额单位四项内容构成。除了反映的时间不同外，利润表表首的其他部分与资产负债表表首的设计相同。由于利润表是反映企业在一定期间的经营成果的动态报表，其时间单位应是某一特定期间。其表达方式为“×× 月份”、“×× 季度”、“××× 年度”。利润表表首的结构与资产负债表表首的结构一样，既可将编制报表的单位名称列示于表首的左侧，也可将编制报表的单位名称列示于表名之上。

（3）利润表格式的设计。

**特别提示**

利润表格式可以分为多步式结构和单步式结构两种。

多步式利润表是根据利润的组成内容分多步计算出利润的方式。这种结构的优点是可以清楚地看出利润的组成情况，有利于分析利润的内部结构。其缺点是不便于了解企业的总收入、总费用。我国采用的是多步式利润表。

单步式利润表，是将所有收入项目排在一起，所有费用项目排在一起，不加以分段，然后计算出利润总额和净利润的结构。这种结构比较简单，符合传统的思维方式，其缺点是不能反映利润的组成情况。

（4）利润表项目的设计。

多步式利润表在项目排列上贯彻了重要性原则，将企业的主要利润来源项目（营业收入）排在最前面，将其他来源排在后面。

目前，我国利润表项目，分七步列示利润的形成情况，分别是：第一步，营业收入；第二步，营业利润 = 营业收入 − 营业成本 − 税金及附加 − 销售费用 − 管理费用 − 财务费用 − 资产减值损失 ± 公允价值变动损益 ± 投资收益 + 资产处置收益（− 资产处置损失）；第三步，利润总额 = 营业利润 + 营业收入 − 营业外支出；第四步，净利润 = 利润总额 − 所得税费用；第五步，其他综合收益的税后净额；第六步，综合收益总额；第七步，每股收益。

对于利润表内的每一个项目，应分别列出“本期金额”和“上期金额”。“本期金额”来源于本期损益类账户的发生额净额，“上期金额”来源于上年同期金额，即上年同期利润表中的“本期金额”，以便于比较分析。利润表具体格式见表 2−55。

表2-55　　利润表（多步式）

编制单位：　　　　年　　月　　　　单位：元

| 项目 | 本期金额 | 上期金额 |
|---|---|---|
| 一、营业收入 | | |
| 减：营业成本 | | |
| 税金及附加 | | |
| 销售费用 | | |
| 管理费用 | | |
| 研发费用 | | |
| 财务费用 | | |
| 其中：利息费用 | | |
| 利息收入 | | |
| 资产减值损失 | | |
| 加：其他收益 | | |
| 投资收益（损失以“-”号填列） | | |
| 其中：对联营企业和合营企业的投资收益 | | |
| 公允价值变动收益（损失以“-”号填列） | | |
| 资产处置收益（损失以“-”号填列） | | |
| 二、营业利润（亏损以“-”号填列） | | |
| 加：营业外收入 | | |
| 减：营业外支出 | | |
| 三、利润总额（亏损总额以“-”号填列） | | |
| 减：所得税费用 | | |
| 四、净利润（净亏损以“-”号填列） | | |
| （一）持续经营净利润（净亏损以“-”号填列） | | |
| （二）终止经营净利润（净亏损以“-”号填列） | | |
| 五、其他综合收益的税后净额 | | |
| 六、综合收益总额 | | |
| 七、每股收益： | | |
| （一）基本每股收益 | | |
| （二）稀释每股收益 | | |

3. 现金流量表的设计

（1）现金流量表的设计依据。现金流量表是反映企业在一定会计期间现金和现金等价物流入和流出情况的报表。现金流量表中的现金是指企业库存现金以及可以随时用于支付的存款，不能随时用于支付的存款不属于现金；现金等价物是指企业持有的期限短、流动性强、易于转换为已知金额现金、价值变动风险很小的投资。期限短，一般是指从购买日起三个月内到期。现金等价物通常包括三个月内到期的债券投资等。权益性投资变现的金额通常不确定，因而不属于现金等价物。企业应当根据具体情况确定现金等价物的范围，一经确定不得随意变更。现金流量是指现金和现金等价物的流入和流出。

**特别提示**

现金流量表的设计原理是“现金流入量 − 现金流出量 = 现金净流量”的平衡公式。

现金流量表的设计原理是“现金流入量 − 现金流出量 = 现金净流量”的平衡公式，现金净流量之和即为企业总的现金流量，汇总反映现金及现金等价物净增加额。反映和揭示企业的理财过程，企业至少应每年编报一次。

（2）现金流量表格式的设计。现金流量表的设计，同样包括表首设计和表体设计两部分。现金流量表的表首与利润表表首的设计基本相同，也包括报表名称、编制报表的单位名称、时间以及金额单位四项内容。除了报表名称与利润表的表首不同外，其余三项均与利润表一致。

现金流量表的格式有两种：一种是直接法，另一种是间接法。其中直接法以本期营业收入、营业成本为起算点，调整与经营活动有关的流动资产和流动负债的增减变动，列示营业收入和其他收入的收现、营业成本与其他费用的付现，以现金收支表达各项经营活动的现金流量。具体格式见表 2–56。而间接法是以本期净利润为起算点，通过有关项目调整计算出现金流量。经营活动现金流量采用间接法时，应以本期的净利润为起算点，调整部分不涉及现金的收入、费用、营业外支出以及与经营活动有关的流动资产及流动负债的增减变动。具体格式见表 2–57。通常把由间接法编制的现金流量表作为由直接法编制的现金流量表的补充资料。

（3）现金流量表项目的设计。企业现金流量表项目主要按经营活动现金流量、投资活动现金流量和筹资活动现金流量三部分列示，分别列出“本期金额”及“上期金额”数据资料，“本期金额”反映当期现金流入和流出及现金净流量发生额，主要来源于资产负债表和利润表上的数据以及相关账户资料，“上期金额”反映上年同期金额，来源于上年同期现金流量表中的“本期金额”，以便于比较分析。

表2-56 现金流量表（直接法）

编制单位： 年 月 单位：元

| 项目 | 本期金额 | 上期金额 |
|---|---|---|
| 一、经营活动产生的现金流量 | | |
| 销售商品、提供劳务收到的现金 | | |
| 收到的税费返还 | | |
| 收到其他与经营活动有关的现金 | | |
| 经营活动现金流入小计 | | |
| 购买商品、接受劳务支付的现金 | | |
| 支付给职工以及为职工支付的现金 | | |
| 支付的各种税费 | | |
| 支付其他与经营活动有关的现金 | | |
| 经营活动现金流出小计 | | |
| 经营活动产生的现金流量净额 | | |
| 二、投资活动产生的现金流量 | | |
| 收回投资收到的现金 | | |
| 取得投资收益收到的现金 | | |
| 处置固定资产、无形资产和其他长期资产收回的现金净额 | | |
| 处置子公司和其他营业单位收到的现金净额 | | |
| 收到其他与投资活动有关的现金 | | |

续表

| 项目 | 本期金额 | 上期金额 |
| --- | --- | --- |
| 投资活动现金流入小计 | | |
| 购建固定资产、无形资产和其他长期资产支付的现金 | | |
| 投资支付的现金 | | |
| 取得子公司和其他营业单位支付的现金净额 | | |
| 支付其他与投资活动有关的现金 | | |
| 投资活动现金流出小计 | | |
| 投资活动产生的现金流量净额 | | |
| 三、筹资活动产生的现金流量 | | |
| 吸收投资收到的现金 | | |
| 取得借款收到的现金 | | |
| 收到其他与筹资活动有关的现金 | | |
| 筹资活动现金流入小计 | | |
| 偿还债务支付的现金 | | |
| 分配股利、利润或偿付利息支付的现金 | | |
| 支付其他与筹资活动有关的现金 | | |
| 筹资活动现金流出小计 | | |
| 筹资活动产生的现金流量净额 | | |
| 四、汇率变动对现金及现金等价物的影响 | | |
| 五、现金及现金等价物净增加额 | | |
| 加：期初现金及现金等价物余额 | | |
| 六、期末现金及现金等价物余额 | | |

表2-57　　现金流量表（间接法）

编制单位：　　年　月　　单位：元

| 补充资料 | 本期金额 | 上期金额 |
|---|---|---|
| 1. 将净利润调节为经营活动现金流量 | | |
| 净利润 | | |
| 加：资产减值准备 | | |
| 固定资产折旧、油气资产折耗、生产性生物资产折旧 | | |
| 无形资产摊销 | | |
| 长期待摊费用摊销 | | |
| 处置固定资产、无形资产和其他长期资产的损失（收益以“-”填列） | | |
| 固定资产报废损失（收益以“-”填列） | | |
| 公允价值变动损失（收益以“-”填列） | | |
| 财务费用（收益以“-”填列） | | |
| 投资损失（收益以“-”填列） | | |
| 递延所得税资产减少（增加以“-”填列） | | |
| 递延所得税负债增加（减少以“-”填列） | | |
| 存货的减少（增加以“-”填列） | | |
| 经营性应收项目的减少（增加以“-”填列） | | |
| 经营性应付项目的增加（减少以“-”填列） | | |
| 其他 | | |
| 经营活动产生的现金流量净额 | | |
| 2. 不涉及现金收支的重大投资和筹资活动 | | |
| 债务转为资本 | | |
| 一年内到期的可转换公司债券 | | |

续表

| 补充资料 | 本期金额 | 上期金额 |
|---|---|---|
| 融资租入固定资产 | | |
| 3. 现金及现金等价物净变动情况 | | |
| 现金的期末余额 | | |
| 减：现金的期初余额 | | |
| 加：现金等价物的期末余额 | | |
| 减：现金等价物的期初余额 | | |
| 现金及现金等价物净增加额 | | |

4. 所有者权益变动表的设计

（1）所有者权益变动表的设计依据。所有者权益变动表反映企业所有者权益的各组成部分当期增减变动的情况。所有者权益变动表设计的依据是按所有者权益项目的年初数与年末数进行比较，全面揭示在一定时期所有者权益的变动情况。它包括当期损益，直接计入所有者权益的利得和损失，与所有者（或股东，下同）的资本交易导致的所有者权益的变动，以及所有者权益各组成部分增减变动的结构性调整情况。各项应当分别列示。企业至少每年年末编制所有者权益变动表。

（2）所有者权益变动表格式的设计。为了清楚地表明构成所有者权益各组成部分当期的增减变动情况，所有者权益变动表以矩阵的形式列示。一方面列示导致所有者权益变动的交易或事项，按所有者权益变动的来源对一定时期所有者权益变动情况进行全面反映；另一方面按照所有者权益各组成部分（包括实收资本、资本公积、盈余公积、未分配利润和库存股）及其总额列示交易或事项对所有者权益的影响。

（3）所有者权益变动表项目的设计。矩阵式所有者权益变动表列示的方法，横向是按所有者权益构成项目实收资本（或股本）、资本公积、其他综合收益、盈余公积和未分配利润分别列示。纵向是以上年年末余额、本年年初余额、本年增减变动金额、本年年末余额分别列示。

企业需要提供比较所有者权益变动表，因此，所有者权益变动表各项目再分为“本年金额”和“上年金额”两栏分别列示。其格式如表2–58所示。

表2-58

所有者权益变动表

编制单位：　　　　年　月　　　　单位：元

| 项目 | 本年金额 | | | | | | | | | | 上年金额 | | | | | | | | | |
|---|---|---|---|---|---|---|---|---|---|---|---|---|---|---|---|---|---|---|---|---|
| | 实收资本（或股本） | 其他权益工具 | | | 资本公积 | 减：库存股 | 其他综合收益 | 盈余公积 | 未分配利润 | 所有者权益合计 | 实收资本（或股本） | 其他权益工具 | | | 资本公积 | 减：库存股 | 其他综合收益 | 盈余公积 | 未分配利润 | 所有者权益合计 |
| | | 优先股 | 永续债 | 其他 | | | | | | | | 优先股 | 永续债 | 其他 | | | | | | |
| 一、上年年末余额 | | | | | | | | | | | | | | | | | | | | |
| 加：会计政策变更 | | | | | | | | | | | | | | | | | | | | |
| 前期差错更正 | | | | | | | | | | | | | | | | | | | | |
| 其他 | | | | | | | | | | | | | | | | | | | | |
| 二、本年年初余额 | | | | | | | | | | | | | | | | | | | | |
| 三、本年增减变动金额（减少以“-”号填列） | | | | | | | | | | | | | | | | | | | | |
| （一）综合收益总额 | | | | | | | | | | | | | | | | | | | | |
| （二）所有者投入和减少资本 | | | | | | | | | | | | | | | | | | | | |
| 1. 所有者投入的普通股 | | | | | | | | | | | | | | | | | | | | |
| 2. 其他权益工具持有者投入资本 | | | | | | | | | | | | | | | | | | | | |
| 3. 股份支付计入所有者权益的金额 | | | | | | | | | | | | | | | | | | | | |

续表

| 项目 | 本年金额 | | | | | | | | | | 上年金额 | | | | | | | | | |
|---|---|---|---|---|---|---|---|---|---|---|---|---|---|---|---|---|---|---|---|---|
| | 实收资本（或股本） | 其他权益工具 | | | 资本公积 | 减：库存股 | 其他综合收益 | 盈余公积 | 未分配利润 | 所有者权益合计 | 实收资本（或股本） | 其他权益工具 | | | 资本公积 | 减：库存股 | 其他综合收益 | 盈余公积 | 未分配利润 | 所有者权益合计 |
| | | 优先股 | 永续债 | 其他 | | | | | | | | 优先股 | 永续债 | 其他 | | | | | | |
| 4. 其他 | | | | | | | | | | | | | | | | | | | | |
| （三）利润分配 | | | | | | | | | | | | | | | | | | | | |
| 1. 提取盈余公积 | | | | | | | | | | | | | | | | | | | | |
| 2. 对所有者（或股东）的分配 | | | | | | | | | | | | | | | | | | | | |
| 3. 其他 | | | | | | | | | | | | | | | | | | | | |
| （四）所有者权益内部结转 | | | | | | | | | | | | | | | | | | | | |
| 1. 资本公积转增资本（或股本） | | | | | | | | | | | | | | | | | | | | |
| 2. 盈余公积转增资本（或股本） | | | | | | | | | | | | | | | | | | | | |
| 3. 盈余公积弥补亏损 | | | | | | | | | | | | | | | | | | | | |
| 4. 设定受益计划变动额结转留存收益 | | | | | | | | | | | | | | | | | | | | |
| 5. 其他 | | | | | | | | | | | | | | | | | | | | |
| 四、本年年末余额 | | | | | | | | | | | | | | | | | | | | |

5. 财务报告附注的设计

财务报表附注，是为了方便财务报表使用者理解财务报表的内容而对财务报表的编制基础、编制依据、编制原则和方法及主要项目等所作的解释。它有助于报表使用者更好地了解财务报表。财务报表附注主要包括以下一些内容：

（1）企业的基本情况。包括企业注册地、组织形式和总部地址；企业的业务性质和主要经营活动；母公司以及集团最终母公司的名称；财务报表的批准报出者和财务报表批准报出日。

（2）财务报表的编制基础。

（3）遵循企业会计准则的声明。企业应当声明编制的财务报表符合企业会计准则的要求，真实、完整地反映了企业的财务状况、经营成果和现金流量等有关信息。

（4）重要会计政策和会计估计。

（5）会计政策和会计估计变更及差错更正的说明。

（6）报表重要项目的说明。企业对于报表重要项目的说明，应当按照资产负债表、利润表、现金流量表、所有者权益变动表及其项目列示的顺序，采用文字和数字描述相结合的方式进行披露，报表项目的明细金额合计，应当与报表项目金额相衔接。报表重要项目包括交易性金融资产、应收款项、存货、其他流动资产、可供出售金融资产、持有至到期投资、长期股权投资、投资性房地产、固定资产、生产性生物资产和公益性生物资产、油气资产、无形资产、商誉的形成来源、账面价值的增减变动情况、递延所得税资产和递延所得税负债、所有权受到限制的资产、交易性金融负债、职工薪酬、其他流动负债、短期借款和长期借款、应付债券、长期应付款、营业收入、公允价值变动收益、投资收益、资产减值损失、营业外收入、营业外支出、所得税费用、每股收益、非货币性资产交换、股份支付、债务重组、借款费用、外币折算、企业合并、租赁、分部报告等内容。

除此之外，报表附注还应该包括：或有事项，资产负债表日后事项，关联方关系及其交易，风险管理，合并现金流量表，母公司和子公司信息，按照有关财务会计制度应披露的其他内容。

（四）对外财务报告报送流程的设计

企业对外报送的财务报告，应当依次编写页码，加具封面，装订成册，加盖公章。封面上应当注明：单位名称，单位地址，财务报告所属年度、季度、月度，送出日期，并由相关人员签名并盖章。

财务报告应当由单位负责人和主管会计工作的负责人、会计机构负责人（会计主管人员）签名并盖章；设置总会计师的单位，还须由总会计师签名并盖章。

财务报表报送时间，企业应当按照国家规定的期限对外报送。上市公司，年度财务报告，应于年度终了后 4 个月内报出，半年度报告应于半年度结束后 2 个月内报送，季度财务报表季度终了后年度会计报表应当在年度终了后 30 日内报出，月度会计报表应当于月份终了后 10 日内报出。

根据法律和国家有关规定应当对财务报告进行审计的，财务报告编制单位应当先行委托注册会计师进行审计，并将注册会计师出具的审计报告随同财务报告按照规定的期限报送有关部门。

如果发现对外报送的财务报告有错误，应当及时办理更正手续。除更正本单位留存的财务报告外，并应同时通知接受财务报告的单位更正。错误较多的，应当重新编报。

## 二、对内财务报告的设计

动画：存货管理制度设计

内部报表是为了满足企业内部生产经营或预算管理需要而编制的报表，目的在于为企业管理者提供决策服务依据。内部会计报表是企业管理的重要组成部分，是对外部报表的重要补充。

动画：存货内部控制

对内报表是由各企业根据自身的经营特点和管理要求，对于编制报表的种类、格式、内容、编制时间、编制方法等的自行规定、自行设计。因此，和外部报表相比，内部报表内容更具有针对性、指标更具有多样性、编制时间更具有灵活性的特点。在编制内部报表时应注意报表指标的适用性，内容上力求简明扼要，便于分析并及时报送，以满足信息使用者管理、分析、评价和预测的需要。

动画：存货内部控制案例分析

由于企业经营规模和管理要求不同，需要设计的内部会计报表也不同，下面以大型企业为例，介绍日常管理用报表、成本费用报表、资金分析报表、经营业绩分析报表等几种典型的内部会计报表的设计方法。

### （一）日常管理用报表的设计

动画：现金支出业务制度设计

企业日常管理主要包括货币资金管理、存货管理和销售管理等。为了适应日常管理的需要，通常需要了解当期货币增减变动和结余情况、当日或一定时期存货增减变动和结存情况以及当日和一定时期商品销售情况的会计报表。因此，应设计“货币资金增减变动情况表”“银行借款报告表”“采购日报表”“销货日报表”等报表。这类报表可以按日编制，也可以视业务量按周、旬或月编制。

动画：货币资金业务会计制度设计1

动画：货币资金业务会计制度设计2

1. 货币资金增减变动情况表的设计

货币资金增减变动情况表，是指反映企业库存现金及银行存款每日增减变动及其余额情况的会计报表，由出纳员在每日业务终了，根据库存现金、银行存款日记账及其他有关资料编制。设计该表的目的是报送财务负责人和企业主要领导，以便其及时掌握企业库存现金和银行存款的变动情况，合理调配资金，并准确作出货币资金的使用决策。

为全面反映企业各项货币资金的变动、结余和存放情况，便于资金调度，设计时应突出三方面内容：一是当日实际资金余额，由昨日账面余额，加上本日增加金额，再减本日减少金额计算得出；二是本日货币资金增加的渠道和减少的去向；三是资金的存放地点和账户。其参考格式如表 2-59 所示。

表2-59　　货币资金增减变动情况表

**货币资金增减变动情况表**

年　　月　　日　　　　　　　　单位：元

| 项目 | 库存现金 | 银行存款 | 合计 | 备注 |
|---|---|---|---|---|
| 一、昨日账面余额 | | | | |
| 加：营业收入 | | | | |
| 　　融资收入 | | | | |
| 　　投资收入 | | | | |
| 　　欠款收回 | | | | |
| 　　其他收款 | | | | |
| 减：营业支出 | | | | |
| 　　归还欠款 | | | | |
| 　　投资支出 | | | | |
| 　　其他支出 | | | | |
| 二、本日账面余额 | | | | |
| 　　未记账增加额 | | | | |
| 　　未记账减少额 | | | | |
| 三、本日实际余额 | | | | |

会计主管：　　　　　　审核：　　　　　　制表：

2. 银行借款报告单的设计

银行借款报告单是对企业各种银行借款的借入、偿还和欠款情况进行详细反映的报表，由主管银行借款的会计人员在每月末根据短期借款、长期借款账簿记录以及相关资料编制。设计该表的目的是报送财务负责人和企业主要负责人，使其及时了解和掌握银行借款的增减变动和余额情况，以便加强银行借款管理，按期归还借款。表中项目应按银行借款的种类（短期借款、长期借款）划分，分别反映其每月的借入、归还和欠款数。银行借款报告单的一般格式如表 2-60 所示。

表2-60　　银行借款报告单

银行借款报告单

年　　月　　日　　　　单位：元

| 项目 | 短期借款 | 长期借款 | 合计 | 备注 |
|---|---|---|---|---|
| 一、上月欠款总额 | | | | |
| 其中：逾期未还额 | | | | |
| 二、本月借款总额 | | | | |
| 三、本月还款总额 | | | | |
| 四、月末欠款总额 | | | | |
| 其中：逾期未还额 | | | | |

会计主管：　　　　审核：　　　　制表：

3. 采购日报表的设计

采购日报表是对企业每日材料或商品购进的详细情况进行反映的报表。由主管材料和应付款业务的会计人员在每日工作结束时，编制并报送材料采购部门和其他有关部门，以便其及时了解采购计划的执行情况，加强对采购业务的管理。为了反映材料采购资金的结算情况，应按现购和赊购分别列示。其参考格式如表 2-61 所示。

表2-61 采购日报表

**采购日报表**

年 月 日

| 进货编号 | 客户名称 | 型号 | 单位 | 数量 | 单价 | 金额 | 进项税额 | 应付账款总额 |
|---|---|---|---|---|---|---|---|---|
| | | | | | | | | |
| | | | | | | | | |
| 合计 | | | | | | | | |

会计主管： 审核： 制表：

4. 销货日报表的设计

销货日报表是对每日商品销售情况进行详细反映的报表。一般由主管销售和应收款业务的会计人员在每日工作结束时编制并报送企业主要负责人及其他有关部门，以便他们及时了解和掌握企业销售计划的执行情况，及时发现问题，调整销售方式，改进销售策略，增加销售收入及减少销售风险。为了反映销货的结算情况，也应按现销和赊销分开列示。其参考格式如表 2-62 所示。

表2-62 销货日报表

**销货日报表**

年 月 日

| 出货编号 | 客户名称 | 型号 | 单位 | 数量 | 单价 | 金额 | 销项税额 | 应收账款总额 |
|---|---|---|---|---|---|---|---|---|
| | | | | | | | | |
| | | | | | | | | |
| 合计 | | | | | | | | |

会计主管： 审核： 制表：

（二）成本费用报表的设计

成本费用报表是根据日常成本核算资料定期编制，用以反映企业成本费用与产品成本水平及构成情况，以考核和分析企业在一定时期内各项费用与生产成本计划执行情况及结果的报告文件。由于成本费用是企业生产经营活动的综合性指标，所以对于一个企业来说，成本费用报表是十分重要的对内报表之一。费用报表主要有成本费用明细表、管理费用明细表、制造费用明细表和销售费用明细表等。成本报表主要有商品产品成本表、主要产品单位成本表。成本费用报表一般由企业自行设计。

费用类报表的设计是为了反映企业在年度内发生的各种费用，分析各项费用的构成及增减变动情况，考核各项费用计划的执行结果，以便进一步采取措施，压缩开支，降低费用。其中，制造费用明细表的格式见表 2-63。

表2-63　　制造费用明细表

**制造费用明细表**

年　月　日　　单位：元

| 费用项目 | 本年计划数 | 上年同期实际数 | 本月实际数 | 本年累计实际数 |
| --- | --- | --- | --- | --- |
| 职工薪酬 | | | | |
| 办公费 | | | | |
| 差旅费 | | | | |
| 水电费 | | | | |
| 折旧费 | | | | |
| 修理费 | | | | |
| 租赁费 | | | | |
| 其他 | | | | |
| 合计 | | | | |

会计主管:　　审核:　　制表:

成本费用明细表、管理费用明细表、销售费用明细表的基本格式与制造费用明细表相同，只是在费用项目设计上有所差异。

商品产品成本表的设计是为了反映企业在月份、年度内生产的全部产品的总成本和各种主要商品产品的单位成本和总成本，同时考核全部商品产品和主要商品产品成本计划的执行结果，分析各种可比产品成本降低任务的完成情况。

主要产品单位成本表的设计是为了反映企业在月份、年度内生产的各种主要产品单位成本构成情况，为了考核各种主要产品单位成本计划的执行结果，分析各成本项目和消耗定额的变化及其原因，并便于在生产同种产品的企业之间进行成本对比。主要产品单位成本表见表 2-64。

表2-64　　主要产品单位成本表

**主要产品单位成本表**

年　　月　　　　　　产品名称：

| 成本项目 | 行业平均水平 | 上年实际水平 | 本年计划 | 本月实际 | 本年实际平均 |
|---|---|---|---|---|---|
| 直接材料 | | | | | |
| 直接人工 | | | | | |
| 其他直接支出 | | | | | |
| 制造费用 | | | | | |
| 合计 | | | | | |
| 主要技术经济指标 | | | | | |

会计主管：　　　　审核：　　　　制表：

（三）资金分析报表的设计

资金分析报表的设计可根据企业资金管理需要灵活进行，其设计要点是确定分析对象，明确分析目的，表格设计简明。资金报表主要包括资金结构分析表、资金定额分析表、资金结构变化分析表、资金使用效益分析表四类。资金结构分析表见表2-65。

表2-65　　资金结构分析表

**资金结构分析表**

年　　月　　日　　　　　　单位：元

| 资产项目 | 金额 | | 百分比 | 负债及所有者权益 | 金额 | | 百分比 |
|---|---|---|---|---|---|---|---|
| | 小计 | 合计 | | | 小计 | 合计 | |
| | | | | | | | |
| | | | | | | | |
| | | | | | | | |

会计主管：　　　　审核：　　　　制表：

资金结构变化分析表，如主要流动资产结构变化分析表，其基本格式见表2-66。

表2-66　　　　主要流动资产结构变化分析表

**主要流动资产结构变化分析表**

年　月　日　　　　单位：元

| 流动资产项目 | 期末 | | 期初 | | 增减变动 | |
|---|---|---|---|---|---|---|
| | 金额 | 比重 | 金额 | 比重 | 金额 | 比重 |
| 货币资金<br>应收账款<br>原材料<br>在产品<br>库存商品 | | | | | | |
| 合计 | | | | | | |

会计主管：　　　　审核：　　　　制表：

资金使用效益分析表，如流动资金周转率分析表，其基本格式见表2-67。

表2-67　　　　流动资金周转率分析表

**流动资金周转率分析表**

年

| 项目 | 上年数 | 计划数 | 本年实际数 | 差异 | | 差异分析 |
|---|---|---|---|---|---|---|
| | | | | 与上年比 | 与计划比 | |
| 销售额<br>全部流动资金平均余额 | | | | | | |
| 全部流动资金周转次数<br>全部流动资金周转天数 | | | | | | |

会计主管：　　　　审核：　　　　制表：

以上各类资金报表，可用来反映企业的资金结构、各种资金定额占用、资金结构变化以及资金的使用效益情况，以此评价企业资金使用的效率和效果。

（四）经营业绩分析报表的设计

经营业绩分析报表（或称内部利润报表）的设计，主要用于满足利润预测和利润分析检查的需要。因各单位具体需要不同，内部经营业绩报表的种类和格式设计也不同，常用的内部利润报表有利润计划完成情况分析表、利润预测报告和主营业务利润分析表等。

利润计划完成情况分析表是分析反映一个企业经济效益好坏的综合性报告。此表可反映利润实际数比计划数或上期数等的增减变化情况及各个环节的影响程度。利润分析表以利润表为基础进行编制。一般格式见表 2-68。

表2-68　利润计划完成情况分析表

**利润计划完成情况分析表**

年　　月　　单位：元

| 项目 | 本期 | | | | 累计 | | | |
|---|---|---|---|---|---|---|---|---|
| | 计划数 | 实际数 | 增或减 | 百分比 | 计划数 | 实际数 | 增或减 | 百分比 |
| | | | | | | | | |
| | | | | | | | | |
| | | | | | | | | |
| | | | | | | | | |

会计主管：　　审核：　　制表：

利润预测报告集中反映利润预测结果，为企业领导确定企业管理目标提供数据，同时为企业财会部门编制财务计划，进行利润管理提供科学依据。其一般格式见表 2-69。

表2-69　利润预测报告

**利润预测报告**

报送单位：　　年　　月

| 项目 | 金额 | ××产品 | | ××产品 | | ××产品 | |
|---|---|---|---|---|---|---|---|
| | | 金额 | 百分比 | 金额 | 百分比 | 金额 | 百分比 |
| 预计单价<br>预计销售量<br>预计销售收入<br>变动成本<br>贡献毛益<br>固定成本<br>利润 | | | | | | | |

会计主管：　　审核：　　制表：

【做中学】根据情境引例分析：

江河商城有限责任公司，对外报表应包括资产负债表、利润表、现金流量表、所有者权益变动表、附注，即“四表一注”，并按规定时间对外报送，报送时应当由单位负责人和主管会计工作的负责人、会计机构负责人（会计主管人员）签名并盖章。

为满足企业内部管理需要，江河商城有限责任公司还需要设计管理费用分析表、销售费用分析表、进销存日报表等。因该公司的费用分商场和冷饮店分别核算，因此，费用分析应分别进行列示并分析。以“管理费用分析表”为例，设计格式如表2-70所示。

表2-70　管理费用分析表

年　月　单位：元

| 项目 | 本月数 | 本年实际数 | 本年计划数 | 上年实际 | 完成计划/% | 同比增加/% |
| --- | --- | --- | --- | --- | --- | --- |
| 一、商场 | | | | | | |
| 办公费 | | | | | | |
| 职工薪酬 | | | | | | |
| 业务招待费 | | | | | | |
| 差旅费 | | | | | | |
| 折旧费 | | | | | | |
| 保险费 | | | | | | |
| …… | | | | | | |
| 合计 | | | | | | |
| 二、冷饮店 | | | | | | |
| 办公费 | | | | | | |
| 职工薪酬 | | | | | | |
| 业务招待费 | | | | | | |
| 差旅费 | | | | | | |
| 折旧费 | | | | | | |
| 保险费 | | | | | | |
| …… | | | | | | |
| 合计 | | | | | | |

通过表 2-70 可以了解各项管理费用项目的本月数，并与本年实际数、本年计划数、上年实际数进行比较，以便检查各项费用存在的问题，进一步提出改进措施，从而节约开支，降低费用，提高经营管理水平。

**【本学习子情境小结】**

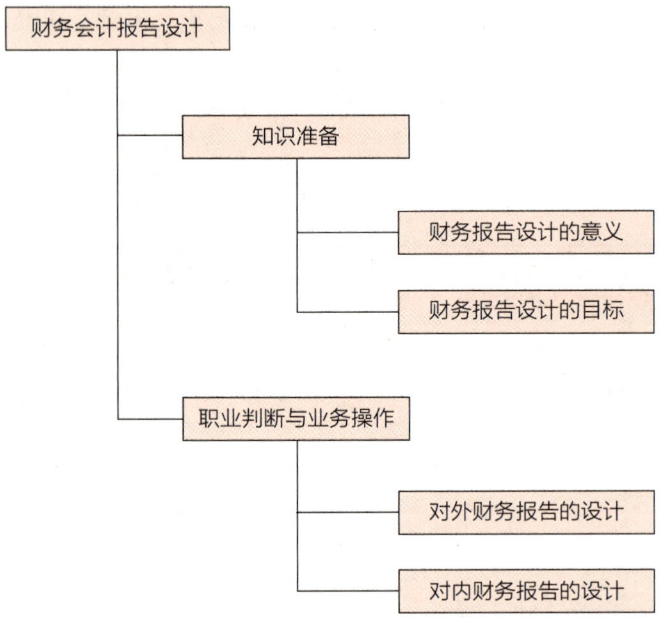


## 学习子情境五　账务处理程序设计

**【本学习子情境引例】**

接学习子情境一，江河商城有限责任公司的注册资本 8 000 万元，其经营范围主要为服饰、家用电器和日用百货，并开设一个冷饮店。已租入三层楼房一栋，其中，一楼经营日用百货，二楼经营服饰、家用电器，三楼为冷饮店，预计每日营业额在 200 万元左右，请为该公司设计一套账务处理程序。

问题与任务：江河商城有限责任公司适用于哪些账务处理程序？其具体的工作流程是怎样的？

## 【知识准备】

### 一、账务处理程序设计的意义

账务处理程序，又称会计核算组织程序和会计核算形式，是指会计凭证、会计账簿、财务报表等有机结合的方式。它是生成会计数据和会计信息的步骤和方法，包括凭证账簿组织和记账程序。

凭证账簿组织是指会计凭证和会计账簿的种类、格式，会计凭证与账簿之间的联系方法；记账程序是指由填制、取得和审核原始凭证到填制、审核记账凭证，登记日记账、明细分类账和总分类账，编制财务报表的工作步骤和方法等。

具体来说，账务处理程序是指从整理、审核原始凭证及填制记账凭账开始，到登记日记账、明细分类账及总分类账，再到编制会计报表的全过程的组织程序和方法。凭证和账簿组织、记账程序等结合的方式不同，就形成了不同的账务处理程序，不同的账务处理程序又有不同的核算步骤、特点和适用范围。科学、合理地设计账务处理程序具有重要意义。

（1）有利于会计工作程序的规范化，对于提高会计核算的质量，保证会计信息加工过程的严密性，提高会计信息质量。

（2）有利于保证会计记录的完整性和正确性，增强会计信息的可靠性。

（3）有利于减少不必要的会计核算环节，提高会计工作效率，保证会计信息的及时性。

### 二、账务处理程序设计要求

实际工作中，各单位规模大小和业务繁简程度不尽相同，经济活动也各具特点。因此，各单位必须从各自的实际情况出发，科学、合理地设计账务处理程序，以确保会计核算工作规范、及时、高效地进行。设计会计账务处理程序，一般应符合以下要求：

（1）适用性。要与本单位经济活动的性质、规模大小、业务繁简程序及经济管理的特点相适应。

（2）相关性。要能够准确、及时、完整、系统地提供会计资料全面系统地反映企业经济活动情况，以满足企业内部及外部各有关会计信息使用者的需要。

（3）效率性。既要保证会计资料的质量，又要简化会计核算的手续，节约人力物力，提高工作效率。

（4）协同性。要有利于建立会计工作的岗位责任制，要有利于会计人员的分工和协作。

常用的账务处理程序主要有：记账凭证账务处理程序、科目汇总表账务处理程序、汇总记账凭证账务处理程序等。它们直接的主要区别为登记总账的依据和方法不同。常用账务处理程序适用情况如表2-71所示。

表2-71 常用账务处理程序适用情况

| 企业规模 | 经济业务量 | 账务处理程序 |
|---|---|---|
| 小型企业 | 业务量较少、记账凭证不多 | 记账凭证账务处理程序<br>科目汇总表账务处理程序 |
| 大中型企业 | 业务量大、记账凭证较多 | 科目汇总表账务处理程序<br>汇总记账凭证账务处理程序 |

**【职业判断与业务操作】**

## 一、记账凭证账务处理程序的设计

（一）记账凭证账务处理程序下账簿组织设计

记账凭证账务处理程序的主要特点是：直接根据记账凭证，逐笔登记总分类账。记账凭证账务处理程序是最基本的账务处理程序，其他账务处理程序都是在此基础上发展演变而形成的。

在记账凭证账务处理程序下，记账凭证可以采用通用格式，也可以采用专用格式（即收款凭证、付款凭证和转账凭证）；现金（银行存款）日记账一般采用三栏式；总分类账采用三栏式，并按每一总分类科目开设账页；明细分类账则可根据管理需要，分别采用三栏式、数量金额栏式或者多栏式。

（二）记账凭证账务处理程序工作流程的设计

（1）根据原始凭证编制汇总原始凭证。为了简化会计核算工作，对于经济业务内容相同的原始凭证，应尽可能地先将其予以汇总，然后再根据汇总后的原始凭证编制记账凭证。

（2）根据审核无误的原始凭证或汇总原始凭证，编制各种记账凭证（包括收款凭证、付款凭证和转账凭证）。

（3）根据收款凭证和付款凭证，逐日逐笔登记库存现金（银行存款）日记账。

（4）根据原始凭证或汇总原始凭证和记账凭证，登记各种明细分类账。

（5）根据记账凭证，逐笔登记总分类账。

（6）月末，将库存现金（银行存款）日记账的余额、明细分类账的余额分别与总分类账中的相关账户的余额相核对。

（7）月末，根据审核无误的总分类账和明细分类账的记录编制会计报表。

记账凭证账务处理程序的工作流程如图 2−2 所示。

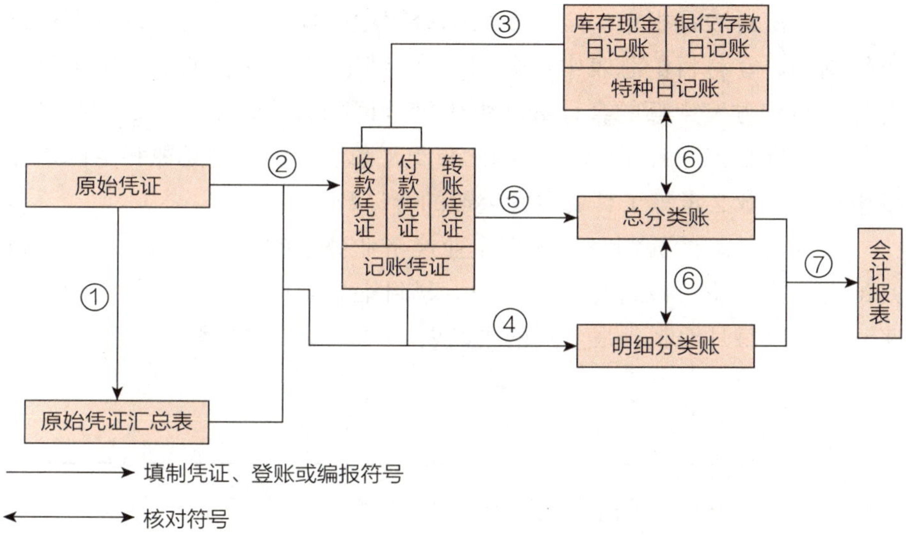


图2−2　记账凭证账务处理程序的工作流程

（三）记账凭证账务处理程序的优缺点和适用范围

记账凭证账务处理程序的优点是手续简便，易于理解，总分类账比较详细地反映了经济业务情况，来龙去脉清楚，便于了解经济业务的动态和核对账目。其缺点是由于总分类账直接根据记账凭证逐笔登记，如果企业规模大，经济业务繁多，就会使得记账凭证较多，加大登记总分类账的工作量。因而这种账务处理程序一般适用于规模小、业务量少、记账凭证不多的企业。

## 二、科目汇总表账务处理程序的设计

（一）科目汇总表账务处理程序下账簿组织设计

科目汇总表账务处理程序的主要特点是：定期将所有记账凭证进行汇总编制科目汇总表，再根据科目汇总表登记总分类账。由于科目汇总表是根据记账凭证汇总编制而成的，因此，科目汇总表也称为记账凭证汇总表。相应地，科目汇总表账务处理程序也称为记账凭证汇总表账务处理程序。

与记账凭证账务处理程序相似，在科目汇总表账务处理程序下，记账凭证可以采用通用格式，也可以采用专用格式（即收款凭证、付款凭证和转账凭证）；库存现金（银行存款）日记账一般采用三栏式；总分类账采用三栏式，并按每一总分类科目开设账页；明细分类账则可根据管理需要，分别采用三栏式、数量金额栏式或多栏式。

（二）科目汇总表格式和编制方法的设计

科目汇总表是根据一定时期内的全部记账凭证，按会计科目进行归类编制的。在科目汇总表中，分别计算出每一总账科目的借方发生额的合计数与贷方发生额的合计数。由于借贷记账法的记账规则是“有借必有贷，借贷必相等”，所以在编制的科目汇总表中，全部总账科目的借方发生额合计数必定等于其贷方发生额的合计数。

科目汇总表的编制时间根据企业经济业务量的多少来确定，可以每月汇总一次，也可以每旬汇总一次。科目汇总表可以每汇总一次编制一张，也可以每月编制一张。其格式如表 2-72、表 2-73 所示。

表2-72　　科目汇总表（格式一）

**科目汇总表**

年　月　日至　日　　　　第　号

| 会计科目 | 借方金额 | 贷方金额 | 账页 |
|---|---|---|---|
| | | | |
| | | | |
| 合计 | | | |

会计：　　记账：　　审核：　　制表：

表2-73　　科目汇总表（表格二）

**科目汇总表**

年　月　　　　第　号

| 会计科目 | 1—10日 | | 11—20日 | | 21—31日 | | 本月合计 | | 总账账页 |
|---|---|---|---|---|---|---|---|---|---|
| | | | | | | | | | |
| | | | | | | | | | |
| 合计 | | | | | | | | | |

会计主管：　　记账：　　审核：　　制表：

（三）科目汇总表账务处理程序工作流程的设计

（1）根据原始凭证编制汇总原始凭证。

（2）根据审核无误的原始凭证或汇总原始凭证，编制记账凭证。

（3）根据收款凭证和付款凭证，逐日逐笔登记库存现金（银行存款）日记账。

（4）根据原始凭证或汇总原始凭证和记账凭证，登记各种明细分类账。

（5）根据一定时期内的全部记账凭证，定期汇总编制科目汇总表。

（6）根据定期编制的科目汇总表，登记总分类账。

（7）月末，将库存现金（银行存款）日记账的余额、明细分类账的余额分别与总分类账中的相关账户的余额相核对。

（8）月末，根据审核无误的总分类账和明细分类账的记录编制会计报表。

科目汇总表账务处理程序的工作流程如图 2-3 所示。

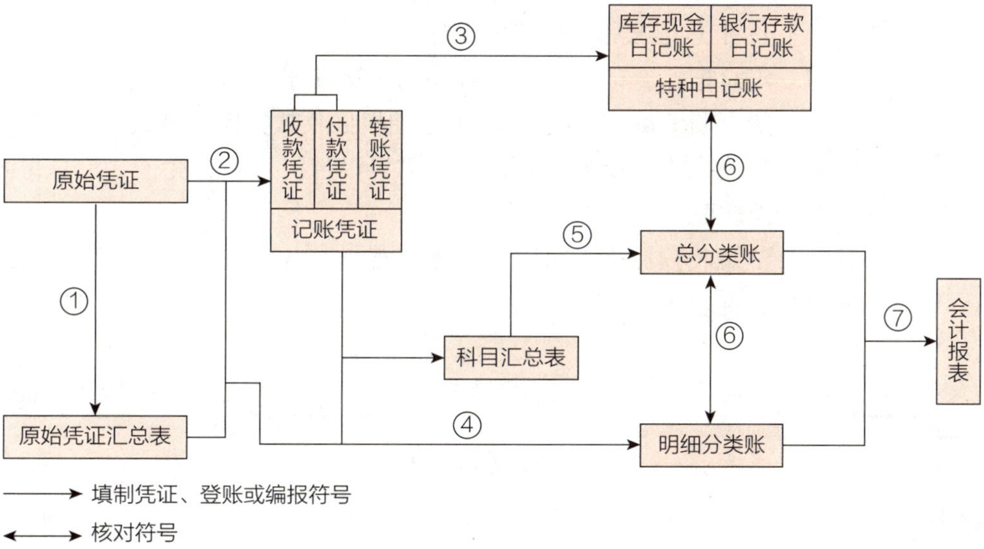


图2-3　科目汇总表账务处理程序的工作流程

（四）科目汇总表账务处理程序的优缺点和适用范围

科目汇总表账务处理程序的优点是：由于总分类账的登记期是根据科目汇总表的编制时间而定，采用了汇总登记总分类账的方法，故大大减少了登记总分类账的工作量；并且编制科目汇总表的方法简便易学，还能起到试算平衡的作用。其缺点是：在科目汇总表和总分类账中，不能反映各科目之间的对应关系，不便于分析和检查经济业务的来龙去脉和核对账目。因此，这种账务处理程序一般适用于经济业务量大、记账凭证较多的企业，尤其是业务较多的大中型企业。

## 三、汇总记账凭证账务处理程序的设计

### （一）汇总记账凭证账务处理程序下账簿组织的设计

汇总记账凭证账务处理程序的特点是：先定期将全部记账凭证按收、付款凭证和转账凭证分别归类编制汇总记账凭证，再根据各种汇总记账凭证登记总分类账。

在汇总记账凭证账务处理程序下，除设置收款凭证、付款凭证和转账凭证外，还应设置汇总收款凭证、汇总付款凭证和汇总转账凭证，作为登记总分类账的依据。与记账凭证账务处理程序和科目汇总表账务处理程序相同，设置的库存现金（银行存款）日记账采用三栏式；设置的总分类账，按每一总账科目设置账页，采用三栏式；设置的各种明细分类账，根据需要可采用三栏式、多栏式和数量金额式。

### （二）汇总记账凭证格式及编制方法的设计

1. 汇总记账凭证格式的设计

汇总记账凭证账务处理程序的关键在于汇总记账凭证。汇总记账凭证一般定期（每 5 日或 10 日）定期根据收款凭证、付款凭证和转账凭证分别编制，为了反映汇总情况，需要设计汇总收款凭证、汇总付款凭证和汇总转账凭证。

汇总收款凭证，可以按“库存现金”“银行存款”科目的借方设计，其格式见表 2–74 所示。

表2–74　汇总收款凭证

**汇总收款凭证**

借方科目：　　　　年　月　　　　汇收字

| 贷方账户 | 金额 | | | | 总账页数 | |
|---|---|---|---|---|---|---|
| | 1—10日<br>银收第　号<br>至第　号 | 11—20日<br>银收第　号<br>至第　号 | 21—31日<br>银收第　号<br>至第　号 | 合计 | 借方 | 贷方 |
| | | | | | | |
| | | | | | | |
| | | | | | | |
| 合计 | | | | | | |

会计主管：　　　　审核：　　　　制证：

汇总付款凭证，可以按“库存现金”“银行存款”科目的贷方设计，其格式见表 2–75 所示。

表2–75　　汇总付款凭证

**汇总付款凭证**

贷方科目：　　年　月　　汇付字

| 借方账户 | 金额 | | | | 总账页数 | |
|---|---|---|---|---|---|---|
| | 1—10日<br>现付第　号<br>至第　号 | 11—20日<br>现付第　号<br>至第　号 | 21—31日<br>现付第　号<br>至第　号 | 合计 | 借方 | 贷方 |
| | | | | | | |
| | | | | | | |
| | | | | | | |
| 合　计 | | | | | | |

会计主管：　　审核：　　制证：

汇总转账凭证，可以按每一科目的贷方分别设计，其格式见表 2–76 所示。

表2–76　　汇总转账凭证

**汇总转账凭证**

贷方科目：　　年　月　　汇转字

| 借方账户 | 金额 | | | | 总账页数 | |
|---|---|---|---|---|---|---|
| | 1—10日<br>转字第　号<br>至第　号 | 11—20日<br>转字第　号<br>至第　号 | 21—31日<br>转字第　号<br>至第　号 | 合计 | 借方 | 贷方 |
| | | | | | | |
| | | | | | | |
| | | | | | | |
| 合　计 | | | | | | |

会计主管：　　审核：　　制证：

2. 汇总记账凭证编制方法的设计

（1）汇总收款凭证，定期根据收款凭证的贷方科目归类、汇总，月终结出合计数，据以登记总账。即总分类账根据汇总收款凭证的合计数进行登记，分别记入“库存现金”“银行存款”总分类账户的借方，并将汇总收款凭证上各账户贷方的合计数分别记入有关总分类账户的贷方。汇总收款凭证格式如表 2–74 所示。

（2）汇总付款凭证，定期根据付款凭证的借方科目归类、汇总，月终结出合计数，据以登记总账。即总分类账根据汇总付款凭证的合计数进行登记，分别记入“库存现金”“银行存款”总分类账户的贷方，并将汇总付款凭证上各账户借方的合计数分别记入有关总分类账户的借方。汇总付款凭证格式如表 2–75 所示。如果库存现金和银行存款之间相互划转的业务，则视同汇总转账凭证处理。

（3）汇总转账凭证，按每一科目的贷方分别设置，并根据转账凭证的借方科目定期归类、汇总，月终结出合计数据以登记总账。总分类账登记是根据各汇总转账凭证的合计数进行登记，分别记入对应账户的总分类账户的贷方，并将汇总转账凭证上各账户的借方的合计数分别记入有关总分类账户的借方。值得注意的是，汇总转账凭证只能是一贷一借或一贷多借，而不能相反。为简化会计核算，如果在一个会计期间内，某一贷方科目的转账凭证不多，可直接根据转账凭证登记总分类账。

（三）汇总记账凭证账务处理程序工作流程的设计

（1）根据原始凭证编制汇总原始凭证。

（2）根据审核无误的原始凭证或汇总原始凭证编制记账凭证。

（3）根据收款凭证和付款凭证，逐日逐笔登记库存现金（银行存款）日记账。

（4）根据原始凭证或汇总原始凭证和记账凭证登记各种明细分类账。

（5）根据一定时期内的全部记账凭证，定期编制汇总收款凭证、汇总付款凭证和汇总转账凭证。

（6）根据定期编制的汇总收款凭证、汇总付款凭证和汇总转账凭证，登记总分类账。

（7）月末，将库存现金（银行存款）日记账的余额、明细分类账的余额分别与总分类账中的相关账户的余额相核对。

（8）月末，根据审核无误的总分类账和明细分类账的记录编制会计报表。

汇总记账凭证账务处理程序的工作流程如图 2–4 所示。

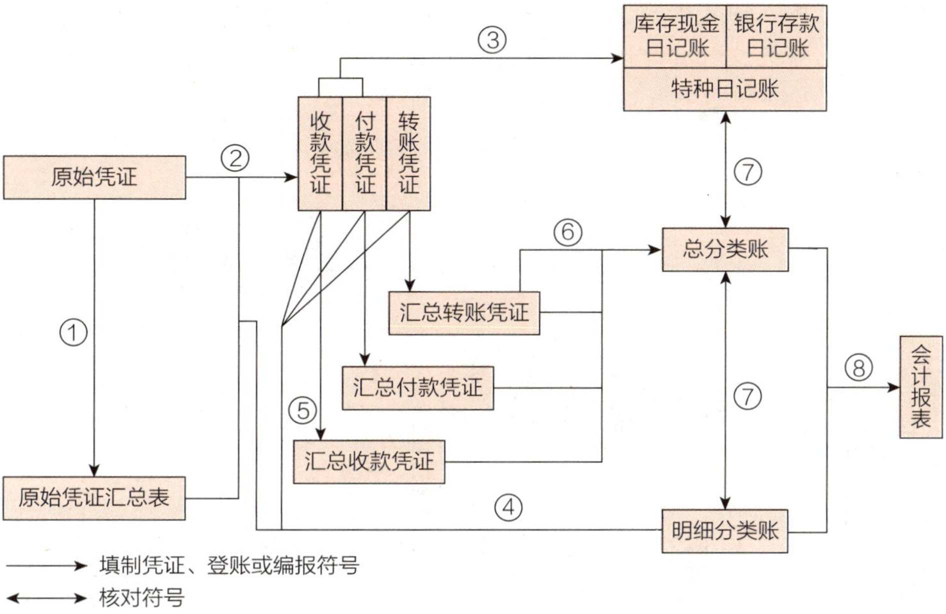


图2-4　汇总记账凭证账务处理程序的工作流程

（四）汇总记账凭证账务处理程序的优缺点和适用范围

汇总记账凭证账务处理程序的优点是：由于汇总记账凭证是根据一定时期内全部记账凭证，按照科目对应关系进行归类、汇总编制而成，因而在登记总分类账时也保持了科目之间的对应关系，这样可以清楚地反映经济业务的来龙去脉，便于进行会计分析和检查，这就弥补了科目汇总表账务处理程序的不足。其缺点是：汇总转账凭证是按每一贷方科目，而不是按经济业务的性质归类汇总，因而不利于会计核算工作的分工；虽然登记总分类账的工作量得到了简化，但编制汇总记账凭证的工作量也比较大。因此，这种账务处理程序一般适用于规模大、经济业务较多的企业，尤其是业务量大的大中型企业。

【做中学】根据情境引例分析：

根据江河商城有限责任公司经营规模、经济业务量大小，该公司应适用科目汇总表账务处理程序比较合适。根据业务量情况可以每10天汇总一次编制科目汇总表，并据以登记总账。

记账凭证可以使用通用记账凭证也可以采用收、付、转凭证。账簿应设置库存现金日记账和银行存款日记账、总账和明细账及备查账，其中：库存现金日记账和银行存款日记账采用三栏式订本账，总账采用三栏式订本账，库存商品、周转材料等应采用数量金额式，管理费用、销售费用等可以采用多栏式或三栏式，其他明细账采用三栏式，还应设置租入固定资产备查账等；对外报表应包括资产负债表、利润表、现金流量表及所有者权益变动表和附注。

其具体工作流程如图 2–5 所示：

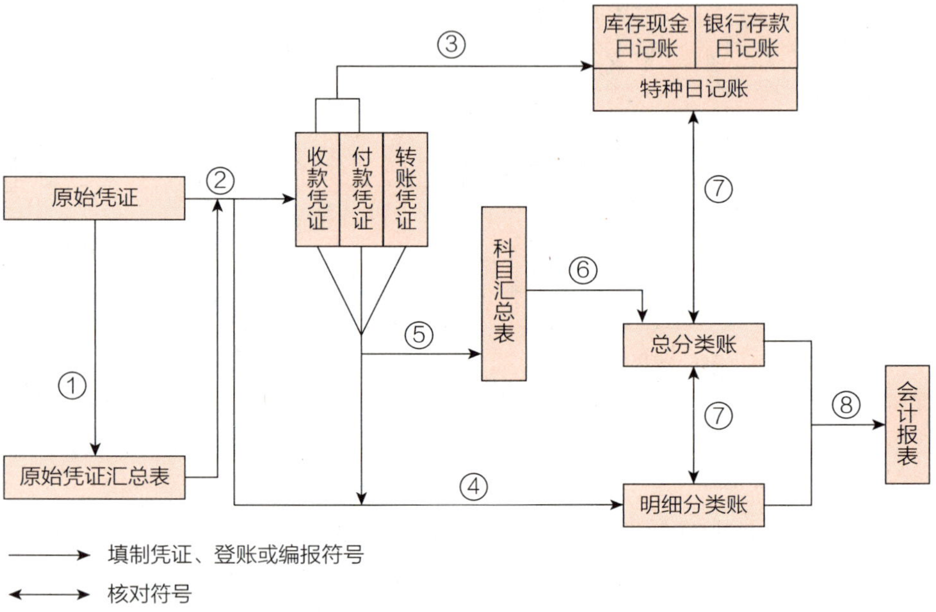


图2–5　科目汇总表账务处理程序的工作流程

工作流程文字说明如下：

① 根据原始凭证，编制汇总原始凭证。

② 根据审核无误的原始凭证或汇总原始凭证，编制各种记账凭证（包括收款凭证、付款凭证和转账凭证）。

③ 根据收款凭证和付款凭证，逐日逐笔登记库存现金（银行存款）日记账。

④ 根据原始凭证或汇总原始凭证、记账凭证，登记各种明细分类账。

⑤ 根据一定时期内的全部记账凭证，定期汇总编制科目汇总表。

⑥ 根据定期编制的科目汇总表，登记总分类账。

⑦ 月末，将库存现金（银行存款）日记账的余额、明细分类账的余额分别与总分类账中的相关账户的余额相核对。

⑧ 月末，根据审核无误的总分类账和明细分类账的记录，编制会计报表。

**?思　考**

1. 各种账务处理程序如何变通使用？

2. 选用不同账务处理程序时应注意哪些问题？

3. 设计账务处理程序应符合哪些要求？为简化工作量可采用哪些方法？

4. 试述各种账务处理程序的特点、一般程序、优缺点和适用范围。

5. 简述科目汇总表的编制方法。

**【本学习子情境小结】**

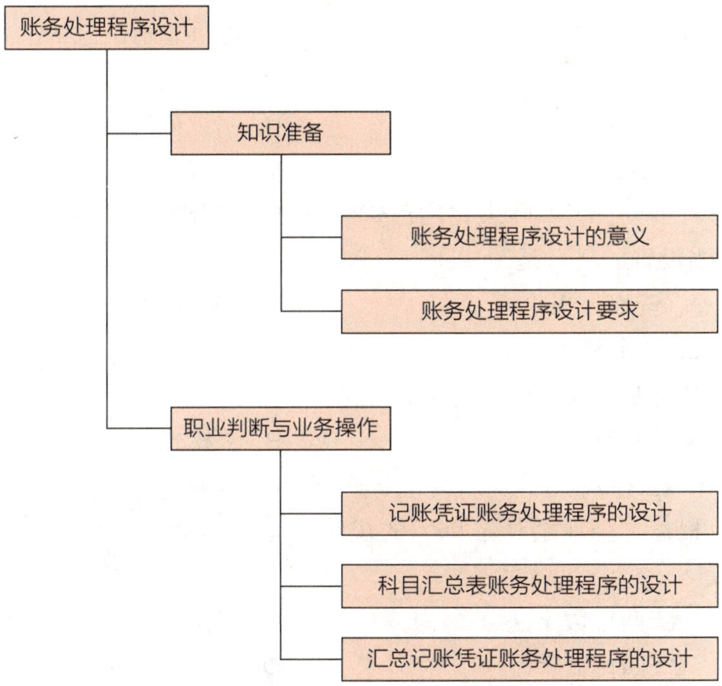


## 职业能力训练

### 一、单项选择题

1. 会计科目设计符合国家现行会计法规制度要求的是（　　）。

　A. 合法性原则　　　　B. 适应性原则

　C. 逻辑性原则　　　　D. 明晰性原则

2. 会计科目设计要满足国家宏观管理和企业微观管理需要的是（　　）。

A. 合法性原则　　B. 适应性原则
C. 逻辑性原则　　D. 明晰性原则

3. 会计科目的名称、文字必须简单明了的原则是（　　）。
A. 合法性原则　　B. 适应性原则
C. 逻辑性原则　　D. 明晰性原则

4. 新成立的单位设计会计科目应使用（　　）。
A. 借鉴设计法　　B. 归纳合并法
C. 补充修订法　　D. 重新设计法

5. 对现行会计科目的修订和补充，通常使用的方法是（　　）。
A. 借鉴设计法　　B. 归纳合并法
C. 补充修订法　　D. 重新设计法

6. 对会计要素具体内容进行总括分类、提供总括信息的会计科目是（　　）。
A. 二级科目　　B. 明细科目
C. 三级科目　　D. 一级科目

7. 对于投资者实际缴付的出资额超出注册资本（或股本）中所占份额，应当设置的科目是（　　）。
A. 资本公积　　B. 实收资本
C. 盈余公积　　D. 营业外收入

8. 日记账的标准格式是（　　）。
A. 一栏式　　B. 二栏式
C. 三栏式　　D. 多栏式

9. 根据《企业会计准则》的规定，总分类会计科目的编号方法是（　　）。
A. 两位数字法　　B. 三位数字法
C. 四位数字法　　D. 五位数字法

10. 用具有一定代表意义的字母对账户进行编号的方法是（　　）。
A. 文字编号法　　B. 数字顺序法
C. 数字分组法　　D. 文字、数字混合编号法

11. 将全部总分类科目从第 1 号开始，编列到最后一个科目为止的科目编号方法是（　　）。
A. 文字编号法　　B. 数字顺序法
C. 数字分组法　　D. 文字、数字混合编号法

12. 记录经济业务的发生和完成情况，明确经济责任，作为记账依据的书面证明是（　　）。

A. 会计凭证　　B. 会计账簿
C. 会计报表　　D. 会计记录

13. 将一项经济业务所涉及的应借、应贷的各个会计科目，都集中填列在一张凭证中的记账凭证是（　　）。

A. 原始凭证　　B. 单式记账凭证
C. 累计凭证　　D. 复式记账凭证

14. 三栏式总账是总账的基本格式，这里的“三栏”是指（　　）。

A. 日期栏、摘要栏和金额栏
B. 日期栏、凭证栏和摘要栏
C. 日期栏、凭证栏和金额栏
D. 借方、贷方和余额三个金额栏

15. 下列不属于会计科目设计原则的是（　　）。

A. 合法性原则　　B. 适应性原则
C. 单一性原则　　D. 统一性原则

16. 三栏式账户不设置（　　）。

A. 借方栏　　B. 贷方栏
C. 余额栏　　D. 数量栏

17. 中小型企业会计报表不需提供的部门和单位是（　　）。

A. 企业所有者　　B. 企业经营者
C. 债权人　　D. 国家证券监督管理机构

18. 双栏式记账凭证是指在凭证上设置的两栏是（　　）。

A. 借方科目和贷方科目　　B. 借方金额和贷方金额
C. 科目和金额　　D. 一级科目和明细科目

19. 记账凭证账务处理程序登记总账的依据是（　　）。

A. 科目汇总表
B. 现金、银行存款日记账余额及转账凭证
C. 收、付、转凭证
D. 汇总记账凭证

20. 工业企业制订的产品成本消耗定额的内容不包括（　　）。

A. 完工产品定额　　B. 劳动定额
C. 物资消耗定额　　D. 流动资金占用定额

21. 内部报表是为特定需求设计的，其内容在（　　）方面较强。

A. 针对性　　B. 多样性
C. 灵活性　　D. 广泛性

22. 库存商品明细账设计的账页格式通常是（　　）。

A. 三栏式　　B. 数量金额式
C. 多栏式　　D. 备查登记式

23. 多栏式明细账通常适用的明细账是（　　）。
A. 制造费用　　B. 材料采购
C. 原材料　　D. 应收账款

24. 我国现行资产负债表采用的格式是（　　）。
A. 账户式　　B. 备抵式
C. 直接式　　D. 账户式和备抵式的结合

25. 小型企业规模较小，它所编制的财务报表可以不包括（　　）。
A. 资产负债表　　B. 利润表
C. 现金流量表　　D. 所有者权益变动表

26. 规模小、经济业务较为单一、使用科目少的小型企业可采用的较适合的会计账务处理程序为（　　）。
A. 记账凭证账务处理程序　　B. 多栏式日记账账务处理程序
C. 日记总账账务处理程序　　D. 汇总记账凭证账务处理程序

27. 在运用间接法填制现金流量表“经营活动产生的现金流量”的情况下，对于没有实际发生现金流入和流出的收入费用项目则需要进行调整，而下列内容不属调整范围的是（　　）。
A. 不属经营活动的损益　　B. 经营性应收应付项目的变动
C. 实际没有收到现金的收益　　D. 不涉及现金的投资活动

28. 资产负债表中，资产项目排列顺序的设计应依据资产的（　　）。
A. 流动性　　B. 重要性
C. 稳定性　　D. 货币性

29. 单步式利润表的缺点是（　　）。
A. 不易编制
B. 不易理解
C. 不利于掌握利润的构成情况
D. 无法提供本年累计金额

30. 我国现行资产负债表中，确定负债排列顺序的依据是（　　）。
A. 货币性　　B. 偿付手段
C. 偿还顺序　　D. 入账时应付金额是否肯定

31. 会计账务处理程序设计的核心是（　　）。
A. 会计凭证设计　　B. 会计账簿设计
C. 会计科目设计　　D. 会计核算流程设计

32. 会计凭证、会计账簿和会计报表的设计是企业会计制度总体设计具体内容中的（　　）。

A. 会计账务处理程序的设计

B. 财产核算及其管理制度的设计

C. 成本费用核算及其管理制度的设计

D. 会计机构和人员配备的设计

33. 下列关于银行存款日记账的说法中，不正确的是（　　）。

A. 按银行存款的收、付款业务发生的先后顺序逐笔登记

B. 通常作为登记银行存款总账的依据

C. 采用订本式

D. 由出纳人员登记

34. 下列账务处理程序适合小企业的是（　　）。

A. 记账凭证账务处理程序

B. 通用日记账账务处理程序

C. 汇总记账凭证账务处理程序

D. 多栏式日记账账务处理程序

35. 不属于会计报表设计的内容是（　　）。

A. 会计报表指标体系的设计　　B. 会计报表文字要求的设计

C. 会计报表基本内容的设计　　D. 会计报表编报程序的设计

36. 有关资产负债表设计说法不正确的是（　　）。

A. 资产负债表的账户式结构是根据“资产 = 负债 + 所有者权益”设计的

B. 资产负债表的报告式结构是根据“资产 − 负债 = 所有者权益”设计的

C. 账户式受固定格式的限制，报告式不受格式的限制

D. 我国会计制度规定，资产负债表格式采用报告式

37. 有关利润表设计表述不正确的是（　　）。

A. 利润表有多步式和单步式结构

B. 单步式利润表不利于掌握利润的构成情况和分析利润升降的原因

C. 多步式利润表有利于掌握利润的构成情况和分析利润升降的原因

D. 我国会计制度规定，利润表格式采用单步式

38. 有关现金流量表设计说法不正确的是（　　）。

A. 现金流量表是以现金为基础编制的财务状况变动表

B. 现金流量表是以货币资金为基础编制的财务状况变动表

C. 现金是指库存现金和可以随时用于支付的存款

D. 我国会计制度规定，现金流量表格式采用报告式结构

39. 不属于对内会计报表设计的原则是（　　）。

A. 适用性　　B. 简明性　　C. 及时性　　D. 排他性

40. 设计分类账的数量可以不考虑的因素是（　　）。

A. 企业规模和业务特点

B. 登记方法

C. 总账与明细账的关系

D. 管理的需要（管理越细，账户越多）

## 二、多项选择题

1. 为反映企业形成的债权应设计的会计科目是（　　）。

A. 预收账款　　B. 应收票据

C. 应收账款　　D. 其他应收款

2. 会计科目设计的原则包括（　　）。

A. 合法性原则　　B. 适应性原则

C. 明晰性原则　　D. 灵活性原则

3. 设计原始凭证必须包括的基本要素是（　　）。

A. 原始凭证的名称、编号

B. 发生经济业务的时间和经济业务内容

C. 原始凭证的联次和附件

D. 开具凭证的单位或部门

4. 会计科目设计的基本方法有（　　）。

A. 借鉴设计法　　B. 归纳合并法

C. 补充修订法　　D. 增减设置法

5. 设计会计科目前要全面了解企业生产经营情况和经济业务内容，主要了解的内容包括（　　）。

A. 企业所属行业　　B. 企业的性质和生产经营范围

C. 筹资业务　　D. 投资业务

6. 确定明细分类科目的方法有（　　）。

A. 按核算内容的类别或项目分别设计

B. 按核算内容的对象分别设计

C. 按业务部门设计

D. 按一级科目设计

7. 编写会计科目使用说明时，应包括（　　）。

A. 说明会计科目的核算内容与范围

B. 会计科目的核算方法

C. 明细科目的设置方法

D. 涉及该科目的主要业务账务处理举例

8. 为反映长期借款的利息费用应设计的会计科目包括（　　）。

A. 在建工程　　B. 管理费用

C. 财务费用　　D. 应付利息

9. 筹集资本金业务应设计的会计科目包括（　　）。

A. 库存现金　　B. 银行存款

C. 原材料　　D. 实收资本

10. “资本公积”科目应设置的明细科目包括（　　）。

A. 资本（股本）溢价　　B. 其他资本公积

C. 股权投资准备　　D. 外币资本折算差额

11. 当长期股权投资核算采用权益法核算时，在“长期股权投资”科目下，应设置的明细科目有（　　）。

A. 投资成本　　B. 损益调整

C. 其他权益变动　　D. 股权投资准备

12. 记账凭证包括的基本内容有（　　）。

A. 记账凭证的名称　　B. 凭证的编号

C. 会计科目名称　　D. 所附原始凭证的张数

13. 原始凭证设计的基本内容包括（　　）。

A. 原始凭证的名称、编号

B. 发生经济业务的时间和经济业务内容

C. 原始凭证的联次和附件

D. 接受凭证的单位或部门

14. 下列属于特种日记账的有（　　）。

A. 现金日记账　　B. 银行存款日记账

C. 购货日记账　　D. 销货日记账

15. 会计凭证设计的原则有（　　）。

A. 清晰性原则　　B. 经济性原则

C. 统一性原则　　D. 合法性原则

16. 对外会计报表格式设计包括（　　）。

A. 表头　　B. 正表

C. 附注　　D. 制表

17. 设计对外会计报表时应当遵循的原则有（　　）。

A. 报表指标体系完整
B. 统一性与灵活性相结合
C. 必须按照法律法规的规定
D. 便于编制与分析

18. 采用汇总记账凭证账务处理程序需要设计的记账凭证应包括（　　）。

A. 通用会计凭证　　B. 专用会计凭证
C. 汇总记账凭证　　D. 科目汇总表

19. 总账格式设计应该考虑（　　）。

A. 总账的登记方法　　B. 企业规模
C. 会计核算形式　　D. 账户的对应关系

20. 会计报表设计的内容主要包括（　　）。

A. 会计报表指标体系的设计　　B. 会计报表文字要求的设计
C. 会计报表基本内容的设计　　D. 会计报表编报程序的设计

21. 会计报表的设计原则包括（　　）。

A. 指标体系要完整　　B. 统一性和灵活性相结合
C. 简明易懂，便于编制　　D. 能直接提供担保信息

22. 规模大、业务量多的大中型企业，可以采用的核算形式有（　　）。

A. 汇总记账凭证　　B. 日记总账
C. 科目汇总表　　D. 多栏式日记式

23. 下列不属于记账凭证核算程序优点的有（　　）。

A. 手续简便，易于理解　　B. 减轻登记总账的工作量
C. 能起到试算平衡的作用　　D. 能反映科目对应关系

24. 有关汇总收款凭证说法正确的有（　　）。

A. 根据一定时期的全部收款凭证，按月汇总编制
B. 汇总收款凭证按照现金、银行存款贷方分别设置
C. 汇总收款凭证按照现金、银行存款借方分别设置
D. 根据收款凭证，按照贷方科目归类，定期汇总填列

25. 下列关于科目汇总表账务处理程序说法正确的有（　　）。

A. 根据科目汇总表登记总账
B. 记账凭证可以采用通用凭证，也可采用收、付、转凭证
C. 科目汇总表能起到试算平衡的作用
D. 科目汇总表能反映账户对应关系

26. 报表按照编制单位的不同分为（　　）。

A. 单位报表　　　　B. 汇总财务报表
C. 个别财务报表　　D. 合并财务报表

27. 有关资产负债表设计说法正确的是（　　）。
A. 资产负债表的账户式结构是根据“资产 = 负债 + 所有者权益”设计的
B. 资产负债表的报告式结构是根据“资产 − 负债 = 所有者权益”设计的
C. 账户式受固定格式的限制，报告式不受格式的限制
D. 我国会计制度规定，资产负债表格式采用报告式

28. 有关利润表设计表述正确的是（　　）。
A. 利润表有多步式和单步式结构
B. 单步式利润表不利于掌握利润的构成情况和分析利润升降的原因
C. 多步式利润表有利于掌握利润的构成情况和分析利润升降的原因
D. 我国会计制度规定，利润表格式采用单步式

29. 有关现金流量表设计说法正确的是（　　）。
A. 现金流量表是以现金为基础编制的财务状况变动表
B. 现金流量表是以货币资金为基础编制的财务状况变动表
C. 现金是指库存现金和可以随时用于支付的存款
D. 我国会计制度规定，现金流量表格式采用报告式

30. 对内会计报表设计的原则有（　　）。
A. 适用性　B. 简明性　C. 及时性　D. 重要性

31. 下列不属于期间费用报表的是（　　）。
A. 利润分析设计表　　B. 管理费用分析表
C. 制造费用明细表　　D. 销售费用报表

32. 设计存货汇总表时要考虑存货的内容，下列属于存货内容的是（　　）。
A. 库存材料　　B. 在途物资
C. 在产品　　　D. 发出商品

33. 会计报表编号的设计包括（　　）。
A. 按主次关系编号　　B. 按月报的关系
C. 按季报的关系　　　D. 按年报的关系

34. 会计报表编制时间的设计包括（　　）。
A. 反映时点数据的静态报表的时间

B. 反映时期数据的动态报表的时间

C. 反映汇总报表的时间

D. 反映综合报表的时间

35. 内部报告设计的格式有（　　）。

A. 文本格式　　B. 图表格式

C. 数字格式　　D. 综合格式

36. 账务处理程序设计的要求包括（　　）。

A. 适应业务　　B. 满足管理需要

C. 均衡会计工作　　D. 简化核算手续

37. 企业对外财务会计报告须签名并盖章的人员有（　　）。

A. 单位负责人　　B. 会计机构负责人

C. 内部审计人员　　D. 总会计师

38. 在记账凭证账务处理程序下需要设置（　　）。

A. 三栏式库存现金日记账　　B. 三栏式银行存款日记账

C. 多栏式库存现金日记账　　D. 多栏式银行存款日记账

39. 汇总记账凭证账务处理程序适用于（　　）。

A. 规模大的企业　　B. 经济业务较多的企业

C. 规模小的企业　　D. 经济业务少的企业

40. 汇总记账凭证账务处理程序不适用于（　　）。

A. 规模大的企业　　B. 经济业务较多的企业

C. 规模小的企业　　D. 经济业务少的企业

## 三、判断题

（　　）1. 会计科目应使用肯定性、明确性的概念，不能使用否定性或模棱两可的概念。

（　　）2. 全部总分类科目的外延之和必须能够全面反映单位资金运动的全过程，即具有全面覆盖性。

（　　）3. 总分类科目外延应当与其所属的明细科目的外延之和相等。

（　　）4. 各个统一会计科目之间在外延上必须保持全异关系，即总分类科目之间、明细分类科目之间不能出现包含关系、交叉关系或全同关系。

（　　）5. 借鉴设计法适用于新成立的单位设计会计科目使用。

（　　）6. 归纳合并法适用于被合并或兼并的单位设计会计科目。

（　　）7. 所有的总账科目都必须设置明细科目。

(　　) 8. 原材料、库存商品、在产品等存货明细账一般都采用数量金额式账簿。

(　　) 9. 利润分配实质上是企业利润额的减少，应记入“本年利润”账户的贷方。

(　　) 10. 企业在不违反会计准则确认、计量规定的前提下，可根据本企业的实际情况自行增设、分拆、合并会计科目。对于不存在的交易事项，可不设置相关科目。

(　　) 11. 原始凭证设计好后，应试用一个阶段，根据试行情况做出修改、完善，最后定稿，才能确定为正式的原始凭证。

(　　) 12. 固定资产在生产过程中因磨损而减少的价值，应在“固定资产”科目予以记录。

(　　) 13. 单式记账凭证是将某项经济业务所涉及的会计科目，分别按每个会计科目的借方或贷方编制一张记账凭证。

(　　) 14. 三栏式总账是指设“借”“贷”“余”三栏。

(　　) 15. 特种日记账是用来登记某一类经济业务发生情况的日记账。

(　　) 16. 普通日记账是用来登记全部经济业务发生情况的日记账。

(　　) 17. 货币资金收付业务原始凭证一定要有单位公章。

(　　) 18. 凡是国家会计制度中已明确规定的会计科目，企业只有用名的选择权，而没有起名权。

(　　) 19. 我国现行的资产负债表项目排列方法，是按重要程度排列，即按各分类项目在总体中所占的比重大小和在生产经营过程中的重要性排列。

(　　) 20. 资产负债表的编制原理是把企业特定日期（通常是期末）的资产、负债和所有者权益项目按一定分类标准和排列次序予以排列而形成的一定格式的报表。

(　　) 21. 关于表首的结构，即它的四项内容的排列顺序，一般有两种方式：一是将编制报表的单位名称列在表首的左侧；二是将编制报表的单位名称列示于表名之上。我国企业则习惯于采用前者，或是将编制报表的单位名称列在报表名称之前。

(　　) 22. 资产负债表的格式通常有两种，即账户式和报告式。其中，账户式也叫横式。

(　　) 23. 报告式资产负债表，也称直式、顺序式或叙述式资产负债表，是根据“资产 − 负债 = 所有者权益”这一会计等式，按从上到下的顺序排列的。

（　　）24. 报告式资产负债表，也称直式、顺序式或叙述式资产负债表，是根据“资产 = 负债 + 所有者权益”这一会计等式，按从上到下的顺序排列的。

（　　）25. 资产负债表项目的排列方法一般是按流动性排列。按照流动性排列，就是按照各项目的流动性程度大小，即变现能力的强弱排列，流动性小的项目排在前面，流动性大的项目排在后面。

（　　）26. 资产的排列是将变现速度快的排在前，稍慢的次之，最慢的排在最后。

（　　）27. 多步式是根据利润的组成内容分多步计算出利润的方式。其优点是便于了解企业的总收入、总费用。

（　　）28. 多步式利润表在项目排列上显然贯彻了相关性原则，将企业的主要利润来源项目（营业收入）排在最前面，将其他来源排在后面。

（　　）29. 单步式利润表的格式，结构比较简单，符合传统的思维方式，缺点是不能反映利润的组成情况。

（　　）30. 现金流量表的设计原理是“现金流入量 − 现金流出量 = 现金净流量”的平衡公式。

（　　）31. 所有者权益变动表设计的依据是按所有者权益项目的年初数与年末数进行比较，全面揭示在一定时期所有者权益的变动情况。

（　　）32. 货币资金增减情况变动表的设计目的是报送财务负责人和企业主要领导，以便其及时掌握企业库存现金和银行存款的变动情况，合理调配资金，并准确作出货币资金的使用决策。

（　　）33. 银行借款报告单是对企业各种银行借款的借入、偿还和欠款情况进行详细反映的报表，由主管银行借款的出纳员在每月末根据短期借款、长期借款账簿记录以及相关资料编制。

（　　）34. 成本报表主要有商品产品成本表、主要产品单位成本表、成本费用明细表。

（　　）35. 会计核算组织程序指从原始凭证的整理、汇总，记账凭证的填制、汇总，日记账、明细分类账的登记，到会计报表编制的步骤和方法。

（　　）36. 记账凭证账务处理程序下，总分类账采用三栏式，并按每一总分类科目开设账页；明细分类账则可根据管理需要，分别采用三栏式、数量金额式或者多栏式。

（　　）37. 记账凭证账务处理程序的优点是大大减少了登记总分类账的工作量，缺点是不能反映各科目之间的对应关系，不便于分析和检查经济业务的来龙去脉和核对账目。

（　　）38. 科目汇总表账务处理程序一般适用于经济业务量大、记账凭证较多的企业，尤其是业务较多的中小型企业。

（　　）39. 科目汇总表账务处理程序的优点是手续简便，易于理解；缺点是加大登记总分类账的工作量。

（　　）40. 在汇总记账凭证账务处理程序下，除设置收款凭证、付款凭证和转账凭证外，还应设置汇总收款凭证、汇总付款凭证和汇总转账凭证，作为登记总分类账的依据。

（　　）41. 汇总记账凭证账务处理程序一般适用于规模大、经济业务较多的企业，尤其是业务量大的大中型企业。

（　　）42. 由于每一张收款凭证中的借方科目都是“库存现金”或“银行存款”科目，所以汇总收款凭证也是按库存现金或银行存款科目的借方分别设置，并根据收款凭证按借方科目归类定期汇总填列，每月编制一张。

（　　）43. 企业向外提供的财务报表至少应当包括：资产负债表、利润表、现金流量表、所有者权益（或股东权益）变动表及附注，简称“四表一注”。

（　　）44. 对于小型企业，所编制的财务报表可以不包括现金流量表。

## 四、案例分析题

### 案例 1——会计核算制度设计 1

**【基本资料】**

《椒江区国有资产经营有限公司差旅费报销制度》中规定的相关内容如下：凡因公出差需借款者，均应领取“出差借款单”，按规定要求填写，由本人申请，科室负责人、公司总经理批准，财务审核无误后，据以作为付款的原始凭证。

（资料来源于网络改编）

**【问题】**

根据我国有关法律、法规的规定和公司相关规定回答下列问题：

（1）公司若发生借款业务，在设计会计科目时需了解哪几方面的业务内容？

（2）出差借款时应设计什么原始凭证？需要反映的内容有哪些？

（3）如何设计该公司的出差借款原始凭证？

## 案例 2——会计核算制度设计 2

**【基本资料】**

《椒江区国有资产经营有限公司差旅费报销制度》中规定的相关内容如下：

（1）差旅费开支标准如下：

① 乘坐交通工具标准：公司党政领导出差，可乘坐火车软卧、轮船二等舱、飞机一等舱；其他人员出差可乘火车硬座、轮船三等舱位、飞机经济舱；夜间（晚 8 时至次日 7 时之间）乘火车 6 小时以上（含 6 小时），或连续乘车时间超过 12 小时以上（含 12 小时）的，可购同席硬卧票。

② 出差期间交通补贴标准：公司领导凭车票按实报销；其他人员，按出差天数，根据补贴标准凭车票报销；未经批准，开支交通费超过补贴标准的部分由个人负担；本市以外省内地区出差的，每人每天交通补贴标准 15 元；省外一般地区出差的，每人每天交通补贴标准 30元。

③ 出差人员的伙食补贴标准：省外一般城市 50 元，省内三区外城市 30 元，大城镇 30 元；三区内（除大城镇外）出差不报销伙食补助，实行每人每月 60 元包干的办法；外出参加会议，已享受会议伙食补贴的，不再发给伙食补贴。

④ 住宿费标准：公司党政领导出差住宿费按实报销；其他人员住宿费限额标准为：省外一般城市为 200 元，省内三区外城市为 150 元，大城镇为 150 元；单人出差或男、女出差人员为单数，其单数人员住宿费可按照不超过上述规定限额标准两倍内凭据报销；费用原则上不得超出上述标准，在单人限额范围内的，节约部分可按 50% 奖励给个人（除函授、自学考试外）；参加各种培训班、学习班以及到外地参加会议人员，统一安排住宿按实报销。

（2）核销：

出差人员返回后，务必于五日内填写“差旅费报销单”，由财务审核无误后，交本科室负责人及总经理签字批准后方可核销。过期不办理者，财务部门从本人工资中扣发。核销时出纳人员开具收据，一联入账，冲销原借款，另一联退交个人，以抵借条，原借条附凭证后不予撤销。出差人员原则一次清账，不得拖欠。如有特殊情况不能一次清账的，需书面说明，并提交延期还款计划，由公司总经理批准后，财务部门据以按月从工资扣发。

（资料来源于网络改编）

【问题】

根据我国有关法律、法规的规定和公司相关规定回答下列问题：

（1）公司开支差旅费业务时，设计会计科目需了解哪方面的内容？

（2）出差人员报销时应设计什么原始凭证？需要反映的内容有哪些？

（3）如何设计公司出差核销的原始凭证？

## 案例 3——会计核算制度设计 3

【基本资料】

科大公司一车间生产 A、B 两种产品，分别使用不同的原材料。生产过程中发生以下经济业务和事项：

（1）A、B 两种产品领用原材料；

（2）分别 A、B 两种产品和车间管理人员计算工资；

（3）计算车间水电费；

（4）计提车间厂房和设备的折旧；

（5）分配制造费用；

（6）A、B 产品完工验收入库。

【问题】

根据我国有关法律、法规的规定和公司相关规定回答下列问题：

（1）按上述六种业务和事项，应如何设计核算 A、B 产品生产过程所涉及的成本类总分类会计科目和必要的明细分类科目？

（2）依据上述六种业务和事项，应如何编写你所设计的成本类会计科目的使用说明？

## 案例 4——会计核算制度设计 4

【基本资料】

某制造企业生产 A、B 两种产品，设有基本生产车间、辅助生产车间、销售及行政管理部门、医务及福利等部门。生产工人工资按产品的生产工时比例分配，该企业尚有一幢厂房正在建设中。

【问题】

请为该企业设计一张工资费用分配表。

## 案例 5——会计核算制度设计 5

【基本资料】

某公司采用下列账务处理程序，如图 2-6 所示。

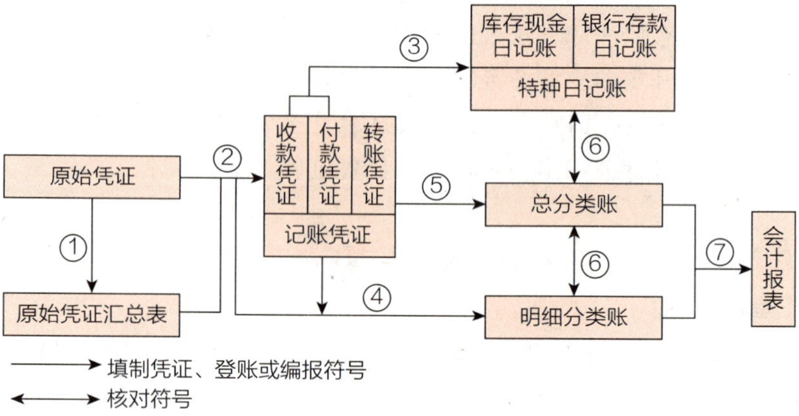


图2-6　账务处理程序

【问题】

请根据我国相关法律的规定回答下列问题：

（1）请指出该公司采用的是哪一种账务处理程序？

（2）用文字说明其程序内容。

## 案例 6——会计核算制度设计 6

【基本资料】

为了有效地使用企业的货币资金，满足生产和经营的需要，中天公司财会部门需要为管理部门编制货币资金变动情况表。

【问题】

（1）请说明货币资金变动表的作用；

（2）请说明货币资金变动表的主要内容；

（3）设计货币资金变动表的格式。

## 五、不定项选择题

1. 爱华制造有限公司是一家专门生产电缆终端、配电开关及相关配件的中小型制造企业，公司注册资本 5 000 万元。经过两年的发展，公司意欲吸引外资，与国外企业合作。但是公司前期没有形成一整套完整适合的会计制度，所以在账务操作上常常出现账务混乱、实际生产成本与账务不符等现象。为了改善现状，公司委托森林财务管理咨询公司为其设计会计核算制度。

【问题回答】

（1）设计会计科目前，要了解企业生产经营的内容包括（　　　　）。

A. 企业所属行业　　B. 企业的性质和生产经营范围

C. 筹资业务　　D. 投资业务

（2）在设计会计科目时，基本方法有（　　）。

A. 借鉴设计法　　B. 归纳合并法

C. 补充修订法　　D. 增减设置法

（3）确定公司明细分类科目的方法有（　　）。

A. 按核算内容的类别或项目分别设计

B. 按核算内容的对象分别设计

C. 按业务部门设计

D. 按一级科目设计

（4）为正确计算产品生产成本，应设计的会计科目包括（　　）。

A. 生产成本　　B. 制造费用

C. 财务费用　　D. 应付利息

（5）在设计会计凭证时，应遵循的原则有（　　）。

A. 企业规模和会计分工相适应的原则

B. 既满足管理需要又避免重复设账的原则

C. 账簿设计与账务处理程序紧密配合原则

D. 账簿设计与会计报表指标相衔接的原则

2. A公司会计人员王某在办理报销工作中，收到两张B公司开具的销货发票均有更改迹象：其中一张发票更改了用途，另一张发票更改了金额。两张发票均未盖有B公司的单位印章。张某全部予以报销并予以记账。

**【问题回答】**

（1）登记账簿的直接依据是（　　）。

A. 原始凭证　　B. 记账凭证

C. 会计报表　　D. 会计记录

（2）销货发票证明经济业务的发生和完成情况，属于（　　）。

A. 原始凭证　　B. 记账凭证

C. 会计报表　　D. 会计记录

（3）原始凭证必须包括的基本要素是（　　）。

A. 原始凭证的名称、编号

B. 发生经济业务的时间和内容

C. 原始凭证的联次和附件

D. 接受凭证的单位或部门

（4）原始凭证的内容中不得更正的是（　　）。

A. 原始凭证的名称、编号

B. 发生经济业务的时间和内容

C. 原始凭证的联次和附件

D. 金额

（5）在设计会计凭证时，应遵循的原则不包括（　　　　）。

A. 内容全面原则

B. 既满足管理需要又避免重复设账的原则

C. 账簿设计与账务处理程序紧密配合原则

D. 账簿设计与会计报表指标相衔接的原则

3. 某私营企业已注册经营两年，由于该经营地近期要拆迁，该私营企业于 2018 年 2 月 3 日将经营地点从原来街道搬迁到离原来街道不远的另一条街道，两条街道同属于历下区内街道，税务机关 2018 年 4 月 6 日对辖区内的企业进行检查，发现该私营企业存在下列情况：

（1）领料单等原始凭证上未设计经办人签字或盖章内容，费用无法核实。

（2）主营业务和非主营业务均在营业收入科目反映，无法分清各项收入情况。

（3）未设账进行会计核算。

（4）记账凭证上未设计会计主管签字。

**【问题回答】**

请根据上述资料回答下列问题：

（1）原始凭证必须包括的基本要素是（　　　　）。

A. 原始凭证的名称、编号

B. 发生经济业务的时间和内容

C. 原始凭证的联次和附件

D. 经办人员的签名或盖章

（2）为反映主营业务和非主营业务的收入应设计的会计科目包括（　　　　）。

A. 主营业务收入　　　　B. 其他业务收入

C. 营业外收入　　　　D. 投资收益

（3）企业必须设置的账簿有（　　　　）。

A. 日记账　　　　B. 总账

C. 明细分类账　　　　D. 三栏账

（4）为反映企业各项收入应设计的会计科目包括（　　　　）。

A. 主营业务收入　　　　B. 其他业务收入

C. 营业外收入　　　　D. 投资收益

（5）企业原材料明细账应设计的格式是（　　　　）。

A. 日记账　　B. 多栏账

C. 数量金额账　　D. 三栏账

4. 长生股份有限公司 2018 年度的账户期末余额如表 2-77 所示：

表2-77　　账户期末余额

单位：元

| 账户名称 | 借方余额 | 账户名称 | 贷方余额 |
|---|---|---|---|
| 库存现金 | 500 | 坏账准备 | 23 400 |
| 银行存款 | 3 958 701 | 累计折旧 | 668 110 |
| 其他货币资金 | 110 000 | 短期借款 | 100 000 |
| 交易性金融资产 | 10 000 | 应付票据 | 425 338 |
| 应收票据 | 168 580 | 应付账款 | 105 947 |
| 应收账款 | 468 000 | 其他应付款 | 16 700 |
| 预付账款 | 138 233 | 应付职工薪酬 | 30 100 |
| 其他应收款 | 1 200 | 应交税费 | 7 370 |
| 在途物资 | 150 000 | 长期借款 | 1 303 800 |
| 原材料 | 362 000 | 股本 | 10 000 000 |
| 周转材料 | 20 000 | 资本公积 | 235 700 |
| 库存商品 | 5 075 860 | 盈余公积 | 211 686 |
| 长期股权投资 | 402 532 | 利润分配 | 380 584 |
| 固定资产 | 2 145 647 | | |
| 工程物资 | 92 500 | | |
| 在建工程 | 202 348 | | |
| 无形资产 | 112 000 | | |
| 长期待摊费用 | 90 634 | | |
| 合计 | 13 508 735 | 合计 | 13 508 735 |

**【问题回答】**

（1）在填列报表时属于需要计算填列的是（　　　　）。

A. 货币资金　　B. 存货

C. 固定资产　　D. 应收账款

（2）在填列报表时属于根据总账、明细账分析填列的是（　　）。

A. 货币资金　　B. 预收账款

C. 预付账款　　D. 应收票据及应收账款

（3）货币资金的填列数为（　　）元。

A. 4 069 201　　B. 3 959 201

C. 4 068 701　　D. 110 500

（4）应收票据及应收账款项目金额为（　　）元。

A. 636 580　　B. 613 180

C. 659 980　　D. 191 980

（5）存货项目金额为（　　）元。

A. 5 607 860　　B. 5 599 860

C. 5 457 860　　D. 5 455 860

5. 个体户李明经营机电设备多年，2019 年年初，他与另外两人共同投资 100 万元成立了天安机电设备有限公司，主要业务是机电设备批发，公司人数 60 人，预计年销售额 1 000 万元。

**【问题回答】**

（1）天安机电设备有限公司可能适用的账务处理程序有（　　）。

A. 日记总账账务处理程序

B. 记账凭证账务处理程序

C. 科目汇总表账务处理程序

D. 汇总记账凭证账务处理程序

（2）下列属于日记总账账务处理程序优点的是（　　）。

A. 简便易行

B. 便于查对账目

C. 减轻了登记总分类账的工作量

D. 便于了解账户之间的对应关系

（3）下列属于日记总账账务处理程序缺点的是（　　）。

A. 不能反映账户的对应关系

B. 只能登记少数账户的发生额，不便于记账和查阅

C. 不利于会计核算的日常分工

D. 登记总账的工作量大

（4）下列属于记账凭证账务处理程序优点的是（　　）。

A. 简单明了

B. 便于查对账目

C. 减轻了登记总分类账的工作量

D. 便于了解账户之间的对应关系

（5）下列属于记账凭证账务处理程序缺点的是（　　　　）。

A. 不能反映账户的对应关系

B. 只能登记少数账户的发生额，不便于记账和查阅

C. 不利于会计核算的日常分工

D. 登记总账的工作量大

6. 光华机床有限责任公司为顺达企业集团下属的子公司，注册资金1 000万元，其中国有股800万元，母公司对子公司控股55%，生产系统设有3个基本生产分厂，即铸造分厂、机加工分厂和装配分厂；设有2个辅助生产分厂，即机修分厂和配电分厂，各分厂均采用公司内部独立核算。

**【问题回答】**

（1）光华机床有限责任公司可能适用的账务处理程序有（　　　　）。

A. 日记总账账务处理程序

B. 记账凭证账务处理程序

C. 科目汇总表账务处理程序

D. 汇总记账凭证账务处理程序

（2）在科目汇总表账务处理程序下，根据科目汇总表登记（　　　　）。

A. 总账　　　　B. 日记账

C. 明细账　　　　D. 以上三者都登记

（3）在汇总记账凭证账务处理程序下，根据汇总记账凭证登记（　　　　）。

A. 总账　　　　B. 日记账

C. 明细账　　　　D. 以上三者都登记

（4）下列属于科目汇总表账务处理程序特点的是（　　　　）。

A. 不能反映账户的对应关系

B. 适用于经济业务多的企业

C. 根据记账凭证定期编制科目汇总表

D. 减轻登记总账的工作量

（5）下列属于汇总记账凭证账务处理程序特点的是（　　　　）。

A. 便于反映账户的对应关系

B. 适用于经济业务多的企业

C. 根据每一贷方科目编制汇总转账凭证

D. 减轻登记总账的工作量

7. 长城公司主管银行借款的会计人员每月末根据公司的短期借款和长期借款账簿记录设计并填制银行借款报告单，具体格式如表2–78所示：

表2-78

银行借款报告单

年　　月　　日

单位：元

| 项目 | 短期借款 | 长期借款 | 合计 | 备注 |
|---|---|---|---|---|
| 一、上月欠款总额 | | | | |
| 其中：逾期未还额 | | | | |
| 二、本月借款总额 | | | | |
| 三、本月还款总额 | | | | |
| 四、月末欠款总额 | | | | |
| 其中：逾期未还额 | | | | |

**【问题回答】**

（1）银行借款报告单属于（　　　　）。

A. 对外报送报表

B. 对内报送报表

C. 对内对外都须报送

D. 不用报送，会计人员自己留用

（2）银行借款报告单属于（　　　　）。

A. 日常管理用报表　　B. 资金报表

C. 经营业绩报表　　D. 成本费用报表

（3）内部报表的特点是（　　　　）。

A. 针对性　　B. 多样性

C. 灵活性　　D. 种类的不固定性

（4）内部报表设计的格式包括（　　　　）。

A. 文本格式　　B. 图表格式

C. 数字格式　　D. 综合格式

（5）下列属于日常管理用的报表包括（　　　　）。

A. 货币资金增减变动情况表

B. 银行借款报告单

C. 采购日报表

D. 销货日报表

# 学习情境三
## 企业主要经济事项会计制度设计

### 【职业能力目标】

**知识目标**

- ○ 识记货币资金业务会计制度设计的内容、目标、内部控制制度的内容
- ○ 识记采购与付款业务会计制度设计的内容、目标、内部控制制度的内容
- ○ 识记生产制造业务会计制度设计的内容、目标、内部控制制度的内容
- ○ 识记销售与收款业务会计制度设计的内容、目标、内部控制制度的内容
- ○ 识记筹资业务、投资业务会计制度设计的内容、目标、内部控制制度的内容

**能力目标**

- ○ 学会正确地进行货币资金业务内部控制和核算方法设计、采购与付款业务内部控制和核算方法设计、生产制造业务内部控制和核算方法设计、销售与收款业务内部控制和核算方法设计、筹资业务内部控制和核算方法设计、投资业务内部控制和核算方法设计
- ○ 通过学习掌握企业主要经济事项会计制度设计方法，具有良好的自学能力、自我评价能力
- ○ 能与单位内部、外部的相关人员友好相处并团结协作
- ○ 能充分预见主要经济业务内部控制和核算过程中可能出现的矛盾和风险，并能运用会计制度设计方法化解矛盾和风险
- ○ 增强法制观念，培养良好的职业道德

# 学习子情境一　货币资金业务会计制度设计

**【本学习子情境引例】**

齐鲁公司是一家中型制造业，设出纳员王某、会计员李某2人。

（1）收、付款原始凭证的复核和收、付款凭证的编制由出纳员王某负责；

（2）公司的空白支票和企业在银行预留的法人代表印章、财务章都由王某一人保管，签收手续也由王某一人执行。

（3）每月银行对账单由王某自己取回与银行核对；

（4）王某由于生病住院，休假两个月，在此期间，公司指定由会计员李某兼任。

问题与任务：分析齐鲁公司的做法有哪些不妥之处？应如何改进？

**【知识准备】**

视频：货币资金业务制度设计引例

视频：货币资金业务会计制度设计目标与原则

## 一、货币资金的概念及特点

货币资金是指企业生产经营过程中处于货币形态的资产，包括库存现金、银行存款和其他货币资金。货币资金是企业流动资产的重要组成部分，是企业流动性最强、盈利性最差的资金占用，是企业资金运营的起点和终点。为保持采购、生产、销售过程的正常收付需要，企业必须保持一定量的货币资金。其特点：

（1）流动性强、盈利性低。

（2）同其他经营业务联系广泛。

（3）国家的宏观管理要求严格。

## 二、货币资金业务会计制度设计的目标

（1）落实货币资金的经营管理责任，保证货币资金的安全；

（2）便于货币资金的合理调度，满足各项生产经营业务的需要；

（3）准确、及时地进行会计核算，真实、完整地提供货币资金的会计信息；

（4）借助于对货币资金的控制，理顺并强化对生产经营业务的管理。

## 三、货币资金内部控制的原则

（一）严格职责分工

严格职责分工即涉及货币资金不相容职责由不同的人员担任，形成

严密的内部牵制制度，以减少和降低货币资金管理上舞弊的可能性。

（二）实行收支交易分开

实行收支交易分开即将现金支出和现金收入业务分开进行处理，防止出现“坐支”行为。

（三）实施内部稽核

实施内部稽核即设置内部稽核单位和人员，建立内部稽核制度，以加强对货币资金管理的监督，以便发现货币资金管理中存在的问题，及时改进对货币资金的管理控制。

（四）实施定期轮岗制度

实施定期轮岗制度即对涉及货币资金管理和控制的业务人员实行定期轮岗制度。通过轮岗，减少货币资金管理和控制中可能产生舞弊的可能性，并及时发现有关人员的舞弊行为。

**【职业判断与业务操作】**

## 一、货币资金业务内部控制方法的设计

企业内部控制基本规范

视频：货币资金业务内部控制制度设计方法

（一）授权批准及岗位分工控制制度

1. 货币资金的授权批准制度

货币资金的授权批准制度要求包括以下四个方面：

（1）明确审批人对货币资金业务的授权批准方式、权限、程序、责任和相关控制措施，审批人应当在授权范围内进行审批，不得超越审批权限。

（2）规定经办人办理货币资金业务的职责范围和工作要求，经办人应当在职责范围内按照审批人的批准意见办理货币资金业务。对于审批人超越授权范围审批的货币资金业务，经办人有权拒绝办理，并及时向审批人的上级授权部门报告。

（3）对于重要的货币资金业务，应当实行集体决策和审批，并建立责任追究制度，防范贪污、侵占、挪用货币资金行为。

（4）严禁未经授权的机构或人员办理货币资金业务或直接接触货币资金。

2. 货币资金的岗位分工制度

岗位分工的前提是建立岗位责任制，明确相关部门和岗位的职责权限，确保不相容岗位相互分离、制约和监督。

**特别提示**

所谓不相容岗位是指那些如果由一个人担任，既可能发生错误和舞弊行为，又可能掩盖其错误和弊端行为的职务岗位。不相容职务岗位分离的核心是“内部牵制”，它要求每项经济业务都要经过两个或两个以上的部门或人员的处理，使得个人或部门的工作必须与其他人或部门的工作相一致或相联系，并受其监督和制约。

货币资金岗位分工制度设计的目标是：不得由一人办理货币资金业务的全过程，既包括企业财会部门内部的出纳岗位与会计岗位的分工，也包括与货币资金运行有关的业务岗位分工和货币资金审批的领导岗位分工等。因此，货币资金的岗位分工制度是融于企业各级领导的岗位分工、各业务部门的岗位分工、各管理职能部门的岗位分工和财会部门内部的出纳岗位与会计岗位分工等一系列岗位责任制度中的。

**特别提示**

货币资金业务的全过程包括货币资金的收付与保管、货币资金的审批、专用印章的保管、记账、稽核、档案保管以及货币资金的清查。

货币资金业务不相容岗位涉及的人员包括出纳人员、审批的领导、专用印章保管人员、会计人员、稽核人员、会计档案保管人员及货币资金清查人员 7 类经办人员。

货币资金的岗位分工制度要求建立出纳人员、审批的领导、专用印章保管人员、会计人员、稽核人员、会计档案保管人员及货币资金清查人员的责任制度。涉及货币资金业务的不相容岗位相互分离制度主要体现在以下七个方面：

（1）货币资金的收付及保管应由被授权批准的出纳人员负责，其他人员不得接触。其目的是保证责任到人，使货币资金收付、保管的权责清晰，防止由越权、串岗等行为的发生而引发的一种责任多人承担，而谁也有理由不承担的现象，让出纳人员切实承担起货币资金安全的责任。

（2）出纳人员不能同时负责总分类账的登记和保管。出纳人员在收付货币资金的同时，负责登记库存现金日记账、银行存款日记账和其他货币资金明细账，如果有授权还可同时编制记账凭证，这是为便于工作和提高工作效率。由于总分类账控制日记账和明细账，因此要求出纳人员不能同时负责总分类账的登记和保管。否则，出纳人员工作中发生的错误、舞弊就无法被及时发现，总账也就失去了它应有的控制作用。

（3）出纳人员不能同时负责非货币资金账户的记账工作。一般而言，每一笔货币资金收付业务的发生，一方面使货币资金发生增、减（借、贷）变动，另一方面会使相对应的非货币资金账户发生相应金额的反方向（贷、借）变动。这正是复式记账法中账户对应关系的内涵。利用复式记账法中的这种账户对应关系可以清楚地看出货币资金的来龙去脉，可以从非货币资金账户的一个侧面监督货币资金的收付是否正确。如果出纳人员同时负责非货币资金账户的记账工作，就失去了这种监督作用，有可能掩盖出纳人员的舞弊行为。

（4）出纳人员应与货币资金的稽核人员、会计档案保管人员相分离。按设计岗位职责的一般规定，出纳人员负责货币资金的收付，稽核人员负责会计、出纳业务的稽核，档案保管人员负责会计档案的保管。这是三个典型的不相容职务。如果三者不相分离，那么出纳人员的舞弊行为就不能在稽核中发现。如果出纳人员被怀疑有作弊行为，他最后的一招就是篡改、销毁原始记录。从这个角度看，稽核岗位和会计档案保管岗位是对出纳岗位的制约与监督。

（5）出纳人员应与负责库存现金的清查盘点人员和负责银行对账的人员相分离。出纳人员就是货币资金的保管员，库存现金的清查盘点和银行对账单的核对还要有专门的清查盘点人员负责，对出纳人员经管的库存现金、银行存款乃至其他货币资金进行定期与不定期相结合的清查盘点。

【做中学】根据情境引例分析：

齐鲁公司违反了岗位责任控制制度如下规定：

（1）出纳人员应与货币资金的稽核人员、会计档案保管人员分离；

（2）货币资金的收付和控制货币资金收支的专用印章不得由一人兼管；

（3）出纳人员应与负责库存现金的清查盘点人员和负责银行对账的人员相分离；

（4）货币资金的收付及保管应由被授权批准的出纳人员负责，其他人员不得接触。

（二）货币资金收入的内部控制制度

1. 货币资金收入的控制程序

企业的货币资金收入主要有两种情形：一种是来源于当期出售商品、提供劳务、出售原材料等取得的营业收入和收回以前各期的应收款项；

另一种是不经常发生的货币资金收入，如借款、发行债券、收回对外投资、取得投资收益、出售固定资产和无形资产等。一般而言，出售商品、提供劳务、出售原材料等而取得的营业收入是货币资金收入的主要来源，其业务运行也最为复杂。对这些营业收入，企业必须根据自身经营业务的特点制定相应的货币资金收入控制程序，以便于各职能部门相互协调，共同遵守。一般企业货币资金收入的控制程序如图3-1所示。

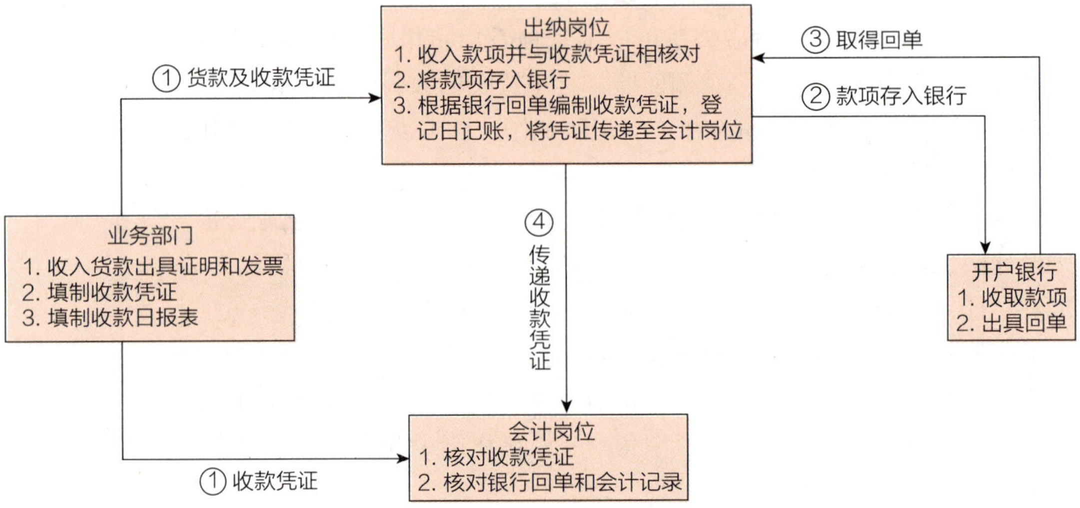


图3-1　货币资金收入的控制程序

对于营业收入以外的货币资金收入，如借款、发行债券、收回对外投资、取得投资收益、出售固定资产和无形资产、收取租金、押金、赔款等，也同样应建立严格的控制程序，保证收入的货币资金安全、完整。

2. 货币资金收入的其他控制制度

企业除了制定货币资金收入的控制程序外，还必须对与货币资金收入相关的方面进行控制。主要有：

（1）严格控制收款日期和收款金额，保证应得的收入及时收取，不缺不漏并及时送存银行。

（2）所有收款收据和发票等收款凭证都必须连续编号，并建立一套严格、详细的领用和回收制度。

（3）建立现金、支票、汇票、本票等货币资金收入凭证的防伪检验制度。

（三）货币资金支出的内部控制制度

1. 货币资金支出的控制程序

企业的货币资金支出业务涉及的范围非常广泛，主要有对外支付进货款、有关费用、上缴税金、还款和对内支付工资等有关劳务费用等业务事项。其支付方式主要有现金支出和银行转账支出两种方式，无论是现金支出还是通过银行转账支出，都必须根据企业支付业务的特点制定相应的货币资金支出控制程序，以便于各职能部门相互协调，共同遵守。

货币资金支出的控制程序设计一般包括以下四个环节：

（1）支付申请。单位有关部门或个人用款时，应提前向审批人员提交货币资金支付申请，注明款项的用途、金额、预算及支付方式等内容，并附有经济合同或相关证明。

（2）支付审批。审批人根据其职责、权限和相应程序对支付申请进行审批。对不符合规定的货币资金支付申请，审批人应当拒绝批准。

（3）支付复核。复核人应当对批准后的货币资金支付申请进行复核，包括货币资金支付申请的批准范围、权限、程序是否正确，手续及相关单证是否齐备，金额计算是否准确，是否超出预算范围或标准，支付方式、支付单位是否妥当等。复核无误后，交由出纳人员办理支付手续。

（4）办理支付。出纳人员应当根据复核无误的支付申请，按规定办理货币资金支付手续，并及时登记现金和银行存款日记账。

**特别提示**

货币资金支出的控制程序设计一般包括：支付申请、支付审批、支付复核、办理支付四个环节。

一般企业最主要、最经常、运行环节最复杂的货币资金支出是物资采购，其具体控制程序如图 3-2 所示。

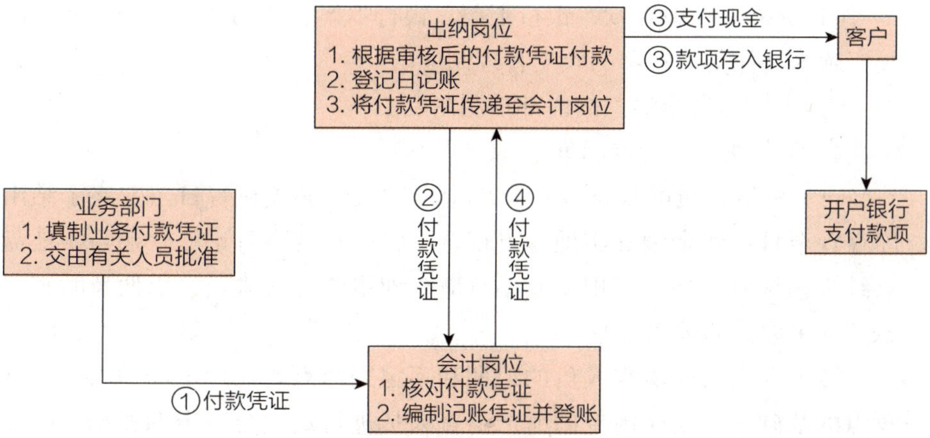


图3-2　货币资金支出的控制程序

政策法规：《现金管理暂行条例》《银行账户管理办法》《支付结算办法》

2. 货币资金支出的其他控制制度

（1）严格按《现金管理暂行条例》规定的范围使用现金，尽可能地使用银行转账方式支付款项。

（2）落实库存现金的限额管理制度，根据企业规模大小、经济业务量大小、距离银行远近等情况，与开户银行商定库存现金限额。库存现金限额一经确定，必须严格执行，这既是国家宏观管理的需要，也是企业内部保证现金安全的重要管理措施。

（3）建立收支两条线制度，将货币资金的收入与支出分别运行和管理，防止由于收支不清可能造成的经办人员舞弊。

（4）对现金支付量较多的部门建立备用金制度，实行备用金管理。

（5）企业所有付款业务都要有合法的原始凭证，并经业务人员签字证明、主管领导批准，经会计部门审核后出纳人员才能据以付款。

（6）企业应指定专人签发支票等支付工具，并妥善保管，严格按票据顺序号签发。

（7）严格按《银行账户管理办法》和《支付结算办法》等国家有关规定，加强银行账户的管理；严格按照规定开立账户，办理款项的存、取和结算。同时还应定期检查、清理银行账户的开立和使用情况，及时发现问题并处理。

（8）遵守银行的结算纪律，不得签发空头支票、空白支票、远期支票，不得出借支票，也不得将支票交收款人代签。

（9）款项付讫后，出纳人员必须及时在付款凭证上加盖“现金付讫”或“银行付讫”图章，以防止重付或漏付。

（10）对存出的保证金、押金和企业各部门的备用金等应定期进行清查核对。

（11）建立外埠存款、银行汇票、银行本票、信用卡、信用证和存出投资款等其他货币资金的收支管理制度。

（四）货币资金清查的内部控制制度

1. 库存现金的盘点制度

（1）出纳人员的日常盘点。现金出纳人员必须在每日营业终了结出库存现金日记账余额并实地盘点现金，将库存现金日记账余额与实地盘点结果相核对。如果发现账实不符应立即报告主管人员，以便及时查明原因并采取措施妥善处理。

（2）专门财产清查人员的定期和不定期盘点。在现金出纳人员日常盘点的基础上，还应由专门财产清查人员进行定期与不定期相结合的复核、检查性盘点。对现金进行实地盘点，审核现金收付凭证和有关账簿等资料，检查现金收付业务的合理、合法性，包括账簿资料是否完整、齐全，有无遗漏、计算错误等情况；检查库存现金限额的遵守情况；有无“白条”顶库、挪用情况，并在清查盘点报告的“备注”栏说明。清查结束后无论是否发现问题，都应将清查盘点结果填列在“库存现金清查盘点报告表”上，并由清查人员和现金出纳签字盖章，以确保其效力。

**特别提示**

库存现金的盘点制度包括：① 每日营业终了，出纳人员必须结出库存现金日记账余额并实地盘点库存现金，将库存现金日记账余额与实地盘点结果相核对；② 专门财产清查人员进行定期与不定期相结合的复核、检查性盘点。

“库存现金清查盘点报告表”的一般格式如表 3–1 所示。

表3–1　　库存现金清查盘点报告表

**库存现金清查盘点报告表**

2018 年 8 月 10 日

| 实存金额 | 账存金额 | 对比结果 | | 备注 |
|---|---|---|---|---|
| | | 盘盈 | 盘亏 | |
| 2 900 | 2 950 | | 50 | 出纳员责任<br>领导签字：于亮 |

盘点人签章：刘　伟　　　　出纳员签章：丁　凡

2. 企业与银行的对账制度

为加强对银行存款的监控，除了由出纳人员随时与银行进行对账外，还必须建立由专门财产清查人员负责的定期与不定期相结合的银行存款复核、检查性核对制度。

核对原因：

第一，银行存款是企业最重要的流动资产之一，它由银行负责保管；

第二，企业与银行之间的账项往来频繁，双方都容易出现差错；

第三，存在未达账项而不能及时入账或没有入账。

**特别提示**

未达账项并非错账，应编制“银行存款余额调节表”，其调节公式为：企业银行存款日记账余额 + 银行已收企业未收款项 − 银行已付企业未付款项 = 银行对账单余额 + 企业已收银行未收款项 − 企业已付银行未付款项

核对方法采用对账单法。企业出纳员应随时根据银行的对账单及时与银行对账。企业至少应每月与银行对一次账。

专门清查人员应定期或不定期进行银行存款复核、检查性核对。

**【典型任务举例】**

政策法规：会计工作基本规范

2018 年 7 月，原 ×× 市某区教委出纳员周某三次挪用、贪污公款达 211 万元，被法院以挪用公款罪和贪污罪两罪并罚判处有期徒刑 20 年，但 200 万元的教育资金却难以收回。周某在 ×× 市某区教育局财务科做了 15 年的出纳，15 年的工作经历使她对教育局的财务状况了如指掌，其中的漏洞也心中有数。周某说：“我可以预定提取现金的数量，支票、印鉴都由我保管，可随时加盖支票印鉴。会计每月与我只核对总额，而不进行明细核对。我挪用公款银行账上有反映，但是我们的银行对账单由我保管，单位也不易发觉。”

**【具体操作步骤】**

试用会计制度设计原理，说明该教育局违反了哪些规定？

分析提示：违反了不相容职务分离制度的规定。

（1）支票、印鉴全由周某一人保管，导致她可以提取现金而不经领导批准；

（2）出纳与银行对账没有分离，周某可以篡改银行对账单来掩盖舞弊和犯罪行为。

## 二、货币资金业务核算与报告方法的设计

视频：货币资金业务核算与报告方法的设计

（一）库存现金核算方法的设计

企业的库存现金是通过“库存现金”账户进行核算的。为了详细了解库存现金的收支和结存情况，及时发现现金收支工作中存在的问题和可能出现的差错，企业除了对现金进行总分类核算以外，还须设置“库存现金日记账”进行序时核算。对于有外币现金业务的企业，应分别对

人民币和各种外币设置“库存现金日记账”进行明细核算。外币库存现金日记账的格式见表3-2。

表3-2　外币库存现金日记账

外币库存现金日记账

| 年 | | 凭证 | | 摘要 | 对方科目 | 借方 | | | 贷方 | | | 余额 | | |
|---|---|---|---|---|---|---|---|---|---|---|---|---|---|---|
| 月 | 日 | 字 | 号 | | | 原币 | 折合率 | 人民币 | 原币 | 折合率 | 人民币 | 原币 | 折合率 | 人民币 |
| | | | | | | | | | | | | | | |
| | | | | | | | | | | | | | | |
| | | | | | | | | | | | | | | |

现金日记账应采用订本式账簿，由出纳人员根据现金收款凭证、现金付款凭证和银行付款凭证，按照经济业务发生的先后顺序逐笔登记。每日终了，应计算当日的现金收入合计数、现金支出合计数，结出账面余额，并与实际库存额核对相符。

（二）银行存款核算方法的设计

1. 银行存款的入账时间

银行存款的入账时间理论上应以实际收付时间为标准，即在实际收到银行存款时记增加，实际付出银行存款时记减少。但在实际工作中，由于银行多种转账结算方式的存在，企业无法确认银行何时实际收入和付出款项，因此企业必须按照国家统一会计制度的规定，根据不同的转账结算方式下收到的不同原始凭证分别确认银行存款的入账时间。

（1）采用支票结算方式。在这种方式下，收款单位对于收到的支票，应于收到支票的当日填制“进账单”，连同支票一并送存开户银行，根据银行盖章退回的“进账单”的第一联回单联和有关的原始凭证编制收款凭证，或根据银行转来的由签发人送交的银行支票后，根据经银行审查盖章的进账单第一联和有关的原始凭证编制收款凭证。付款单位对于付出的支票，应根据支票存根和有关原始凭证编制付款凭证。

以现金存入银行的，应根据银行盖章退回的存款单联编制现金付款凭证。以现金支票向银行提取现金的，根据取款存根编制银行付款凭证。

（2）采用银行本票结算方式。在这种方式下，收款单位按规定收到银行本票后，填写“进账单”（一式三联），连同银行本票一并送交开户银行办理进账；根据银行盖章后退回的“进账单”回单联和有关原始凭证编制收款凭证，凭以记账。付款单位使用银行本票，应向银行填写“银行本票申请书”（一式三联），并将款项送交开户银行；收到银行签章的本票后，根据“银行本票申请书”回单联编制付款凭证，凭以记账；企业如因银行本票超过付款期限或者其他原因要求退款时，在交回本票和填制的进账单经银行审核盖章后，根据进账单第一联编制收款凭证。

（3）采用银行汇票结算方式。在这种方式下，收款单位应当将汇票、解讫通知和进账单送存银行，根据银行退回的进账单和有关的原始凭证编制收款凭证。付款单位应在收到银行签发的银行汇票后，根据“银行汇票申请书（存根）”编制付款凭证。如有多余款项或因汇票超过付款期限等原因而退款时，应根据银行的多余款收账通知或退票通知编制收款凭证。

（4）采用商业汇票结算方式。在这种方式下，收款单位将要到期的商业承兑汇票连同填制的委托收款凭证（邮划或电划），一并缴存银行办理转账，根据银行的收账通知据以编制收款凭证。付款单位在收到银行的付款通知时，据以编制付款凭证。

采用银行承兑汇票结算方式的，收款单位将要到期的银行承兑汇票连同填制的委托收款凭证（邮划或电划），一并缴存银行办理转账，根据收账通知据以编制收款凭证。付款单位在收到银行的付款通知时，据以编制付款凭证。收款单位将未到期的商业汇票向银行申请贴现时，应按规定填制贴现凭证，连同汇票缴存银行，根据银行的收账通知，据以编制收款凭证。

（5）采用委托收款结算方式。在这种方式下，收款单位对于汇入的款项，应在收到银行的收账通知时，据以编制收款凭证。付款单位对于汇入的款项，应在向银行办理汇款后，根据汇款回单编制付款凭证。

（6）采用汇兑结算方式。在这种方式下，收款单位对托收收款，根据银行的收账通知，据以编制收款凭证。付款单位在收到银行转来的委托收款凭证后，根据委托收款凭证的付款通知和有关的原始凭证编制付款凭证。如在付款期满前提前付款，应于通知银行付款之日编制付款凭证。如拒绝付款的不作账务处理。

（7）采用托收承付结算方式。在这种方式下，收款单位对于托收的款项，根据银行的收账通知和有关的原始凭证据以编制收款凭证。付款单位对于承付的款项，应于承付时根据托收承付结算凭证的承付支款通知和有关发票等原始凭证据以编制付款凭证。如拒绝付款，属于全部拒付的，不作账务处理；属于部分拒付的，承付部分按上述规定处理，拒付部分不作账务处理。

2. “银行存款”账户与银行存款日记账

企业在银行和其他金融机构的存款业务是通过“银行存款”账户进行核算的。为了及时掌握银行存款的收支和结存情况，便于与银行核对账目，及时发现银行存款收支工作中存在的问题和可能出现的差错，企业除了对银行存款进行总分类核算以外，还必须按各开户银行开设的不同银行账号进行明细核算，分别设置“银行存款日记账”。有外币银行存款的企业，应分别按人民币和各种外币设置银行存款日记账进行明细核算。外币银行存款日记账的格式见表3-3。

政策法规：支付结算办法

表3-3 外币银行存款日记账

外币银行存款日记账

| 年 | | 凭证 | | 摘要 | 对方科目 | 借方 | | | 贷方 | | | 余额 | | |
|---|---|---|---|---|---|---|---|---|---|---|---|---|---|---|
| 月 | 日 | 字 | 号 | | | 外币 | 汇率 | 人民币 | 外币 | 汇率 | 人民币 | 外币 | 汇率 | 人民币 |
| | | | | | | | | | | | | | | |
| | | | | | | | | | | | | | | |
| | | | | | | | | | | | | | | |

银行存款日记账应采用订本式账簿。由出纳人员根据银行收款凭证、银行付款凭证、现金付款凭证及所附的有关原始凭证，按照经济业务发生的先后顺序逐笔登记。每日终了，应计算银行存款收入合计、银行存款支出合计，并结出账面余额。

（三）其他货币资金核算方法的设计

1. 设计“其他货币资金”账户

企业应设计“其他货币资金”账户，专门核算企业的外埠存款、银行汇票存款、银行本票存款、信用卡存款、信用证保证金存款和存出投资款等。该账户应设置“外埠存款”“银行汇票”“银行本票”“信用卡”“信用证保证金”和“存出投资款”等明细账户。

2. 设计核算方法

（1）外埠存款，是指企业到外地进行临时或零星采购时，汇往采购地银行开立采购专户的款项。企业将款项委托当地银行汇往采购地专户时，根据银行盖章退回的“汇款委托书”回单联和有关凭证借记“其他货币资金——外埠存款”账户，采购业务完成后清户时将多余的款项转回当地银行时，凭银行的收账通知，贷记“其他货币资金——外埠存款”账户。

（2）银行汇票存款，是指由企业为取得银行汇票按规定存入银行的款项。企业在填送“银行汇票申请书”并将款项交存银行，取得银行汇票后，根据银行盖章退回的申请书存根联，借记“其他货币资金——银行汇票存款”账户；企业使用银行汇票后，根据发票账单等有关单据，贷记“其他货币资金——银行汇票”账户。如有多余款项或因汇票超期等原因而退回款项时，根据开户行转来的银行汇票第四联（多余款收账通知），贷记“其他货币资金——银行汇票”账户。

（3）银行本票存款，是指企业为取得银行本票按规定存入银行的款项。企业在填送“银行汇票申请书”并将款项交存银行，取得银行本票后，根据银行盖章退回的申请书存根联，借记“其他货币资金——银行本票”账户；企业使用银行本票后，根据发票账单等有关单据，贷记“其他货币资金——银行本票”账户。

（4）信用卡存款，是指企业为取得信用卡而存入银行信用卡专户的款项。企业按规定填制信用卡申请表，连同支票和有关资料一并送交发卡银行，根据银行盖章退回的“进账单”第一联，借记“其他货币资金——信用卡”，企业用信用卡购物或者支付有关费用时，贷记“其他货币资金——信用卡”，企业在使用信用卡过程中，需要续存资金时，借记“其他货币资金——信用卡”账户。

（5）信用证保证金存款，是指采用信用证结算方式的企业，为开具信用证而存入银行信用证保证金专户的款项。企业向银行申请开立信用证，应按规定向银行提交开证申请、信用证申请承诺书和购销合同。企业向银行交纳保证金，根据银行退回的“进账单”第一联，借记“其他货币资金——信用证保证金”，根据开证行交来的信用证来单通知书及有关单据，贷记“其他货币资金——信用证保证金”账户。

（6）存出投资款，是指企业已存入证券公司但尚未进行短期投资的款项。企业向证券公司划出资金时，按实际划出的款项，借记“其他货币资金——存出投资款”账户；购买股票、债券时，按实际支付的金额，贷记“其他货币资金——存出投资款”账户。

（四）货币资金的内部报告设计

货币资金内部报告，也称日常报告，是为便于管理当局及时了解当日企业货币资金的流动、结存情况，以便有效地调度货币资金而编制的。因此，货币资金内部报告的核心是如何使企业管理当局及时了解货币资金在本期的增加、减少和期末结存情况，其项目设置应一目了然，具有严密的勾稽关系，编制方法应简便易行。企业货币资金内部报告的设计，应全面反映各项货币资金的增减变动及结存情况，同时应尽可能详细地披露来源渠道和用途。设计时应突出以下四点：

（1）本日结存货币资金，并使连续时间的各表之间具有勾稽关系；

（2）表明货币资金存在的具体形式；

（3）披露其来源渠道和用途；

（4）能够反映明日可实际动用的最大额度。

一般在每日营业终了，由出纳人员负责编制“货币资金变动情况表”。其一般格式如表 3-4 所示。

表3-4　　货币资金变动情况表

年　月　日　　　　金额单位：

| 项目 | 库存现金 | 银行存款 | | | 其他货币资金 | | | 合计 |
|---|---|---|---|---|---|---|---|---|
| | | 账户 | 账户 | …… | 银行本票 | 银行汇票 | …… | |
| 一、昨日账面余额 | | | | | | | | |
| 本日增加金额 | | | | | | | | |
| 其中：营业收入 | | | | | | | | |
| 融资收入 | | | | | | | | |
| 账款收回 | | | | | | | | |
| 投资收回 | | | | | | | | |
| 其他收进 | | | | | | | | |
| 本日减少金额 | | | | | | | | |
| 其中：营业支出 | | | | | | | | |
| 归还贷款 | | | | | | | | |
| 归还投资 | | | | | | | | |
| 投资支出 | | | | | | | | |
| 内部借款 | | | | | | | | |
| 其他支出 | | | | | | | | |
| 二、本日账面余额 | | | | | | | | |
| 未记账增加 | | | | | | | | |
| 未记账减少 | | | | | | | | |
| 三、本日实际金额 | | | | | | | | |
| 备注 | | | | | | | | |

会计主管：　　复核：　　出纳：　　制表：

**【知识拓展】**

备用金会计制度及核算方法的设计

## 一、备用金会计制度设计

政策法规：会计基础工作规范

备用金是指财会部门按企业有关制度规定，拨付所属报账单位和企业内部有关业务与职能管理部门，用于零售找零、收购零星商品物资或日常业务零星开支的备用现金。

（一）设置批准制度

对哪些部门、哪些业务实施备用金管理，应建立规范的申请、批准制度。

（二）定额管理制度

视频：货币资金业务制度设计备用金制度设计

对批准使用备用金的部门，必须根据需要事先核定科学、合理的备用金定额。

（三）日常管理责任制度

使用部门必须对备用金指定专人管理，并明确管理人员必须执行的现金管理制度、按规定的使用范围和开支权限使用、接受财会部门的管理及定期报账等各项责任制度。

（四）清查盘点制度

财会部门必须对备用金建立定期与不定期相结合的清查盘点，防止挪用或滥用，保证备用金的安全完整。

（五）审查入账制度

对备用金使用部门报销的所有票据，财会部门都要像对其他原始凭证一样，进行严格的审核后方能付款记账。

## 二、备用金核算方法的设计

（一）财会部门的“备用金”核算账户

企业的备用金在财会部门是通过“其他应收款——××部门备用金”账户，或单独设置“备用金”账户进行核算的。备用金使用部门领用备用金时记入借方，财务部门收回备用金时记入贷方。尚未收回时，本账户的余额表示核定的备用金定额。平时，备用金使用部门报账时不通过本账户核算。

（二）使用部门的收支登记办法

备用金使用部门必须对支付现金的所有原始凭证顺序编号，与库存现金一起妥善保管，并设立现金日记账，按原始凭证号码顺序、逐笔反映备用金的收支情况。

【真实案例】

# ××股份有限公司货币资金管理制度

## 第一章　总　　则

第一条　为了加强对公司货币资金的内部控制，保证货币资金的安全，降低资金使用成本，根据《中华人民共和国会计法》《企业内部控制基本规范》等相关法律法规，结合本公司的实际情况，制定本制度。

第二条　本制度所称货币资金是指本公司拥有的库存现金、存入银行及其他金融机构的存款以及外埠存款、银行汇票存款、银行本票存款、信用卡存款、信用证保证金存款等其他货币资金。

第三条　货币资金内部控制制度的基本要求是：货币资金收支与记账的岗位分离；货币资金收支的经办人员与货币资金收支的审核人员分离；支票（现金支票和转账支票）的保管与支取货币资金的财务专用章和负责人名章的保管分离。

第四条　公司财务负责人对货币资金内部控制的建立健全和有效实施以及货币资金的安全完整负责。

## 第二章　分工与授权

第五条　公司总部和各下属单位的财务部门要设置如下岗位：

（一）出纳员岗位，负责保管本单位的库存现金，保管银行支票等有编号的银行结算凭证，保管内部收款收据和本人名章，办理货币资金的结算和收付业务。

（二）设置货币资金核算岗位，负责审核货币资金收支的原始凭证，填制有关会计凭证，登记有关会计账簿，对货币资金的账簿记录和实际金额进行核对。

（三）设置货币资金主管岗位（财务部经理），负责领导、组织本单位的货币资金核算、管理工作，保管除出纳员名章之外的所有与货币资金收付有关的印章。出纳人员不得兼任稽核、会计档案保管和收入、支出、费用、债权、债务账簿的登记工作。不得由一个人办理货币资金业务的全过程。

第六条　公司总部和下属各单位应当配备具备相应专业知识和实践经验的合格人员，分别担任货币资金业务的各个岗位，办理货币资金业务，并且要定期实行财务部门内各岗位之间的轮换制度。办理货币资金业务的人员应当具备良好的职业道德，忠于职守，廉洁奉公，遵纪守法，客观公正，不断提高会计业务素质和职业道德水平。

第七条　公司货币资金支付的批准权限统一由公司总经理行使。公司总经理可根据需要按责任大小授权财务部总监、副总经理或下属各单位负责人批准，总经理的审批权限由公司董事会批准。审批人应当根据上述货币资金授权批准权限的规定，严格在授权范围内进行审批，不得超越审批范围。对已支付的货币资金建立以“谁批准，谁负责”为原则的责任追究制度，批准人要对由本人批准支付的货币资金负责任，以防范货币资金风险，保证货币资金的安全。

第八条　货币资金支付业务的批准方式为书面方式，批准人必须在付款通知书上签字批准方能生效，批准人在外地急需用款的，可在本人的批准限额之内委托本单位的货币资金主管人员代理批准手续，但批准人回来后要立即补办批准手续。

第九条　签字批准后的货币资金支付通知书，首先由本单位财务部门的货币资金核算人员或货币资金主管人员（财务部经理）对货币资金的用途和批准权限进行审核，对超越支付范围和批准权限的，审核人员有权拒绝受理或要求补办手续，批准人拒不配合的，审核人员有权向批准人的上级授权部门报告，货币资金支付通知书经审核正确无误后，由审核人员在通知书上签字，然后交出纳员填写有关支付凭证，办理货币资金支付业务。实行网上交易、电子支付等方式办理资金支付业务的，应当与承办银行签订网上银行操作协议，明确双方在资金安全方面的责任与义务及交易范围等。操作人员应当根据操作授权和密码进行规范操作，并配备专人对交易和支付行为进行审核。审核人明知付款通知书超出支付范围或有越权批准行为而签字同意支付，或出纳员按没有审核人签字的付款通知书办理货币资金支付业务的，以失职论处，并对由此引起的不良后果负连带责任。

第十条　公司总部和下属各单位应当按照以下程序办理货币资金支付业务。

（一）支付申请。有关部门或个人用款时，应当提前向审批人提交货币资金支付申请（报账结算凭证），注明款项的用途（事由）、金额、预算、结算种类等内容，并附有效经济合同或相关证明资料。

（二）支付批准。批准人根据其职责、权限和相应程序对支付申请进行审批。对不符合规定的货币资金支付申请，批准人应当拒绝批准。

（三）支付复核。复核人应当对批准后的货币资金支付申请进行复核，复核货币资金支付申请的批准范围、权限及程序是否正确，手续及相关合同或证明资料是否完备有效，金额计算是否准确，结算种类、支付单位是否妥当等。复核无误后，由复核人在货币资金支付申请书上签字并交由出纳人员办理支付手续。

（四）办理支付。出纳人员应当根据复核无误并经复核人员签字的支付申请，办理货币资金支付手续，及时登记库存现金和银行存款日记账。

第十一条　严禁未经授权的机构或人员办理货币资金业务或直接接触货币资金。

## 第三章　实施与执行

第十二条　公司总部的库存现金限额为 5 万元人民币。出纳员每天工作结束前应盘点库存现金，编制“现金盘点表”，并与库存现金日记账的余额核对一致，超过库存限额的现金必须在当日下午下班之前存入银行，否则由此引起的不良后果由出纳员和货币资金核算人员承担。

第十三条　公司总部和各分（子）公司必须严格遵守《现金管理暂行条例》的规定，办理货币资金支付业务要优先通过银行办理转账结算，符合《现金管理暂行条例》规定以及确实无法办理转账结算的货币资金支付业务，才可以用现金支付。

第十四条　取得的现金收入应及时存入银行，不得用于直接支付自身的支出。因特殊情况需要坐支现金的，应事先报经开户银行审查批准。本单位职工、其他单位和其他外来人员需要借出货币资金时，必须执行严格的授权批准程序，督促及时还款或报账以结清借款，公司员工实行前账不清，后账不借，借款期限超过1个月不履行还款或报账义务且无正当理由的，不得借支新借款。严禁擅自挪用、借出货币资金，一经发现，应立即将出纳员调离岗位，由出纳人员补足已擅自挪用、借出的货币资金，并追究相应的法律责任。

第十五条　取得的货币资金收入必须及时入账，不得私设“小金库”，不得账外设账，严禁收款不入账。

第十六条　货币资金收入、支出要取得合理、合法的凭据。取得货币资金收入要开具发票或内部收款收据等合法的凭据；货币资金支出要取得发票或内部收款收据、行政事业单位收款收据、特殊行业专用收款收据等合法的凭据；如有与货币资金收付相关的合同、协议等证明资料，应附在会计凭证之后。

第十七条　要严格按照《支付结算办法》等国家有关规定，加强对银行账户的管理，严格按照规定开立账户，办理存款、取款和结算。要定期检查、清理银行账户的开立及使用情况，发现问题要及时处理。每月的货币资金收付凭证由出纳员登记日记账并连续编号后交货币资金核算人员填制会计凭证、登记会计账簿并装订成册，在货币资金收付凭证装订成册之前，其余人员未经同意不得擅自翻查。

第十八条　严格遵守银行结算纪律，不准签发没有资金保证的票据或远期支票，套取银行信用；不准签发、取得和转让没有真实交易和债权债务的票据，套取银行和他人资金；不准无理由拒绝付款，任意占用他人资金；不准违反规定开立和使用银行账户；不准出借或出租账户，为他人套取现金。出纳人员有擅自出借或出租账户为他人套取现金行为的，一经发现，应立即将其调离本岗位并追究相应的法律责任。

第十九条　货币资金核算人员应当定期核对银行账户，每月至少核对一次，编制银行存款余额调节表，使公司银行存款账面调节余额与银行存款对账单余额相符。如调节后不符，应查明原因，及时进行上报处理。

第二十条　要经常定期和不定期地盘点库存现金，确保现金账面余额与实际库存相符。发现不符，及时查明原因，进行相应的处理。

第二十一条　货币资金主管人员应督促、检查本单位有关人员核对银行账户、盘点库存现金，保证本单位银行存款账面余额与银行对账单余额、现金账面余额与实际库存相符，如不相符，应组织有关人员及时查明原因，进行相应的处理，否则以失职论处。

## 第四章　票据及有关印章的内部控制

第二十二条　购买货币资金结算票据应由出纳员提出申请并负责购买，由财务部门货币资金主管人员批准，货币资金核算人员设置专门的备查簿进行登记管理，防止空白票据的遗失和被盗用；货币资金结算票据由现金出纳员负责保管，由货币资金核算人员进行检查监督；在预支货款、费用或带款购货时，原则上不准开空白支票，当金额暂时无法确认确需支付时，须经过货币资金主管人员特批，列明单位或限制金额方可开具空白支票，出纳员对领出的空白支票必须进行登记并由领用人签字确认，并对领出的空白支票的用途进行跟踪监督，催促领用人及时交回支票存根或回单，收回空白支票存根或回单并经货币资金核算人员审核其支付金额和用途正确无误后，出纳人员应注销领出的空白支票；票据的背书转让由货币资金主管人员批准，已背书转让的票据要由货币资金核算人员在备查簿上登记并注意掌握其动向，直到该票据兑现为止。

第二十三条　要加强银行预留印鉴的管理。财务专用章应由货币资金主管人员保管，出纳员名章由本人保管，其他个人名章必须由本人或其授权人员保管。严禁由一个人保管支付货币资金所需的全部印章。按规定需要有关负责人签字或盖章的经济业务，必须严格履行签字或盖章手续。

## 第五章　监督与检查

第二十四条　财务部门负责人对本公司、分（子）公司的货币资金内部控制情况进行检查监督。

第二十五条　货币资金监督检查的内容主要包括：

（一）货币资金业务相关岗位及人员的设置情况。重点检查是否存在货币资金不相容职务混岗的现象。

（二）货币资金支付授权批准制度的执行情况。重点检查货币资金制度的授权批准手续是否健全，是否存在越权审批行为。

（三）支付款项印章的保管情况。重点检查是否存在办理付款业务的全部印章交由一人保管的现象。

（四）银行结算票据的保管情况。重点检查票据的购买、领用、保管手续是否健全，票据保管是否存在漏洞。

（五）随机检查库存现金的账实相符情况。

（六）货币资金收入、支出是否取得合理、合法的凭据。

第二十六条　监督检查过程中发现的货币资金内部控制中的薄弱环节，应要求被检查单位纠正和完善，发现重大问题应写出书面检查报告，向有关领导和部门汇报，以便及时采取措施，加以纠正和完善。

## 第六章　附　　则

第二十七条　本制度由董事会审议通过，自通过之日起开始实施。

第二十八条　本制度未尽事宜，按国家有关法律、法规和《公司章程》的规定执行；本制度如与国家日后颁布的法律、法规或经合法程序修改后的《公司章程》相抵触时，按国家有关法律、法规和《公司章程》的规定执行，并立即对本制度进行修订。

××股份有限公司

二〇一八年三月

**?思　考**

1. 货币资金内部控制设计的目标和基本要求有哪些？
2. 如果你是公司的财务经理，应从哪些方面进行货币资金的内部控制制度的设计。
3. 货币资金内部控制中的不相容职务岗位至少包括哪些内容？
4. 货币资金内部控制的关键点有哪些？
5. 如何设计货币资金收入流程？
6. 如何设计货币资金支出流程？

## 【本学习子情境小结】

- 货币资金业务会计制度设计
  - 知识准备
    - 货币资金的概念及特点
    - 货币资金业务会计制度设计的目标
    - 货币资金内部控制的原则
  - 职业判断与业务操作
    - 货币资金业务内部控制方法的设计
    - 货币资金业务核算与报告方法的设计
  - 知识拓展
    - 备用金会计制度及核算方法的设计

# 学习子情境二　采购与付款业务会计制度设计

视频：采购与付款业务制度设计引例

**【本学习子情境引例】**

从事家具制造业的品居公司成立于2012年，下设财务部、采购部、销售部、生产部和仓储部，由总经理吴智全面负责生产经营管理。该公司采购的物资主要是原材料和五金配件，原材料包括木料、玻璃、油漆等。采购部门4人，其中经理1名，采购员3名（贾庄、易凡、兵吒）。贾庄和易凡负责原材料的采购，兵吒负责五金配件的采购。兵吒深受总经理信任，总经理授权兵吒根据需要自行决定五金配件价格和供应商。自公司成立始，以上人员即负责现在的工作。

而今，品居公司的五金配件的采购成本高于行业内同等规模的其他企业，员工们愤愤不平，说干什么都不如搞采购。吴总为此很烦恼。

问题与任务：你认为是什么原因导致了公司的现状？吴总应采取什么措施？

**【知识准备】**

视频：采购与付款业务特征和会计制度设计目标

## 一、采购的基本概念及特征

采购是指企业购买物资或接受劳务及支付款项等相关活动。其中物资主要包括企业的原材料、商品、工程物资、固定资产等。

采购是企业生产经营的起点，既是企业的“实物流”的重要组成部分，又与“资金流”密切关联。采购物资的质量和价格、供应商的选择、采购合同的订立、物资的运输、验收等供应链状况，在很大程度上决定了企业的生存与可持续发展。采购流程的环节虽不是很复杂，但蕴藏的风险巨大。

## 二、采购业务会计制度设计的目标

（1）落实采购与付款各环节的经营管理责任，保证物资和采购资金的安全；

（2）制定合理的业务流程，使相关部门和人员高效协作，及时满足生产经营的物资或劳务需要；

（3）准确及时地进行会计核算，真实完整地提供采购与付款的会计信息。

## 【职业判断与业务操作】

### 一、采购与付款业务内部控制方法的设计

视频：采购与付款业务内部控制制度设计

（一）授权批准及岗位分工控制制度

1. 采购的授权批准制度

采购业务的授权批准制度要求包括以下五个方面：

（1）明确审批人对采购业务的授权批准方式、权限、程序、责任和相关控制措施，审批人应当在授权范围内进行审批，不得超越审批权限。

（2）规定经办人办理采购业务的职责范围和工作要求，经办人应当在职责范围内按照审批人的批准意见办理采购与付款业务。对于审批人超越授权范围审批的采购与付款业务，经办人有权拒绝办理，并及时向审批人的上级授权部门报告。

（3）对于重要和技术性很强的采购业务，应当实行集体决策和审批，必要时组织专家论证，防止出现决策失误而造成严重损失。

（4）严禁未经授权的机构或人员办理采购与付款业务。

（5）按照请购、审批、采购、验收、付款等规定的程序办理采购业务，并在各环节设置相关的记录，填制相应的凭证，建立完整的采购登记制度。加强请购手续、采购订单（合同）、验收证明、入库凭证、采购发票等文件和凭证的相互核对工作。

2. 采购与付款业务的岗位分工制度

（1）建立岗位责任制，明确相关部门和岗位的职责权限，确保不相容岗位相互分离、制约和监督。

（2）不得由同一部门或个人办理采购与付款业务的全过程。

（3）采购与付款业务不相容岗位至少包括：请购与审批、询价与确定供应商、采购合同的订立与审计、采购与验收、采购验收与相关会计记录、付款审批与付款执行。

（4）配备合格的业务人员并视具体情况进行岗位轮换。

【做中学】根据情境引例分析：

品居公司违反了岗位责任控制制度如下规定：

（1）询价与确定供应商属于采购业务的不相容岗位。五金配件的询价和确定供应商不应由兵吒一人负责。

（2）岗位轮换制度。采购部的 4 名人员在现在岗位上工作已超过 5 年，公司应考虑对他们进行岗位轮换。

（二）采购与付款业务的内部控制制度

1. 采购与付款业务的主要流程

设计采购业务内部控制制度，要从梳理采购与付款业务的主要流程入手，明确采购业务的主要风险点，有针对性地逐一提出相应的控制措施。如图 3–3 所示，采购流程主要涉及编制需求计划和采购计划、请购、选择供应商、确定采购价格、订立框架协议或采购合同、管理供应过程、验收、退货、付款、会计控制等环节。

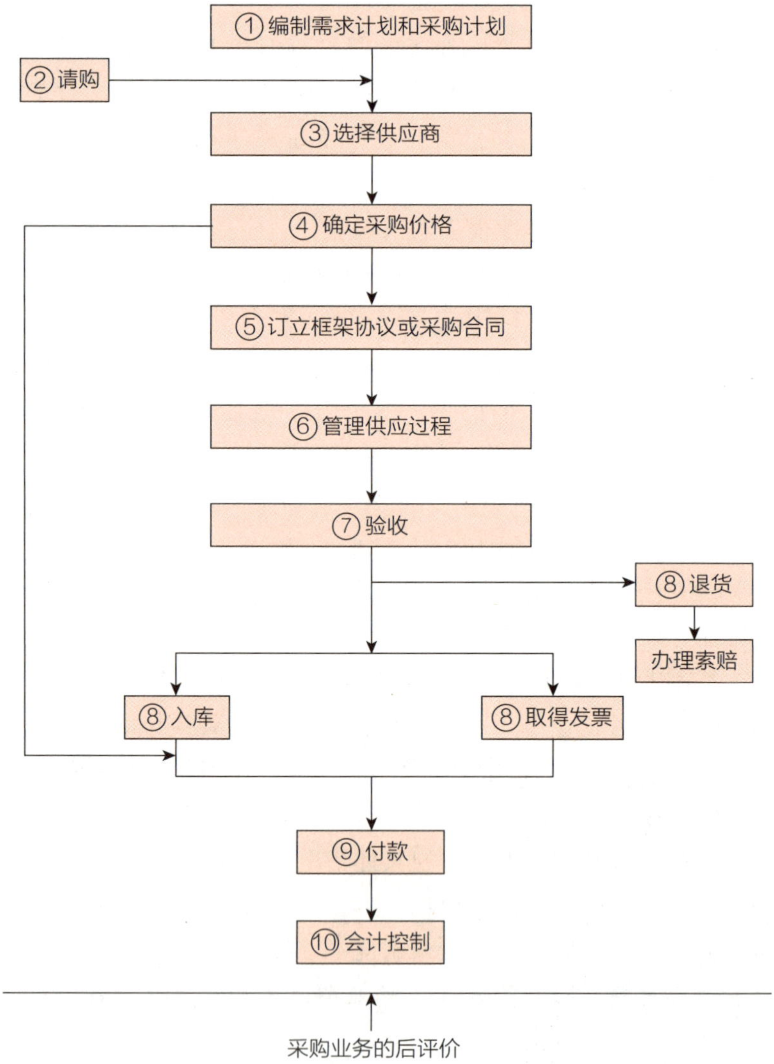


图3–3 采购与付款业务流程图

2. 各环节的主要风险点及控制措施

（1）编制需求计划和采购计划控制。采购业务从计划（或预算）开始，包括需求计划和采购计划。一般由需求部门根据生产经营需要向采购部门提出物资需求计划，采购部门根据该需求计划归类汇总平衡现有库存物资后，统筹安排采购计划，并按规定的权限和程序审批后执行。

该环节的主要风险是：需求或采购计划不合理，不按实际需求安排采购或随意超计划采购，甚至与企业生产经营计划不协调等。

主要控制措施如下：

第一，生产、经营等部门应当根据实际需求准确、及时地编制需求计划。需求部门提出需求计划时，不能指定或变相指定供应商。

第二，根据企业发展目标实际需要，结合库存和在途情况，科学安排采购计划，防止采购过量或不足。

第三，采购计划应纳入预算管理。经审批后，作为重要的执行依据。

（2）请购审批权限和程序控制。请购是指企业生产经营部门根据采购计划和实际需要，提出的采购申请。

该环节的主要风险是：缺乏采购申请制度，请购未经适当审批或超越授权审批，可能导致采购物资过量或不足，影响企业正常生产经营。

主要控制措施如下：

第一，建立采购申请制度，依据购买物资或接受劳务的类型，确定归口管理部门，授予相应的请购权，明确相关部门或人员的职责权限及相应的请购程序。企业可以根据实际需要设置专门的请购部门，对需求部门提出的采购需求进行审核，并进行归类汇总，统筹安排企业的采购计划。

第二，具有请购权的部门对于预算内采购项目，应当严格按照预算执行进度办理请购手续，并根据市场变化提出合理采购申请。对于超预算和预算外采购项目，应先履行预算调整程序，由具备相应审批权限的部门或人员审批后，再行办理请购手续。

第三，具备相应审批权限的部门或人员审批采购申请时，应重点关注采购申请内容是否准确、完整，是否符合生产经营需要，是否符合采购计划，是否在采购预算范围内等。对不符合规定的采购申请，应要求请购部门调整请购内容或拒绝批准。

（3）选择供应商控制。选择供应商，就是确定采购渠道。它是企业采购业务流程中非常重要的环节。

该环节的主要风险是：供应商选择不当，可能导致采购物资质次价高，甚至出现采购人员收受贿赂等舞弊行为。

主要控制措施如下：

第一，建立科学的供应商评估和准入制度，对供应商资质信誉情况的真实性和合法性进行审查，确定合格的供应商清单，健全企业统一的供应商网络。企业新增供应商的市场准入、供应商新增服务关系以及调整供应商物资目录，都要由采购部门根据需要提出申请，并按规定的权限和程序审核批准后，纳入供应商网络。

第二，采购部门应当按照公平、公正和竞争的原则，择优确定供应商，在切实防范舞弊风险的基础上，与供应商签订质量保证协议。

第三，建立供应商管理信息系统和供应商淘汰制度，对供应商提供物资或劳务的质量、价格、交货及时性、供货条件及其资信、经营状况等进行实时管理和考核评价，根据考核评价结果，提出供应商淘汰和更换名单，经审批后对供应商进行合理选择和调整，并在供应商管理系统中作出相应记录。

（4）采购价格控制。如何以最优“性价比”采购到符合需求的物资，是采购部门永恒的主题。

该环节的主要风险是：采购定价机制不科学，采购定价方式选择不当，缺乏对重要物资品种价格的跟踪监控，导致采购价格不合理，可能造成企业资金损失。

主要控制措施如下：

第一，健全采购定价机制，采取协议采购、招标采购、询比价采购、动态竞价采购等多种方式，科学合理地确定采购价格。对标准化程度高、需求计划性强、价格相对稳定的物资，通过招标、联合谈判等公开、竞争方式签订框架协议。

第二，采购部门应当定期研究大宗通用重要物资的成本构成与市场价格变动趋势，确定重要物资品种的采购执行价格或参考价格。建立采购价格数据库，定期开展重要物资的市场供求形势及价格走势商情分析并加以合理利用。

（5）订立框架协议或采购合同控制。框架协议是企业与供应商之间为建立长期物资购销关系而作出的一种约定。采购合同是指企业根据采购需要、确定的供应商、采购方式、采购价格等情况与供应商签订的具有法律约束力的协议，该协议对双方的权利、义务和违约责任等情况作出了明确规定（企业按照支付合同规定的结算方式向供应商支付规定的金额，供应商按照约定时间、期限、数量、质量、规格交付物资给采购方）。

该环节的主要风险是：框架协议若签订不当，可能导致物资采购不顺畅；未经授权对外订立采购合同，合同对方主体资格、履约能力等未达要求、合同内容存在重大疏漏和欺诈，可能导致企业合法权益受到侵害。

主要控制措施如下：

第一，对拟签订框架协议的供应商的主体资格、信用状况等进行风险评估；框架协议的签订应引入竞争制度，确保供应商具备履约能力。

第二，根据确定的供应商、采购方式、采购价格等情况，拟订采购合同，准确描述合同条款，明确双方权利、义务和违约责任，按照规定权限签署采购合同。对于影响重大、涉及较高专业技术或法律关系复杂的合同，应当组织法律、技术、财会等专业人员参与谈判，必要时可聘请外部专家参与相关工作。

第三，对重要物资验收量与合同量之间允许的差异，应当作出统一规定。

（6）采购合同跟踪控制。主要是指企业建立严格的采购合同跟踪制度，科学评价供应商的供货情况，并根据合理选择的运输工具和运输方式，办理运输、投保等事宜，实时掌握物资采购供应过程的情况。

该环节的主要风险是：缺乏对采购合同履行情况的有效跟踪，运输方式选择不合理，忽视运输过程保险风险，可能导致采购物资损失或无法保证供应。

主要控制措施如下：

第一，依据采购合同中确定的主要条款跟踪合同履行情况，对有可能影响生产或工程进度的异常情况，应出具书面报告并及时提出解决方案，采取必要措施，保证需求物资的及时供应。

第二，对重要物资建立并执行合同履约过程中的巡视、点检和监造制度。对需要监造的物资，择优确定监造单位，签订监造合同，落实监造责任人，审核确认监造大纲，审定监造报告，并及时向技术等部门通报。

第三，根据生产建设进度和采购物资特性等因素，选择合理的运输工具和运输方式，办理运输、投保等事宜。

第四，实行全过程的采购登记制度或信息化管理，确保采购过程的可追溯性。

（7）验收入库业务控制。验收是指企业对采购物资和劳务的检验接收，以确保其符合合同相关规定或产品质量要求。

该环节的主要风险是：验收标准不明确、验收程序不规范、对验收中存在的异常情况不作处理，可能造成账实不符、采购物资损失。

主要控制措施如下：

第一，制定明确的采购验收标准，结合物资特性确定必检物资目录，规定此类物资出具质量检验报告后方可入库。

第二，验收机构或人员应当根据采购合同及质量检验部门出具的质量检验证明，重点关注采购合同、发票等原始单据与采购物资的数量、质量、规格型号等是否一致。对验收合格的物资，填制入库凭证，加盖物资“收讫章”，登记实物账，及时将入库凭证传递给财务会计部门。物资入库前，采购部门须检查质量保证书、商检证书或合格证等证明文件。验收时若涉及技术性强的、大宗的和新、特物资，还应进行专业测试，必要时可委托具有检验资质的机构或聘请外部专家协助验收。

第三，实行验收与入库责任追究制度。对于验收过程中发现的异常情况，如无采购合同或大额超采购合同的物资、超采购预算的物资、毁损的物资等，验收机构或人员应当立即向企业有权管理的相关机构报告，相关机构应当查明原因并及时处理。对于不合格物资，采购部门依据检验结果办理接收、退货、索赔等事宜。对延迟交货造成生产建设损失的，采购部门要按照合同约定索赔。

（8）退货业务控制。如图 3-4 所示，采购部门根据企业的相关规定，结合采购货物的性质、特点及常见的供应商供货问题等编制物资采购退货管理制度，上报审批后执行。

该环节的主要风险是：若验收过程中发现质量、规格型号差错等问题，可能导致退货过程受阻。

主要控制措施如下：采购人员要立即提出解决方案上报审批。通常有两种解决方案：

一种方案是采购人员开出退货单，并与供应商交涉退货、赔偿事宜，供应商核对信息后，取回不合格的货物并进行赔偿，采购人员重新进行采购程序。

另一种方案是采购人员开出退货单，双方协商后，由供应商取回不合格货物后，重新发货，并赔偿由此给企业造成的损失。

（9）审核付款控制。付款是指企业在对采购预算、合同、相关单据凭证、审批程序等内容审核无误后，按照采购合同规定及时向供应商办理支付款项的过程。

该环节的主要风险是：付款审核不严格、付款方式不恰当、付款金额控制不严，可能导致企业资金损失或信用受损。

主要控制措施如下：

企业应当加强采购付款的管理，完善付款流程，明确付款审核人的责任和权力，严格审核采购预算、合同、相关单据凭证、审批程序等相关内容，审核无误后按照合同规定，合理选择付款方式，及时办理付款。要着力关注以下方面：

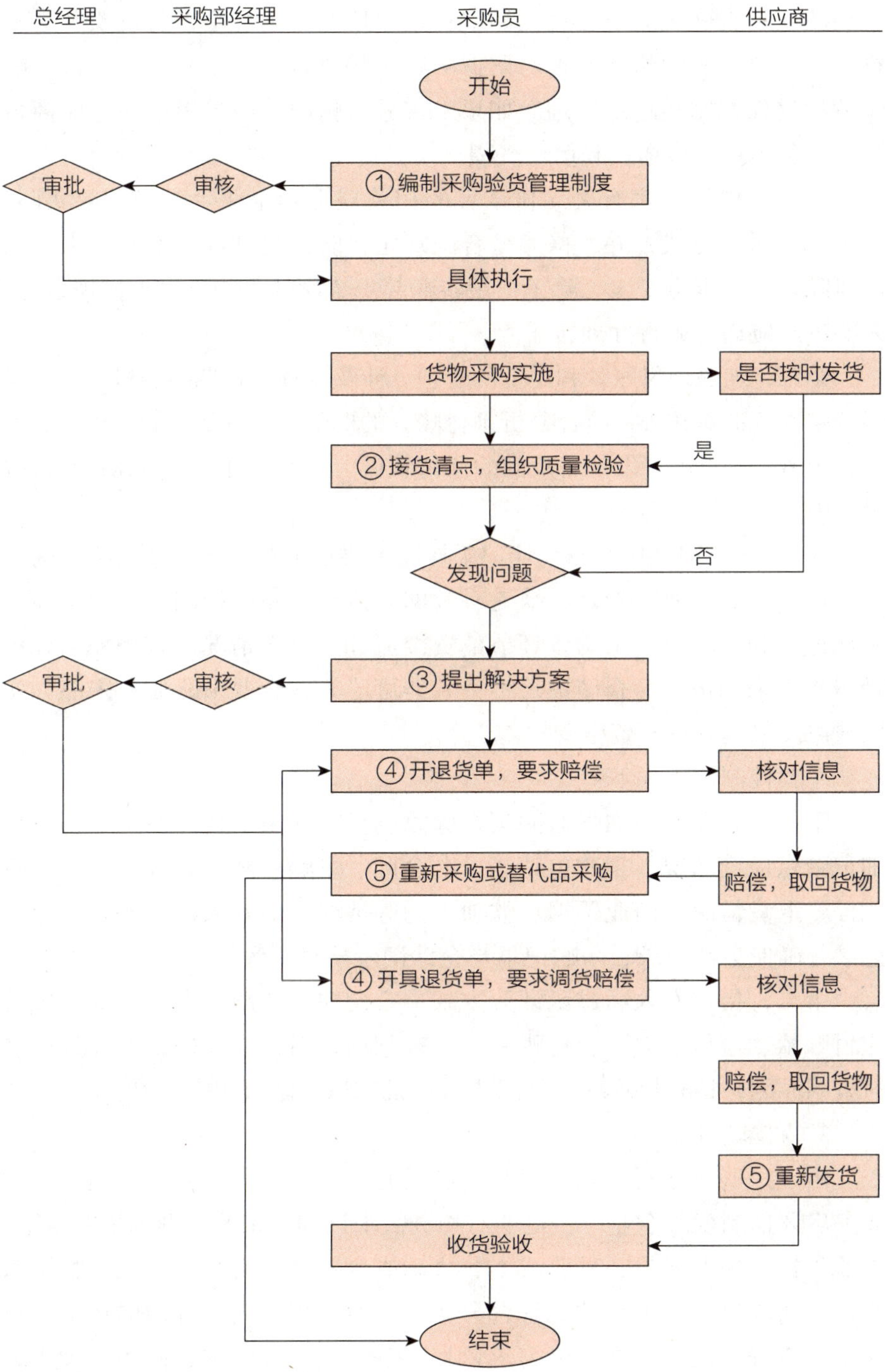


图3-4　采购退货管理流程图

第一，严格审查采购发票等票据的真实性、合法性和有效性，判断采购款项是否确实应予支付。如审查发票填制的内容是否与发票种类相符合、发票加盖的印章是否与票据的种类相符合等。企业应当重视采购付款的过程控制和跟踪管理。如果发现异常情况，应当拒绝向供应商付款，避免出现资金损失和信用受损。

第二，根据国家有关支付结算的相关规定和企业生产经营的实际，合理选择付款方式，并严格遵循合同规定，防范付款方式不当带来的法律风险，保证资金安全。除了不足转账起点金额的采购可以支付现金外，采购价款应通过银行办理转账。

第三，加强预付账款和定金的管理。涉及大额或长期的预付款项，应当定期进行追踪核查，综合分析预付账款的期限、占用款项的合理性、不可收回风险等情况，发现有疑问的预付款项，应当及时采取措施，尽快收回款项。

（10）会计记录控制。会计记录控制主要指采购业务会计系统控制。

该环节的主要风险是：缺乏有效的采购会计系统控制，未能全面真实地记录和反映企业采购各环节的资金流和实物流情况，若相关会计记录与相关采购记录、仓储记录不一致，可能导致企业采购业务未能如实反映以及采购物资和资金受损。

主要控制措施如下：

第一，企业应当加强对购买、验收、付款业务的会计系统控制，详细记录供应商情况、采购申请、采购合同、采购通知、验收证明、入库凭证、退货情况、商业票据、款项支付等情况，做好采购业务各环节的记录，确保会计记录、采购记录与仓储记录核对一致。

第二，指定专人通过函证等方式，定期向供应商寄发对账函，核对应付账款、应付票据、预付账款等往来款项，对供应商提出的异议应及时查明原因，报有权管理的部门或人员批准后，做出相应调整。

3. 采购业务的后评估

由于采购业务对企业生存与发展具有重要影响，企业应当建立采购业务后评估制度。企业应当定期对物资需求计划、采购计划、采购渠道、采购价格、采购质量、采购成本、协调或合同签约与履行情况等物资采购供应活动进行专项评估和综合分析，及时发现采购业务薄弱环节，优化采购流程。同时，将物资需求计划管理、供应商管理、储备管理等方面的关键指标纳入业绩考核体系，促进物资采购与生产、销售等环节的有效衔接，不断防范采购风险，全面提高采购效能。

4. 采购与付款业务主要单据

（1）主要单据列表。单据是实施内部控制的核心载体，表 3-5 按业务办理流程列示了采购与付款业务的主要工作任务及单据。

表3-5　　采购与付款业务主要工作任务及单据

| 主要工作任务 | 对应单据 | 相关的主要部门 |
|---|---|---|
| 编制需求计划 | 物资需求计划表 | 需求、采购、货管 |
| 编制采购计划 | 采购计划表 | 采购、财务、货管 |
| 请购商品或劳务 | 请购单 | 需求、货管、采购、财务 |
| 选择供应商，确定采购价格 | 询价单 | 采购、财务 |
| 订立采购合同 | 采购合同 | 需求、货管、采购、财务 |
| 下订单 | 采购订单 | 需求、货管、采购、财务 |
| 验收 | 验收单 | 货管、采购、财务 |
| 入库 | 入库单 | 货管、采购、财务 |
| 确认支出及负债 | 发票 | 采购、财务 |
| 退货 | 退货单 | 货管、采购、财务 |
| 付款 | 付款凭证 | 采购、财务 |
| 会计控制 | 往来对账单 | 采购、财务 |

（2）部分单据参考样式见表 3-6 ~ 表 3-10。

表3-6　　物资需求计划表

**物资需求计划表**

| 序号 | 物资名称 | 规格型号 | 单位 | 数量 | | 质量要求 | 需用日期 |
|---|---|---|---|---|---|---|---|
| | | | | 需求 | 库存 | | |
| | | | | | | | |
| | | | | | | | |
| | | | | | | | |

批准人：　　　　货管部门：　　　　需求部门：　　　　填表人：

表3-7　　　　　　　　　　　　　　　请　购　单

## 请　购　单

填单日期：　　　　　　　　　　　　　　　需用日期：　　　　　　　　　　　　　　编号：

| | | | | | | | |
|---|---|---|---|---|---|---|---|
| 请购 | 品名 | 规格型号 | 单位 | 数量 | 交货地点及方式 | 库存量 | 可用天数 |
| | | | | | | | |
| 询价 | 厂商名称 | 单价 | 总价 | 品质 | 交货日期 | 付款条件 | |
| | | | | | | | |
| | | | | | | | |
| | | | | | | | |
| 审核 | 货管部 | | | | | 经办人 | |
| | 需求部门 | | | | | 请购： | 询价： |
| 审批 | 总经理 | | | | | | |
| | 分管副总 | | | | | | |
| | 财务部 | | | | | | |
| | 采购部 | | | | | | |

本单一式四联，需求、采购、货管及财务部门各执一联。

表3-8　　　　　　　　　　　　　　　验收入库单

## 验收入库单

年　　月　　日　　　　　　　　　　　　编号：第　　号

| 品名 | 生产日期 | 编号 | 型号 / 规格 | 数量 | 单价 | 金额 | 生产厂家 | 备注 |
|---|---|---|---|---|---|---|---|---|
| | | | | | | | | |
| | | | | | | | | |
| | | | | | | | | |
| | | | | | | | | |
| | | | | | | | | |
| | | | | | | | | |
| | | | | | | | | |
| 合计金额大写：　佰　拾　万　仟　佰　拾　元　角　分 | | | | | | | 小写： | |
| 供货单位 | | | | 联系人 | | | 联系电话 | |
| 使用部门意见 | | | | 验收小组意见 | | | | |

会计：　　　　　　　采购员：　　　　　　　请购人：　　　　　　　货管员：

本单一式四联：第一联货管员记账留存，第二联会计记账联，第三联采购留存，第四联返交货人作回执联。

表3-9　往来对账单

## 往来对账单

年　月　日

| 付款单位 | | 收款单位 | |
| --- | --- | --- | --- |
| 付款内容 | 金额 | 收款内容 | 金额 |
| | | | |
| | | | |
| | | | |
| 付款合计（大写） | | 收款合计（大写） | |
| 付款单位<br>财务专用章 | | 收款单位<br>财务专用章 | |
| 财务负责人 | | 财务负责人 | |
| 经办人 | | 经办人 | |
| 对账时间 | | 对账时间 | |

表3-10　退货单/借项凭单

## 退货单/借项凭单

年　月　日

| 退货人 | 收货人 | 退货原因 | 发票号码 | 发票类型 | 折让额 |
| --- | --- | --- | --- | --- | --- |
| | | | | | |
| 商品名称 | 数量 | 含税单价 | 不含税单价 | 含税金额 | 不含税金额 |
| | | | | | |
| | | | | | |
| | | | | | |
| | | | | | |

审批：　　　　　　　　　　　　　　经办人：

5. 采购与付款业务流程及主要单据

采购与付款业务流程及主要单据见图3-5。

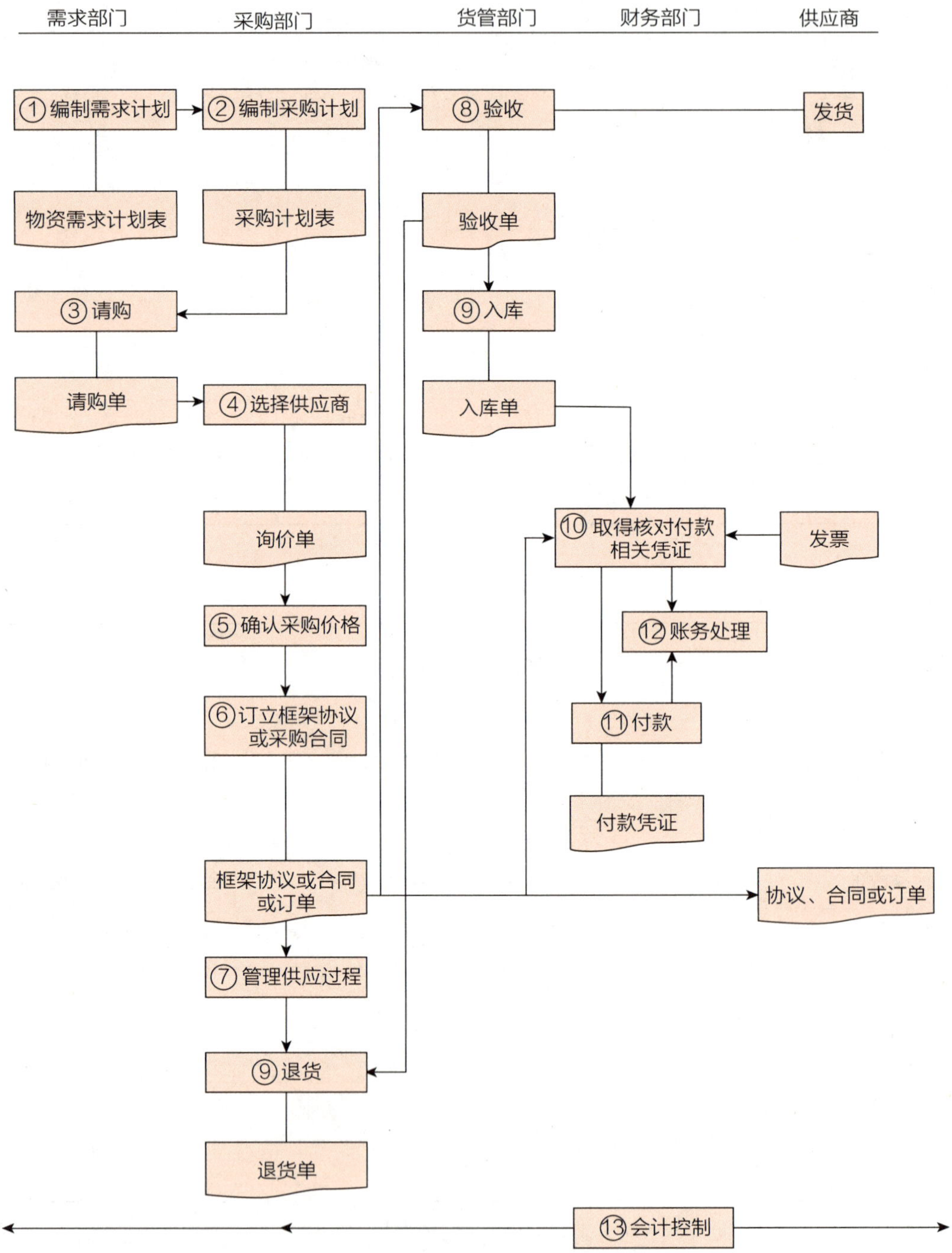


图3-5　采购与付款业务流程及单据流转图

## 二、采购与付款业务核算与报告方法的设计

视频：采购与付款业务核算与报告方法的设计

### （一）采购与付款业务的核算方法设计

#### 1. 原材料采购业务核算方法设计

原材料采购与付款业务有以下四种常见情形：

（1）货到付款，即结算凭证和发票等单据与材料同时到达；

（2）交款发货，即货款已付或商业汇票已开出但材料尚未到达或验收入库；

（3）赊购交易采购核算，即材料已到，结算凭证未到，货款尚未支付；

（4）预付货款采购。

核算方法设计如表3-11所示。

表3-11　　采购与付款业务核算方法

<table>
<tr><th rowspan="2">总分类账户设置</th><th rowspan="2">核算内容</th><th rowspan="2">采购与付款类型</th><th colspan="4">账务处理</th><th rowspan="2">明细账簿/账户设置</th></tr>
<tr><th colspan="2">借</th><th colspan="2">贷</th></tr>
<tr><td>材料采购</td><td>计划成本法下购入材料的实际采购成本</td><td>货到付款</td><td>材料采购</td><td>应交税费</td><td colspan="2">银行存款</td><td>按供应单位和物资品种进行明细核算</td></tr>
<tr><td>在途物资</td><td>实际成本法（进价法）下货款已付但尚未验收入库的购入材料或商品采购成本</td><td></td><td>在途物资</td><td>应交税费</td><td colspan="2">银行存款</td><td>按供应单位进行明细核算</td></tr>
<tr><td>应交税费（应交增值税）</td><td>企业采购物资等发生的增值税税额</td><td></td><td></td><td></td><td colspan="2"></td><td>设“应交增值税”明细账簿，还要设“进项税额”“进项税额转出”等专栏进行明细核算</td></tr>
<tr><td>应付票据</td><td>企业因购买材料、商品和接受劳务供应等开出、承兑的商业汇票</td><td>交款发货</td><td>材料采购</td><td>应交税费</td><td colspan="2">应付票据</td><td>设置“应付票据备查簿”，到期结清时，在备查簿内逐笔注销</td></tr>
<tr><td rowspan="2">应付账款</td><td rowspan="2">企业因购买材料、商品和接受劳务供应等经济活动与供应单位发生的结算债务的增减变动和结余</td><td>赊购交易</td><td>材料采购</td><td>应交税费</td><td colspan="2">应付账款</td><td rowspan="2">按不同的债权人进行明细核算</td></tr>
<tr><td>还款时</td><td colspan="2">应付账款或应付票据</td><td colspan="2">银行存款</td></tr>
<tr><td rowspan="2">预付账款</td><td rowspan="2">企业按照购货合同规定预付给供应单位款项而形成的结算债权的增减变动和结余</td><td>预付款</td><td colspan="2">预付账款</td><td colspan="2">银行存款</td><td rowspan="2">按供应单位进行明细核算</td></tr>
<tr><td>收到货物时</td><td>材料采购</td><td>应交税费</td><td colspan="2">预付账款</td></tr>
<tr><td>原材料</td><td>核算企业库存的各种材料的增减变动和结余信息，记录计划成本法下的计划成本和实际成本法下的实际成本</td><td>验收入库后，计划成本法下或实际成本法下</td><td colspan="2">原材料</td><td>材料采购或在途物资</td><td>材料成本差异</td><td>设数量金额式材料明细账，按保管地点、类别、品种、规格进行明细核算</td></tr>
</table>

续表

| 总分类账户设置 | 核算内容 | 采购与付款类型 | 账务处理 | | 明细账簿/账户设置 |
|---|---|---|---|---|---|
| | | | 借 | 贷 | |
| 材料成本差异 | 各种材料的实际成本与计划成本的差异 | 计划成本法下 | 原材料 | 材料采购<br>借或贷材料成本差异 | 设特定表格式账簿，按类别和品种进行明细核算 |

**特别提示**

1. 实际成本法下的未入库材料通过“在途物资”核算。材料入库和货款支付的四种情况核算与按计划成本核算基本相同，区别在于后者要计算并结转材料成本差异。

2. “应付票据备查簿”，详细登记每一商业汇票的种类、号数和出票日期、到期日、票面余额、交易合同号和收款人姓名或单位名称以及付款日期和金额等资料。

2. 其他物资采购核算

商品采购另设“物资采购”“在途物资”“库存商品”“商品进销差价”等科目，选用库存商品进价或售价法核算，方法与原材料采购业务核算相似。

其他采购另设“工程物资”“固定资产”“在建工程”等科目核算。

3. 采购退货业务核算方法的设计

以原材料采购退货为例，常见的三种退货情形及核算方法如表3-12所示。

表3-12 原材料采购退货核算方法

| 退货类型 | 账务处理 | | |
|---|---|---|---|
| | 借方 | 贷方 | |
| | | 实际成本法 | 计划成本法 |
| 退货同时收回货款 | 银行存款<br>应交税费——应交增值税（进项税额）（红字） | 原材料 | 原材料<br>材料成本差异 |
| 退货但货款尚未收回 | 其他应收款<br>应交税费——应交增值税（进项税额）（红字） | 原材料 | |
| 货款尚未支付发生退货 | 应付账款<br>应交税费——应交增值税（进项税额）（红字） | 原材料 | |

（二）采购与付款业务的报告设计

为全面、及时地了解采购与付款业务动态，采购和财务人员通常于每月末核对采购记录，由采购人员编制采购订单明细表，分四种情况反映订单执行情况，详见表3-13，填毕分送财务货管部门存档备查。财务人员编制应付账款汇总表（见表3-14），并填制往来对账单（见表3-9），与有较大应付款余额的供应商进行书面对账。

表3-13　　采购订单明细表

**采购订单明细表**

年　　月

| 订单编号 | 客户名称 | 订购品名 | 数量 | 金额 | 货到票到 | 货到票未到 | 货未到票到 | 货票均未到 | 付款情况 |
|---|---|---|---|---|---|---|---|---|---|
| | | | | | | | | | |
| | | | | | | | | | |
| | | | | | | | | | |
| | | | | | | | | | |
| | | | | | | | | | |
| | | | | | | | | | |
| | | | | | | | | | |
| | | | | | | | | | |
| | | | | | | | | | |

会计：　　　　　　　　　　　　　　　　　　　　　　　　　　　采购员：

表3-14　　应付账款汇总表

**应付账款汇总表**

年　　月　　日　　　　　　　　　　　　单位：元

| 供应商 | 交易日期 | 预定付款日 | 应付 | 已付 | 余额 |
|---|---|---|---|---|---|
| | | | | | |
| | | | | | |
| | | | | | |
| | | | | | |
| | | | | | |
| | | | | | |
| 合计 | | | | | |

会计：

**【典型任务举例】**

南京太极连锁超市为一家大型企业集团的子公司，从事日用小百货零售，同时代办企业劳保用品、会议用品团购，从业人员主要是集团员工家属，文化水平较低。该超市已有四家连锁店，旗舰店和办公室位于中央路。前不久，在集团财务大检查时被发现存货账实、账账严重不符。集团总部决定进行管理整顿，委托你重新设置岗位并设计采购与付款、存货管理及销售与收款管理制度，总部承诺可给予会计电算化支持。

**【具体操作步骤】**

第一步，分析企业现状，明白设计任务。

这是一家小型连锁超市，管理已陷入混乱，我们要对商品进销存管理制度进行重新设计，以便达到账账相符、账实相符的目标。要求所设计的岗位及管理制度简单明了，可操作性强。

第二步，运用多种方法，确定设计思路。

查阅相关内部控制法规，访问业内人士，小组讨论，集思广益，形成设计思路。

第三步，设置岗位，明确岗位权限职责。

商品进销存各环节至少涉及四个部门：销售、采购、货管和财务。该企业规模很小，各部门人员配置既要从简又要遵循岗位不相容原则。

第四步，制定业务流程。

业务流程既要符合内部控制规范，又要结合本企业实际情况，在确保企业财产安全的前提下，制定简便可行的业务流程。

第五步，设计各流程的控制措施。

参考内部控制规范和其他同类企业的经验，设计适合本超市的控制措施。

第六步，设计相关单据。

按业务流程顺序将涉及的单据一一设计，集团提供的软件中的单据模板往往适用于大中型企业，格式较复杂，栏目较多，要加以调整或删减，以满足小企业需要。

第七步，出具初稿，与委托人沟通，听取意见。

第八步，修改，直至委托人同意方案，试运行，并正式颁布。

在试运行前后，要虚心听取企业各方意见，及时修正制度中不切合企业实际的措施，并不断优化改进，直至制度可行有效并达到管理目标。

**?思　考**

1. 采购与付款业务的不相容职务岗位有哪些？

2. 采购与付款业务的关键控制点有哪些？

3. 品居公司规定，采购金额在10万元以下的，由生产部门经理批准，采购金额超过10万元的，由总经理批准。由于吴总出差，生产车间又急用物资，生产部门经理多次批准了超过10万元的采购申请。物资采购后，由采购人员验收，出具验收证明后交仓储部门保管；还规定采购退货由采购部门决定，办理退货后，采购部门有时并不通知财务部门。你认为公司规定违背了哪些内部控制原则？你打算出具哪些改进建议？

**【本学习子情境小结】**

- 采购与付款业务会计制度设计
  - 知识准备
    - 采购的基本概念及特征
    - 采购业务会计制度设计的目标
  - 职业判断与业务操作
    - 采购与付款业务内部控制方法的设计
    - 采购与付款业务核算与报告方法的设计

## 学习子情境三　生产制造业务会计制度设计

视频：生产制造业务制度设计引例

**【本学习子情境引例】**

中华设备厂为单件小批生产的中型企业，生产过程分为铸工、加工（下设两个生产车间）和装配三个步骤，从事MG-31磨床、ZG-42钻床和 XG−51 铣床的生产。另外设有机修和供汽两个辅助生产车间。

该企业的生产工艺流程是：铸工车间根据生产计划浇铸各种铁铸件，经检验合格后送交自制半成品仓库：加工车间分别从仓库领用各种铸件，经不同工序加工制成各种不同的零部件，直接送交装配车间；装配车间将收到的零部件连同由仓库领来的外购件等组装成各种机床，经检验合格后送交成品仓库。

产品成本计算规程如下：该厂实行厂部和车间两级核算，成本计算方法以分步法为主，结合运用品种法和分批法。铸工车间以铁铸件和铝铸件作为成本计算对象，采用品种法计算铸件成本；铸工车间→半成品仓库→加工车间之间，采用逐步综合结转的方法结转各种铸件成本；加工车间和装配车间以磨床、钻床和铣床三种产品作为成本计算对象，采用分批法计算各机床成本；加工车间和装配车间之间采用平行结转的方法结转产品成本。

铸工车间月末在产品数量很少，故不计算月末在产品成本。加工车间按定额比例法计算各产品应计入最终完工产品成品的份额。由于在产品的种类和生产工序繁多，计算月末在产品的原材料定额费用和定额工时工作量很繁重，因而采用简化的倒挤方法进行计算。装配车间按约当产量法计算各产品应计入最终完工产品成本的份额，由于直接材料费用数额较大，在产品只负担材料费用，而不负担加工费用。

为简化核算，成本项目只设直接材料、直接人工和制造费用三大项目。半成品（铸件）按实际成本计价，发出半成品成本采用月末一次加权平均法。

各项间接费用分配方法如下：外购水电费按耗用数量比例分配；辅助生产费用按计划成本分配方法分配，成本差异计入管理费用；铸工车间间接材料费用按铸件重量比例分配；装配车间间接材料费用按各产品本期直接材料实际费用比例分配；基本生产车间其他间接费用均按各产品实用工时比例分配。

问题与任务：中华设备厂成本计算方法的选择是否合适？该厂应该如何设计品种法、分批法、分步法？

**【知识准备】**

视频：生产制造过程业务内部控制和核算方法设计的目标

生产制造过程业务内部控制和核算方法设计的目标：

（1）明确产品生产核算程序，正确计算产品成本，反映产品成本的实际水平，为编制财务报告提供信息。

（2）及时向有关管理者提供在产品和产成品的成本耗费情况，考核成本计划的完成情况，并保护在产品和产成品的安全完整。

（3）划清各种费用界限，控制成本开支，提供降低产品成本的途径。

（4）建立成本责任制，考核成本责任。

为实现目标而设置的具体关键控制点见表3-15。

表3-15　　生产制造过程业务内部控制和核算方法设计的目标及关键控制点

| 序号 | 内部控制和核算方法设计的目标 | 内部控制和核算方法设计的关键控制点 |
| --- | --- | --- |
| 1 | 生产制造业务的开展根据管理当局的一般或特定授权进行 | 生产制造计划的编制、审批和执行 |
| 2 | 所有的生产耗费都有详细的原始记录 | 授权一定业务部门填制或编制领发料凭证、产量和工时记录等 |
| 3 | 正确归集和分配各项生产耗费 | 会计部门根据授权编制材料费用分配表、人工费用分配表、制造费用分配表 |
| 4 | 归集和分配的各项生产耗费实际发生而非虚构 | 审核各项生产耗费的原始记录和各种费用分配表 |
| 5 | 正确计算本期完工产品成本和月末在产品成本 | 采用适当的成本核算方法，并且前后各期保持一致；采用适当的方法，在完工产品和月末在产品之间分配生产费用，并且前后各期保持一致 |
| 6 | 分析成本发生的合理性，考核成本计划完成情况 | 授权批准成本控制目标和成本计划，并将其分解到各成本中心 |
| 7 | 分析成本责任，实施成本奖惩，提供进一步降低产品成本的途径 | 授权确定各成本中心的可控成本，授权批准成本奖惩制度 |
| 8 | 保护完工产品和在产品的安全完整 | 完工产品和在产品的保管人员与记录人员职务分离，定期进行完工产品和在产品的清查 |

**特别提示**

公司成本费用业务不相容岗位职责有：① 计划编制与审批；② 支出审批与执行；③ 控制、核算与考核等。

**【职业判断与业务操作】**

## 一、生产制造业务处理流程设计

企业生产过程中所发生的生产费用，以不同的形式转移到企业产品成本中。产品成本核算实质是生产费用的归集、分配和成本计算的过程。

视频：生产制造业务处理流程设计

动画：成本费用控制

通过这一过程，应把实际发生的各项生产费用，按其用途，正确地分配到不同的成本计算对象中，从而使各项费用开支能够得到合理的补偿。费用的归集与分配程序见图 3-6。

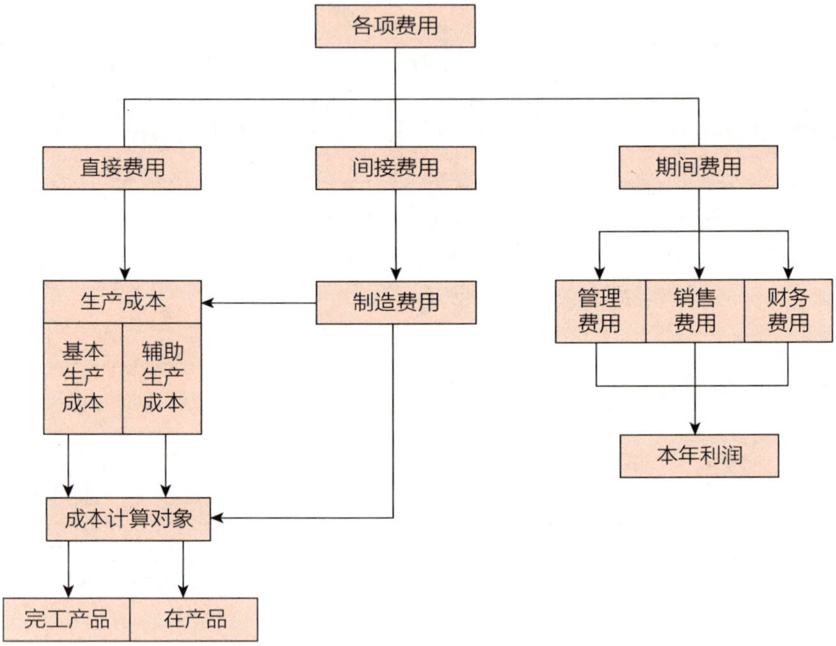


图3-6 费用的归集与分配程序图

设计生产费用的归集和分配程序，不仅有利于了解和掌握成本计算的过程，而且在一定程度和范围内也说明了账务处理程序。由于生产费用归集和分配的程序需要通过设置相应的账户进行成本的计算，因此在设计生产费用的归集和分配程序时，必须将有关的会计账户和成本计算方法联系起来进行。

（一）生产制造过程业务的内容

生产制造过程业务的开展实质上是一种从货币资金到原材料、生产设备，再到加工中的在产品，最后形成库存商品的资金循环过程。

企业生产划分为三个阶段：生产准备阶段、生产阶段和生产完成阶段。其起点是制订生产计划，终点是完工产品经检验合格后验收入库或直接发货给购货企业。

（二）生产业务内部控制流程

（1）生产计划部门下达生产指令给生产管理部门。

（2）生产管理部门依据生产指令填制领料单。领料单一式三联，其中一联由生产管理部门存档备查，一联作为领料凭据交仓储部门登记明细账，另外一联在发料后交财务部门登记账簿和办理成本核算。

（3）生产管理部门根据产品完工情况填制产品入库单。产品入库单一式四联，一联由生产管理部门存档，其余三联随同产品交仓储部门验收，并盖“收讫”章。盖完“收讫”章的三联入库单，一联返还给生产管理部门，一联留仓储部门登记明细账，另外一联交财务部门进行成本核算，登记账簿。

（4）生产管理部门根据工时耗用情况填制人工工时费用分配表。分配表一式两联，一联由生产管理部门存档，一联交财务部门进行成本核算。

（5）生产管理部门根据设备的使用情况及制造费用耗用记录填制制造费用分配表。分配表一式两联，一联由生产管理部门存档，一联交财务部门进行成本核算。

（6）财务部门依据领料单、人工工时费用分配表、制造费用分配表和产品入库单编制产品成本计算表，并进行成本核算。

生产制造业务流程图如图 3-7 所示。

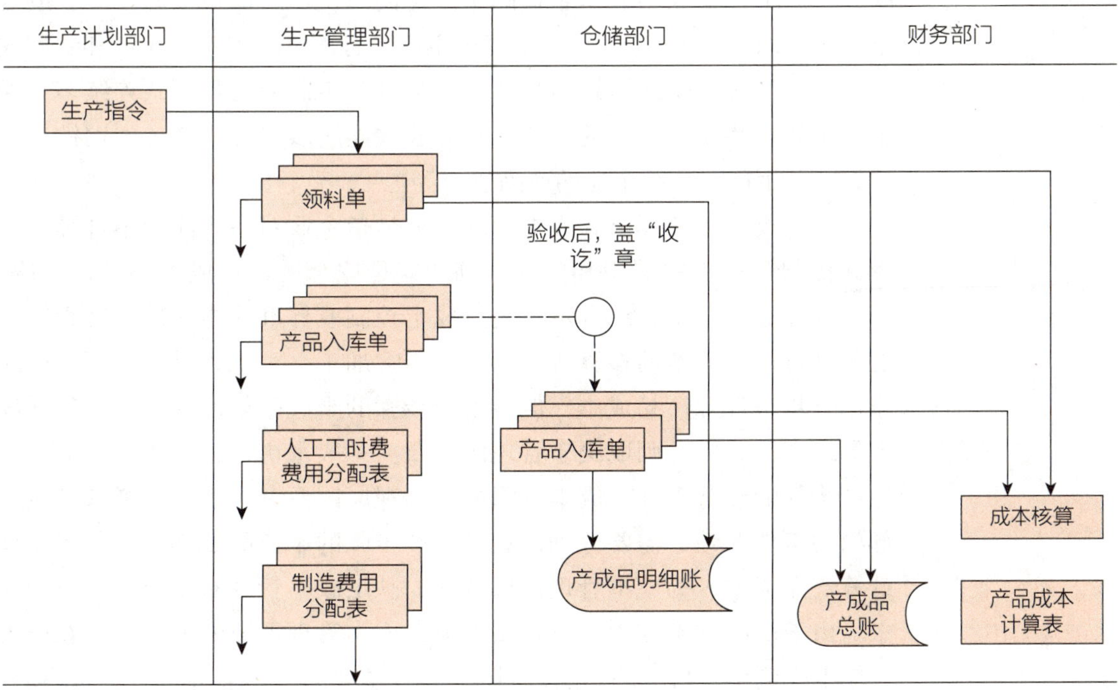


图3-7　生产制造业务流程图

（三）成本计算方法及核算程序的设计

成本计算方法是指按照一定的成本计算对象，将其在生产过程中发生的生产费用进行归集和分配，以确定产品的完工总成本和单位成本所采用的业务技术方法。针对不同的生产组织和生产工艺过程以及成本管理的要求，成本计算可采用品种法、分批法、分步法、分类法以及定额法等具体方法。

1. 产品成本计算方法设计的依据

各种成本计算方法都是在特定的条件下产生和运用的。设计成本计算方法必须以一定的条件为依据，才能保证其科学合理，简明实用。产品成本计算方法的基本特征是由成本计算对象的特点决定的。而成本计算对象的特点又取决于企业的生产特点和成本管理的要求，所以产品成本计算方法的设计依据，归根结底也是企业的生产特点和成本管理要求。

（1）企业生产特点。企业的生产特点是由企业的生产组织特点和生产工艺特点决定的。企业生产组织的特点，就是企业的生产是大量生产还是成批生产（既有大批生产，又有小批生产），或者是单件生产而言的；生产工艺特点主要是企业的生产是简单生产（即单步骤生产）或复杂生产（即多步骤生产），其中复杂生产又有连续式多步骤生产和装配式多步骤生产之分。连续式多步骤生产又进一步区分为封闭式连续多步骤生产（如某些化工产品的生产）和开放式连续多步骤生产（如钢铁企业的钢产品生产、纺织企业的产品生产等）。

（2）成本管理要求。成本管理要求是指企业对各产品成本计算、管理和控制等提出的愿望和条件。例如，是按全厂计算成本还是按阶段、步骤计算成本，是否结合定额进行成本控制或标准成本控制，是否结合定额进行责任成本的核算等。又如，连续加工、大批大量生产一种产品应用分步法计算产品成本，但各生产步骤的半成品如何结转，即怎样确定最终产品成本，则取决于管理的需要。一般来讲，企业为了分清每一生产步骤的经济责任、成本升降的主客观原因及有关情况、考核各生产部门的工作业绩，需要分别计算各生产步骤的半成品成本，并逐步累计计算产品成本，为成本管理提供资料，满足成本管理对于成本资料的要求。由于产品成本在生产过程中形成，成本管理需要的成本资料在很大程度上受到生产特点的影响，因此，每个企业或车间在计算产品成本时，都应根据生产特点和管理要求来确定适宜的成本计算方法。

计算最终产成品成本，为了便于各步骤之间同步进行成本计算，克服“逐步结转分步法”的下步骤成本计算需要等待上步骤计算结果的弊端，加速成本计算，则需要将各步骤的半成品成本按成本项目平行结转于最终产成品，以确定产成品成本，由此应当采用“平行结转分步法”。可见，成本计算方法的设计要考虑的因素是很复杂的，设计时必须统筹兼顾，以设计出既符合企业生产特点，又能满足成本管理要求的、科学高效的成本计算方法。

2. 成本计算方法的具体设计

成本计算方法是按照成本计算对象来归集和分配生产费用所使用的方法，不同的成本计算对象与不同的生产费用归集分配程序相结合，就形成不同的成本计算方法。因此，设计成本计算方法，应将成本计算对象与生产费用的归集分配程序有机地结合起来，才能保证成本计算方法的可行性和适用性。

**特别提示**

成本计算对象是生产费用的承担者，即归集和分配生产费用的对象。

（1）品种法。大批大量生产一种产品，生产过程比较简单，一般为单步骤生产，或者虽是多步骤但各步骤之间联系很密切，属于封闭式生产，如采煤、发电、采油等，应以产品品种作为成本计算对象，按产品及其规定的成本项目归集和分配生产费用，采用品种法。在这种方法下，应以会计期间作为成本计算期，每月计算一次成本。对多步骤生产但管理上不要求分步计算成本的，也可采用品种法。

如果企业只生产一种产品，该种产品就是成本计算对象，由此设置基本生产成本明细账，归集和分配生产费用，计算该种产品的成本。或开设一张成本计算单，按成本项目开设专栏。在这种情况下发生的费用都是直接费用，可以直接记入基本生产成本明细账或产品成本计算单。

如果企业生产多种产品，成本计算对象就是各种产品。按各种产品分别设置基本生产成本明细账或产品成本计算单，发生的直接费用可以直接记入各种产品的基本生产成本明细账或产品成本计算单；应由几种产品共同负担的间接费用，则要选择适当的方法，在各产品之间分配，然后记入各种产品的基本生产成本明细账或成本计算单。

期末如有在产品，费用应在完工产品和在产品之间进行分配。大批大量单步骤生产的产品，产品品种一般比较单一，月末一般没有在产品，就不需将生产费用在完工产品和月末在产品之间进行分配；而大批大量多步骤生产的产品，月末一般有在产品，就需要将生产费用在完工产品和月末在产品之间进行分配，从而确定完工产品成本和在产品成本。

品种法作为产品成本计算的一种最基本的方法，其成本计算的一般程序主要有以下几个步骤：

① 按产品品种设置基本生产成本明细账。按产品品种设置基本生产成本明细账或产品成本计算单，并按成本项目开设专栏，如“直接材料”“直接人工”“制造费用”等。

② 归集和分配本月生产费用。根据原始凭证和其他有关资料编制各种要素费用分配表，将本月发生的生产费用进行分配，生产产品发生的直接费用，如“直接材料”“直接人工”等费用，记入各种产品成本明细账，间接费用先在“制造费用明细账”中进行归集，辅助生产车间发生的费用在“辅助生产费用明细账”中进行归集。

③ 分配辅助生产费用。根据辅助生产对外提供的劳务数量，按受益单位受益情况编制“辅助生产费用分配表”，将辅助生产费用明细账中所归集的生产费用采用适当的方法分配给各受益对象，并据以登记有关成本费用明细账。

④ 分配基本生产车间制造费用。将基本生产车间为组织和管理生产所发生的费用，通过“制造费用明细账”进行归集后，月末编制“制造费用分配表”。将制造费用分配给各受益的产品，并据以登记“基本生产成本明细账”。

⑤ 计算完工产品成本和月末在产品成本。将产品基本生产成本明细账中按成本项目归集的生产费用采用适当的方法在完工产品和月末在产品之间进行分配，确定完工产品成本和在产品成本。

⑥ 结转完工产品成本。根据产品基本生产成本明细账或产品成本计算单，汇总编制完工产品成本汇总表，汇总计算各种完工产品的总成本和单位成本，然后编制记账凭证，结转完工产品成本。

品种法的成本计算程序如图 3-8 所示。

（2）分批法。单件、小批组织生产的产品，生产过程虽然复杂，大都为多步骤生产，但一般不要求计算各步骤的半成品成本，因此应以每批产品或每一“订单”作为成本计算对象，按批别及其成本项目归集和分配生产费用。采用分批法，应以产品生产周期作为成本计算期，在每批产品完工后，根据产品成本明细账中归集的费用总额计算各批产品的总成本和单位成本。

在小批、单件生产下，由于完工产品成本计算期与产品的生产周期一致，因而在月末计算产品成本时，一般不存在完工产品与在产品之间分配费用的问题。

在单件生产中，产品完工前，产品成本明细账所记录的生产费用，

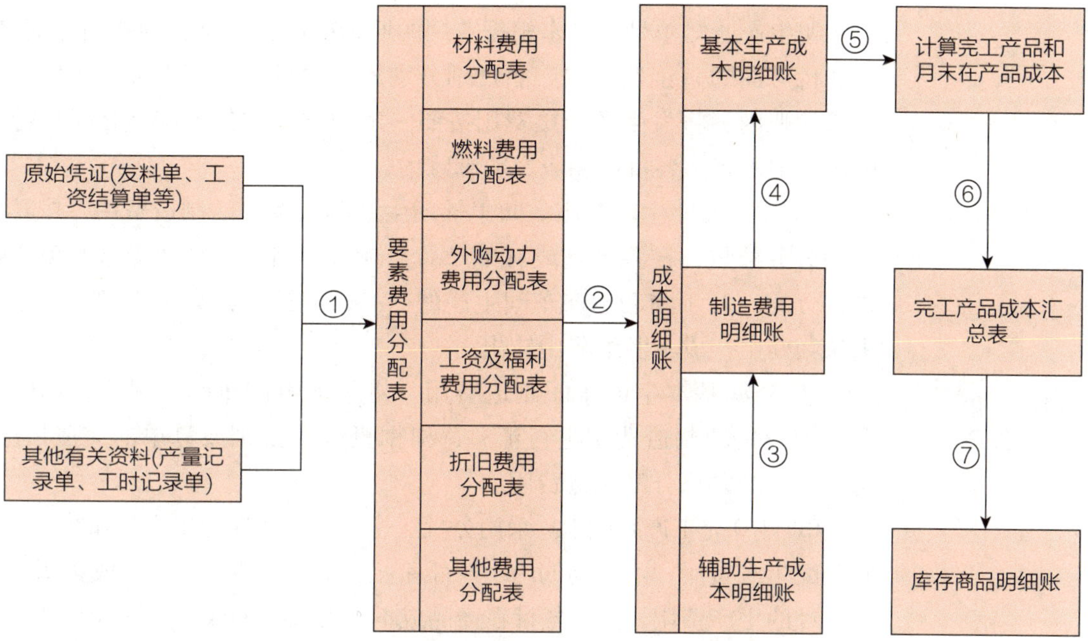


图3-8　品种法的成本计算程序

都是在产品成本；产品完工时，产品成本明细账所记录的生产费用，就是完工产品的成本，因而在月末计算成本时，不存在完工产品与在产品之间费用的分配问题。

在小批生产时，由于产品批量较小，批内产品一般都能同时完工，或者在相距不久的时间内全部完工。月末计算成本时，或是全部已经完工，或是全部未完工，因而一般也不存在完工产品与在产品之间费用分配的问题。

分批法的产品成本计算程序如下：

① 会计部门根据生产计划部门下达的“生产通知单”所规定的产品批别，为每批产品设置生产成本明细账，并按成本项目分设专栏，以归集各批产品所发生的生产费用。

在生产开始时，企业的生产计划部门下达生产任务通知单，会计部门根据每一生产任务通知单副本开设产品生产成本明细账，并在账上注明产品批号以及生产任务通知单上所提供的其他规定性或说明性信息，如产品的品名、规格、样式、生产数量等。成本计算单的开设和结账，应注意同生产通知单的签发和结束配合一致，各批号之间不能混同或串户，以保证各批产品成本计算的正确性。

② 按批别归集和分配本月发生的各项费用，登记有关明细账。企业

在生产产品领用各种原材料、耗用有关费用时，都要在有关的原始凭证上注明生产通知单号，月末根据费用的原始凭证，编制各种费用分配表，将各批产品的直接费用按产品批别分别成本项目直接记入各产品生产成本明细账内；将发生的间接费用按照一定的方法在各批产品之间进行分配，并记入有关各批产品成本明细账内。

③ 分配辅助生产费用。归集辅助生产车间发生的制造费用，按其提供的劳务数量，在各批别或订单产品、制造费用以及其他受益对象之间进行分配。对于辅助生产车间生产的产品，应计算其完工产品成本，期末从辅助生产成本明细账中转出。

④ 分配基本生产车间制造费用。将基本生产车间“制造费用明细账”中归集的制造费用进行汇总，根据投产的批别或订单的完成情况，选择一定的方法分配制造费用。

⑤ 计算完工产品成本。采用分批法一般不需要在完工产品和在产品之间分配生产费用。生产周期内，各月月末结账时，各产品生产成本明细账上累计的生产费用，都是各批在产品成本；当某批别或生产通知单的产品在完工并检验合格后，应由生产车间填制完工通知单，报送财会部门。此时，产品生产成本明细账上的全部费用，就是产成品成本。但如果某批产品出现跨月陆续完工情况，则需要将产品生产成本明细账中全部的费用，采用一定的方法在完工产品与在产品之间进行分配，并确定计算出完工产品和月末在产品成本。

⑥ 结转完工产品成本。月末将各批完工产品成本以及批内陆续完工产品的成本加以汇总，编制“完工产品成本汇总表”，结转完工入库产品的成本。

分批法成本计算方法及核算程序如图 3-9 所示。

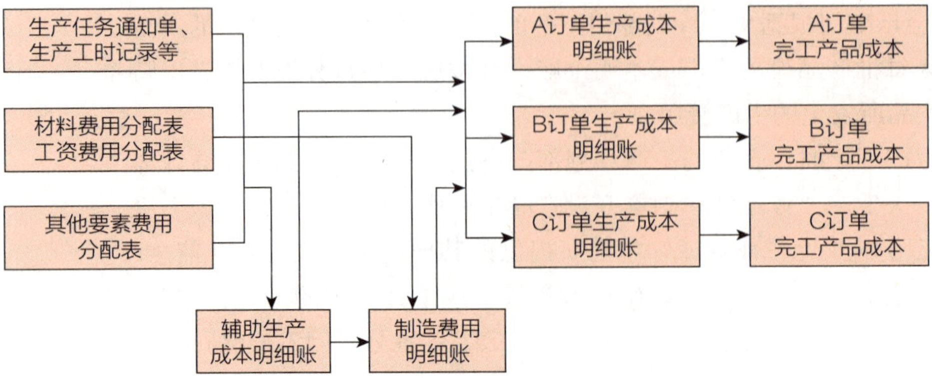


图3-9　分批法成本计算程序

（3）分步法。大批大量多步骤生产的产品，生产过程复杂，管理上要求计算各步骤的半成品成本。因此，应以各种产品品种作为最终成本计算对象，以每种产品的各个生产步骤作为中间性成本计算对象，按产品品种和经过的生产步骤以及成本项目分别归集各生产步骤的费用，采用分步法。这种方法以会计期间作为成本计算期，每月计算产成品成本和各步骤半成品成本。半成品成本可通过“逐步结转”或“平行结转”等方法进行计算。

采用分步法计算产品成本，生产过程中的各项费用按加工步骤进行核算，其中属于各产品的直接费用应按产品归集，对于每一步骤的一般费用，先按整个步骤归集，然后在步骤内的各产品之间进行分配。由于分步法的成本计算期与会计报告期一致，又是连续式加工，因此月终时各步骤都有在产品，在计算成本时必须把生产费用在完工产品和在产品之间进行分配。

分步法下的成本计算程序，由于半成品成本的结转方式不同，又分为“逐步结转分步法”和“平行结转分步法”两种。

逐步结转分步法又称顺序结转分步法，它是按照生产步骤的顺序，计算并结转半成品成本，上一生产步骤的半成品成本随半成品实物转移到下一步骤的产品成本中，直到最后步骤累计计算出产成品成本。逐步结转分步法也称半成品成本计算法，其成本计算程序是：先计算第一步骤所产半成品成本，并将其转入第二步骤；再将第二步骤所发生的生产费用，加上第一步骤转入的半成品成本，计算出第二步骤所产半成品成本，并将其转入第三步骤。按照生产步骤依次逐步结转，在生产的最后一步计算出完工产成品的成本。其核算程序如图 3-10 所示。

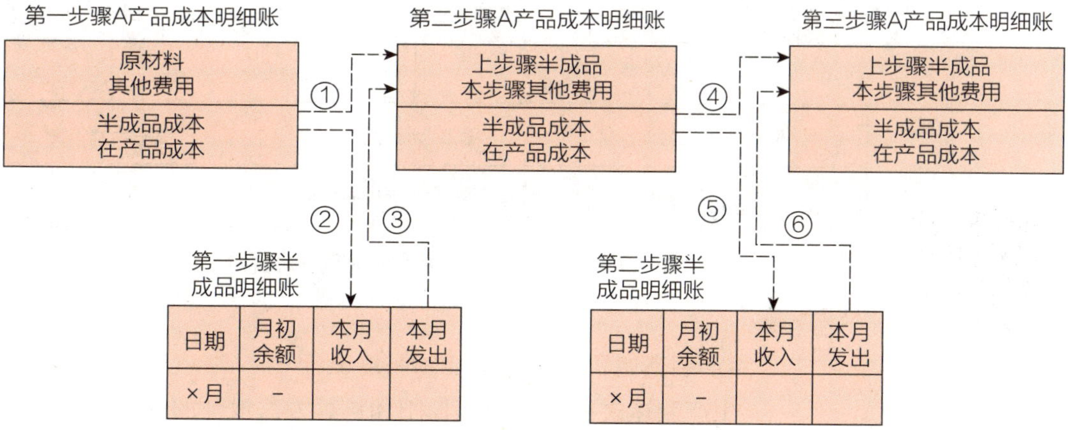


图3-10　逐步结转分步法的成本计算程序

平行结转分步法与逐步结转分步法的主要区别是，各步骤只计算本步骤的加工费用，一般不计算完工半成品的成本，半成品成本不随着半成品实物向下一步骤转移，各步骤应计入半成品的加工费用，平行地计入产成品成本，再加上原材料成本即可计算出产成品的成本。采用这种方法，半成品成本不随半成品实物的转移而结转，仍留在各加工步骤的成本计算单内，直到最后加工成产成品，才将其成本从各步骤中结转出来。

① 按产品生产步骤和产品品种开设生产成本明细账，各步骤成本明细账按成本项目归集本步骤发生的生产费用（不包括耗用上一步骤半成品的成本）。

② 月终，将各步骤归集的生产费用在产成品与广义在产品之间进行分配，计算各步骤应计入产成品成本的费用份额。

③ 将各步骤生产费用总额减去本步骤应计入产成品成本的费用份额，即为本步骤期末在产品成本，计算公式为：

某步骤月末在产品成本 = 该步骤月初在产品费用 + 该步骤本月生产费用 − 该步骤应计入产成品成本的份额

④ 将各步骤应计入产成品成本的费用份额平行相加汇总后，就得到产成品总成本，再除以完工产品数量，即为单位成本。

平行结转分步法的成本计算程序见图 3-11。

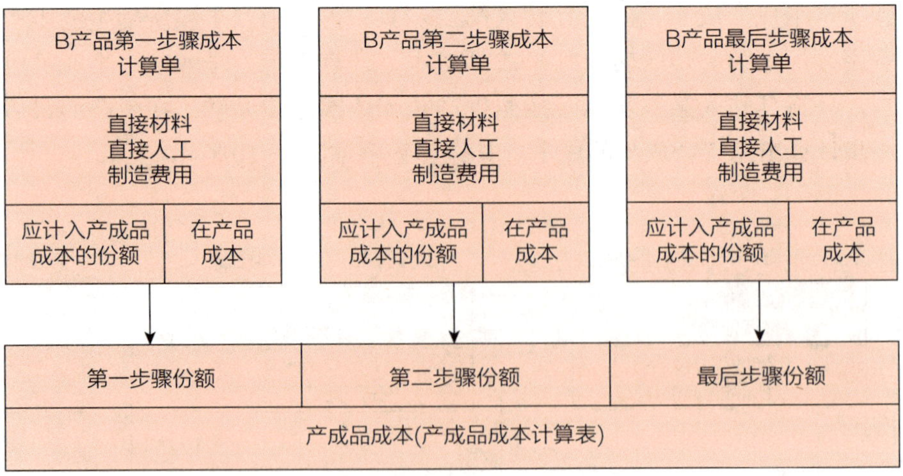


图3-11　平行结转分步法的成本计算程序

视频：生产制造过程业务内部控制制度设计

## 二、生产制造过程业务内部控制制度设计

（一）生产制造过程业务内部控制和核算方法设计的内容

生产制造过程业务内部控制和核算方法设计的内容：即针对生产制

造过程所发生的生产耗费，设计出一套比较完整的成本核算制度和管理制度，从而保证企业产品成本信息的真实性。

（二）生产制造过程业务内部控制制度的设计流程

为了生产出符合用户需要的产品，减少商品库存，降低产品生产成本，实现良好的财务状况和经营成果，企业必须建立一套行之有效的生产制造过程业务内部控制制度。其主要包括：

1. 建立生产制造计划控制制度

生产制造计划控制是整个生产制造过程业务内部控制的起点，也是对生产制造过程进行有效控制的重要依据，它又可以分为确定生产需要和制订生产制造计划两部分。

（1）确定生产需要（以销定产）。对制造企业而言，确定生产需要是一种重要的决策行为，决策不当就会造成生产资源的浪费和企业财务状况的恶化，因此它必须由企业最高管理当局或其授权的人员进行决策，根据产品的市场销售情况作出科学的分析和判断，明确决策责任。

（2）制订生产制造计划（生产数量时间标准和单位，估算料工费等）。确定生产需要后就可以制订生产制造计划。由于生产制造计划的制订约束企业生产投入的多少，并影响未来产品的销售情况，企业在制订生产制造计划的过程中应注意征求各方面的意见，尤其应注意与销售计划的协调一致。

在制订生产制造计划中，除了标明产品投产数量、生产开始日期、产品完工日期、质量标准以及生产单位（车间）等内容外，还应尽可能准确地估算出产品生产所耗用的材料、工时和生产成本，从而为生产制造过程的实际成本控制提供依据。

2. 产品成本核算控制制度

如何将产品制造过程中发生的生产耗费正确、及时地归集和分配到各种产品中去，提供产品成本核算资料，并监督各项生产费用发生的合理性，严格控制不应该发生的生产耗费，降低产品成本等，所有这些都必须依靠设计健全的成本核算制度并贯彻执行来实现。产品成本核算控制制度一般由三个相互联系的控制制度构成。

（1）成本核算的基础工作控制制度。成本核算的基础工作控制制度是成本核算控制制度的基本条件，是成本核算控制制度有效运行的重要前提。成本核算的基础工作控制制度主要有：

① 建立和健全有关成本核算的原始记录制度，并建立合理的原始凭证传递流程。企业反映材料耗费情况的原始记录主要有材料的领料单、退料单、月末根据领料单和退料单汇总编制的材料费用分配表、材料盘

点溢缺报告单等；反映人工耗费情况的原始凭证主要有出勤记录、产量工时记录、根据出勤记录和产量工时记录编制的工资结算表等。除此以外，辅助生产车间生产费用按一定的方法在各受益对象之间的分配表、基本生产车间间接费用按一定的方法在各成本计算对象之间的分配表、废品损失的计算表、产成品和自制半成品的交库单等也都是重要的反映生产耗费的原始凭证。原始记录上要正确填写业务内容，数量、单位和金额，经办人员的签名或盖章等。原始记录应及时传递，不得积压。成本会计部门要会同其他相关部门制定原始记录的传递程序，以加强企业的内部控制。

② 制定合理的消耗定额，完善定额管理制度。利用定额，可以查明生产过程中实际消耗量与定额的差异及其原因，明确责任人员，同时定额的制定有利于企业实行例外管理原则，对产生重大差异的重点管理，能抓住显著的、突出的问题，解决生产中导致差异的关键问题，从而加强成本的控制，进一步降低产品成本。

制定产品成本定额时，既要先进，又要切合实际。定额的制定一般采用平均先进的定额，即经过努力多数人能达到，且该定额应随生产技术水平的提高而定期修订。如果某种定额与实际的差异经常在5%以上，就应及时调整。各种定额制定后必须认真执行。

③ 制定内部结算价格和内部结算制度。采用内部结算价格在企业各部门、车间之间相互进行结算，可以明确经济责任，简化和减少核算工作，并便于考核厂内各单位成本计划的完成情况。

企业常以生产制造的标准成本、成本加成的方法或市场价格来确定内部结算价格。合理的转移价格必须为转出和转入双方都能接受，必须对转出和转入双方都有利，且同时有利于企业整体。

企业制定的内部结算价格应相对稳定，由企业统一颁布，各部门、车间遵照执行。内部结算价格应根据市场的变化和生产技术的发展予以修订。

（2）成本责任控制制度。成本责任控制制度就是通过设置成本费用责任中心，明确该类责任中心的成本控制目标，并将成本控制目标作为考核其成本责任或管理业绩完成情况，实施奖惩的一种成本管理制度。

**特别提示**

责任中心是具有一定管理权限并承担相应责任的企业内部单位。

需要强调的是，成本责任控制制度所确定的成本控制目标要以各成本费用中心的可控成本为依据。所谓可控成本是指符合下面三个条件的成本：

① 责任中心能够通过一定的方式了解将要发生的成本；

② 责任中心能够对发生的成本进行计量；

③ 责任中心能够通过自己的行为对成本加以调节和控制。

成本的可控与不可控是相对而言的，它与责任中心所处管理层的高低、管理权限的大小以及控制范围的大小有直接的关系。对于企业来说，所有的成本都应被看作可控成本，而对于企业内部的各个管理层次和责任中心来说，则既有其各自的可控成本，又有其各自的不可控成本。

**特别提示**

责任中心指生产经营活动对成本费用起主导作用的费用发生点和汇集点。各基本生产单位、经费单位是成本责任中心，控制好其成本费用的发生，就能保证整体目标成本和目标利润的完成。

企业在进行成本责任控制制度设计时，一项核心工作就是要解决相对于某个责任中心而言其可控成本的数额，并以此为基础确定控制目标和责任奖惩。

（三）成本开支范围的设计

我国企业成本开支范围在理论上应包括产品价值构成中的 $C+V$。

为了正确计算产品成本，要划分以下六个方面的费用界限：

（1）划清收益性支出与资本性支出的界限。

（2）划清生产经营支出与营业外支出的界限。营业外支出是指企业发生的与其生产经营活动无直接关系的各项支出，不能作为企业的成本或费用。它包括固定资产盘亏、处置固定资产净损失、处置无形资产净损失、债务重组损失、计提的无形资产及固定资产减值准备、计提的在建工程减值准备、罚款支出、捐赠支出、非常损失等。

（3）划清产品制造成本与期间费用的界限。制造成本通常由直接材料、直接人工、制造费用构成。期间费用包括销售费用、管理费用和财务费用。

（4）划清不同会计期间产品成本的界限。以权责发生制为基础。

（5）划清不同产品成本的界限。直接材料、直接人工一般直接计入各种产品成本，制造费用分配计入。

（6）划清在产品和产成品成本的界限。根据约当产量法、定额成本法、定额比例法等方法计算。

（四）生产费用归集分配方式的设计

1. 成本计算对象的设计

计算产品成本，必须首先确定成本计算对象。确定成本计算对象是设置产品成本明细账、分配生产费用和计算产品成本的前提。成本计算对象的设计既要适应生产组织与生产工艺的特点，又要满足企业加强成本管理的要求。一般包括产品品种、产品批别（订单）、步骤等。

2. 成本项目的设计

为了具体地反映计算产品生产成本的生产费用的各种用途，还应进一步将其划分为若干个项目，即成本项目。产品成本一般由下列项目构成：直接材料、燃料动力、直接人工、制造费用、废品损失、自制半成品等。

在成本项目设计时应遵循以下原则：

（1）将尽可能多的成本项目归入直接成本内，从而减少间接费用分配造成的误差。

（2）重要性与恰当性结合。它一方面要求凡是在制造成本中占有较大比重的直接成本费用应以相应的成本项目单独列示。如企业发生的废品损失很多，应增设“废品损失”项目；如企业耗用燃料和动力较多时，可增设“燃料与动力”成本项目等。另一方面要求成本项目的设置要恰当，分类不能过粗或者过细。

3. 生产费用分配标准的设计

设计生产费用分配标准时应遵循以下原则：

（1）相关性原则，待分配费用与分配标准要具有一定的相关性；

（2）作为分配标准的因素必须是数据资料易于取得、计量；

（3）选定的分配标准，实际核算简易，工作量不大；

（4）分配标准的选择要有利于成本控制和成本考核，满足企业加强成本责任管理的需要；

（5）生产费用分配标准一经确定，必须保持一定时期的相对稳定。生产费用分配的基本方法是比率法。

$$\text{分配率} = \frac{\text{待分配的生产费用}}{\text{各分配对象的分配标准之和}}$$

$$\text{各分配对象应分配的费用} = \text{分配对象的分配标准} \times \text{分配率}$$

常用的生产费用分配标准如下：

（1）共同耗用的材料的分配可以采用按产品的产量、定额耗用量比例法和材料定额费用比例法；

（2）直接人工费用的分配一般采用生产工时或定额工时比例法等进

行分配；

（3）辅助生产费用的分配方法有直接分配法、交互分配法、顺序分配法、计划成本分配法和代数分配法等。

（4）制造费用的分配方法通常有按生产工人工时比例分配法、按生产工人工资比例分配法、按机器工时比例法和按年度计划分配率法分配等。

4. 完工产品成本和在产品成本划分标准的设计

产品成本在完工产品与在产品之间的分配是成本计算工作中一个重要问题，在产品加工工序较多的企业，又是一个复杂问题。企业应该根据在产品数量的多少、各月在产品数量变化的大小、各项费用比重的大小以及定额管理基础等具体条件并考虑管理的要求，选择合理而又简便的方法。企业常用的完工产品成本和在产品成本的分配方法有：不计算在产品成本法、在产品成本按其年初固定数计算法、在产品成本按所耗原材料费用计算法、约当产量比例法、在产品成本按定额成本计算法、在产品按完工产品成本计算法、定额比例法等。

（1）约当产量法：适用于月末在产品结存数量较大，且各月月末在产品结存数量不稳定，各成本项目在产品成本中所占比重相差不大的情况。

**特别提示**

约当产量法是先将月末在产品数量按其完工程度（投料程度）折合为相当于完工产品产量，然后按照完工产品产量与月末在产品约当产量的比例分配计算完工产品成本与月末在产品成本的方法。

（2）定额成本计价法：适用于定额管理基础工作比较扎实，各项消耗定额比较正确、稳定，各月月末在产品结存数量较稳定的情况。

（3）定额比例法：适用于定额管理基础较好，各项消耗定额或定额成本比较正确、稳定，但各月月末在产品数量变化较大的情况。

（五）成本核算方法控制制度的设计

成本核算方法控制制度主要表现在如何根据企业生产特点和管理要求，正确选择成本核算方法。企业生产特点对产品成本核算方法的影响，主要表现在成本计算对象的确定、成本计算期的选择、生产费用在完工产品和在产品之间的分配三个方面。

在大量大批单步骤生产的企业，由于产品生产工艺过程连续不断地进行，大量大批生产着品种相同的产品，因而只要求也只能够按照产品的品种计算产品成本。

在大量大批多步骤生产的企业，由于产品生产工艺过程是可以间断的，因此不仅可以按照产品的品种计算成本，还可以按照产品的生产步骤计算成本。

在小批单件生产的企业，一般根据客户的订单或生产部门下达的生产批别组织生产，因而这类企业在进行成本计算时，通常以产品批别作为成本计算对象，归集和分配生产费用，计算每一批别产品的成本。

在大量大批生产的企业，产品的生产周期较短，月内有大量的完工产品，其产品的成本计算期与会计报告期一致，而与产品的生产周期不一致，并且月末需要将生产费用在完工产品和在产品之间进行分配。

反之，在小批单件生产的企业，只有每一订单或批别的产品全部完工时，才能计算完工产品的成本，其产品的成本计算期与会计报告期不一致，而与产品的生产周期一致，并且月末不需要将生产费用在完工产品和月末在产品之间进行分配，因为当每一订单或批别的产品全部未完工时，所有生产费用都是在产品成本；产品全部完工时，所有生产费用都是产成品成本。

企业采用何种成本核算方法计算产品成本，除了考虑生产特点外，还必须结合企业成本管理的要求，从而确定出适合企业生产特点和管理要求的成本核算方法。企业成本管理的要求主要表现在对成本信息的需求方面，需要的成本信息越多，越详细，越及时，成本核算对象就越具体，成本计算期就越短。

例如，大量大批单步骤生产的企业，在成本管理上为了分析和考核每批产品成本的水平，就有必要分批计算产品的成本。

在多步骤生产企业，成本管理上为了加强各生产步骤的成本责任分析和考核，往往不仅要求按照产品品种提供产品成本信息，而且还要求按照生产步骤计算产品成本，以便为分析和考核各种产品及其生产步骤的成本计划完成情况提供资料。

多步骤生产企业，若企业规模较小，在成本管理上不要求提供每一生产步骤的成本资料，只要求计算每种产品的成本时，就可以采用品种法计算产品成本。

在制造技术比较先进，产品成本中的制造费用所占比重较大的企业，成本管理要求提供与作业相关的成本信息，这时就需要采用作业成本核算法进行成本计算。

企业生产特点和管理要求对产品成本核算方法的影响是多方面的，这也决定了每一种成本核算方法都有自身的适用范围。成本计算方法设计参考表如表 3–16 所示。

表3–16　　成本计算方法设计参考表

| 生产类型 | 成本计算对象 | 成本计算期 | 成本计算方法 | 归集分配生产费用的要求 | 主要适用范围 |
| --- | --- | --- | --- | --- | --- |
| 单步骤大批大量生产 | 产品品种 | 会计期间 | 品种法 | 按各种产品品种归集和分配生产费用、计算产成品成本 | 采煤、采矿、发电等企业 |
| 多步骤小批单件生产 | 产品批别 | 生产周期 | 分批法 | 按各批产品品种归集和分配生产费用、计算产成品成本 | 轮船、机车、飞机制造等企业 |
| 多步骤大批大量生产 | 每一生产步骤 | 会计期间 | 分步法 | 按各种产品的每一生产步骤归集和分配生产费用、计算各步骤半成品和最终产成品成本 | 机械、冶金、纺织、化工、电子等企业 |

【做中学】根据情境引例分析：

1. 中华设备厂成本核算方法分析图

见图 3–12。

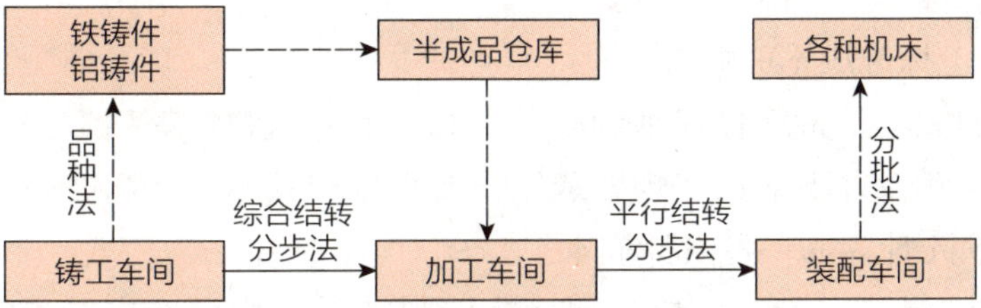


图3–12　中华设备厂成本核算方法分析图

（1）该企业为单件小批生产，从组织形式上看，成本计算适合采用分批法、品种法，生产过程分为铸工、加工和装配三个步骤，成本计算适合采用分步法。

（2）从生产工艺流程来看，该企业成本计算适合采用分步法。

结合该企业生产工艺流程和组织特点，企业选择的成本计算方法是正确合理的。

2. 具体核算程序设计

由于在产品数量很少，该企业铸工车间的生产费用在完工产品与在产品之间的分配采用的是不计算在产品成本法，则当期所发生的所有的费用都为完工产品成本。

加工车间由于在产品的种类和生产工序繁多，计算月末在产品的原材料定额费用和定额工时工作量很繁重，因而采用简化的倒挤方法进行计算。

装配车间按约当产量法计算各产品应计入最终完工产品成本的份额，由于直接材料费用数额较大，在产品只负担材料费用，而不负担加工费用。

该成本项目只设直接材料、直接人工和制造费用三大项目，各种具体的方法设计合理实用。

**【知识拓展】**

成本核算方法设计

视频：计划成本核算方法设计

## 一、计划成本核算方法设计概述

计划成本核算方法有计划成本核算法、标准成本核算法、定额成本核算法、责任成本核算法等。这些成本核算方法都是通过事先计算分析确定成本控制的计划或目标，将其作为实施成本控制，进行成本奖惩的依据，因此它们并无本质上的区别，只是成本控制所依据的标准不同。因此都属于计划成本核算方法。

## 二、标准成本核算方法设计

（一）标准成本的概念

标准成本是指经过仔细调查分析和运用技术测定等科学方法制定的在有效经营条件下应该实现的成本，是根据产品的耗费标准和耗费的标准价格预先计算的一种目标成本。

企业采用的标准成本有：理想标准成本、正常标准成本和现实标准成本。

理想标准成本是现有生产条件所能达到的最优水平的成本，这种成本难以实际运用；正常标准成本是根据正常的工作效率、正常的生产能力利用程度和正常价格等条件制定的标准成本，它一般只用来估计未来的成本变动趋势；现实标准成本是根据适用期合理的耗费量、合理的耗费价格和生产能力可能利用程度等条件制定的切合适用期实际情况的一种标准成本。标准成本法一般采用这种标准成本。

（二）标准成本核算方法的实施程序

（1）按照成本项目制定出各种产品的标准成本。

（2）依据产品的标准成本进行产品成本核算，记入“生产成本”“产成品”和“半成品”等账户的借方。

（3）分成本项目计算产品实际成本与标准成本的各种成本差异，并设立对应的成本差异账户进行归集，以便用来控制和考核产品成本。在各个成本差异账户中，借方登记超支差异，贷方登记节约差异。

（4）每月月末根据各成本差异账户的借贷方余额编制成本差异汇总表，将各种成本差异余额转入“主营业务成本”或“本年利润”账户，计入当月损益。

（5）分析各种成本差异，找出产生差异的原因，确定成本责任，进行成本考核。

（三）标准成本核算方法设计的内容

标准成本核算法设计的主要内容包括：标准成本的制定（前提和关键：事前控制）、成本差异的计算、成本差异的账务处理和成本差异的分析（重点：考评经济责任，达到成本控制的目的）。

1. 标准成本的制定

（1）直接材料标准成本的制定。

$$\text{直接材料标准成本}=\text{直接材料标准用量}\times\text{直接材料标准价格}$$

（2）直接人工标准成本的制定。

$$\text{直接人工标准成本}=\text{标准工时}\times\text{标准工资率}$$

$$\text{单位工时标准工资率}=\frac{\text{标准工资总额}}{\text{标准总工时}}$$

（3）制造费用标准成本的制定。

$$\text{制造费用标准成本}=\text{标准工时}\times\text{标准费用分配率}$$

$$\text{标准费用分配率}=\frac{\text{标准制造费用总额}}{\text{标准总工时}}$$

成本差异按照成本项目分类，可以分为直接材料差异、直接人工差异和变动制造费用差异、固定制造费用差异等。

成本差异分类图见图3-13。

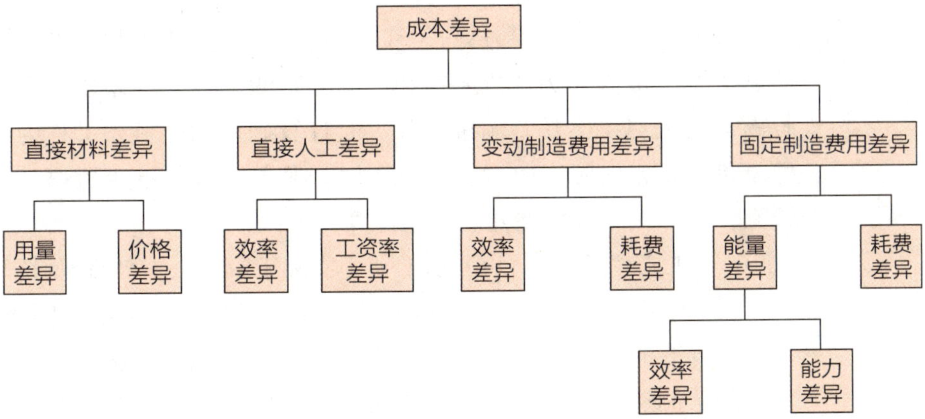


图3-13　成本差异分类图

2. 成本差异的计算

（1）直接材料成本差异。直接材料实际成本与标准成本之间的差额，是直接材料成本差异。该项差异形成的基本原因有两个：一个是材料价格脱离标准（价差），另一个是材料用量脱离标准（量差）。有关计算公式如下：

直接材料成本差异＝直接材料实际成本－直接材料标准成本

直接材料用量差异＝（材料实际用量－材料标准用量）×材料标准价格

直接材料价格差异＝（材料实际价格－材料标准价格）×材料实际用量

【做中学】

某企业本月投产甲产品 8 000 件，使用 A 种材料 32 000 千克，其实际价格为每千克 40 元。根据该产品标准成本卡所列，A 材料的用量标准为 3 千克，标准价格为 45 元。试分析该企业甲产品生产中的成本差异，并分析该成本差异产生的原因。

生产甲产品直接材料成本差异计算如下：

直接材料实际成本＝32 000×40＝1 280 000（元）

直接材料标准成本＝8 000×3×45＝1 080 000（元）

直接材料成本差异＝200 000（元）

其中：材料用量差异＝（32 000－8 000×3）×45＝＋360 000（元）

材料价格差异＝（40－45）×32 000＝－160 000（元）

通过以上计算可以看出，甲产品本月耗用 A 材料发生 200 000 元超支差异。由于生产部门耗用材料超过标准，导致超支 360 000 元，应查明材料用量超标的具体原因，以便改进工作，节约材料耗费。从材料价格看，材料价格降低节约了 160 000 元，抵消了一部分由于材料超标耗用形成的成本超支，这是材料采购部门的工作成绩，也应查明原因，以便巩固成绩并进行表扬。

（2）直接人工成本差异，是指直接人工实际成本与标准成本之间的差额。它也被区分为“价差”和“量差”两部分。价差是指实际工资率脱离标准工资率，其差额按实际工时计算确定的金额，又称为工资率差异。量差是指实际工时脱离标准工时，其差额按标准工资率计算确定的金额，又称人工效率差异。有关计算公式如下：

工资率差异＝实际工时×（实际工资率－标准工资率）

人工效率差异＝（实际工时－标准工时）×标准工资率

直接人工成本差异＝工资率差异＋人工效率差异

（3）制造费用差异。制造费用差异可以分为变动制造费用差异和固定制造费用差异两大部分。

变动制造费用是制造费用总额中随业务量成本比例变化的那一部分，如生产用机器设备按照工作量法计提的折旧、车间管理人员按照产量获得的奖金。变动制造费用的差异，是指实际变动制造费用与标准变动制造费用之间的差额。

变动制造费用效率差异 =（实际工时 − 标准工时）× 变动制造费用标准分配率

变动制造费用耗费差异 =（变动制造费用实际分配率 − 变动制造费用标准分配率）× 实际工时 = 实际变动制造费用 − 变动制造费用标准分配率 × 实际工时

固定制造费用是不随业务量发生变化的那部分制造费用。多数制造费用属于固定制造费用，如车间管理人员工资、厂房折旧费等。固定制造费用差异是指实际发生的固定制造费用与实际产量的固定制造费用标准数之间的差异。

固定制造费用差异 = 实际固定制造费用 − 标准工时 × 固定制造费用标准分配率

## 三、定额成本核算方法设计

定额成本是以现行消耗定额为根据计算出来的产品成本，是企业现有生产条件和技术水平下所应达到的成本水平。

产品定额成本与计划成本既有相同之处，又有差异。两者的相同之处是：它们都是以产品生产耗费的消耗定额和计划价格为依据确定的目标成本。两者的不同之处是：计算计划成本的消耗定额，是计划期（一般为一年）的平均消耗定额，在计划期内通常保持不变，也叫计划定额；而用来计算定额成本的消耗定额，则是企业的现行定额，它应随着企业产品生产技术和劳动生产率的提高而不断加以修订，以满足对现实的产品成本进行控制和考核的要求。

定额成本差异的计算和控制包括：直接材料定额差异的计算和控制、直接人工定额差异的计算和控制、制造费用定额差异的计算和控制、材料成本差异的计算和控制及定额变动差异的控制。在定额成本核算法下，产品的实际成本应按下列公式计算：

产品实际成本 = 按现行定额计算的产品定额成本 ± 脱离定额差异 ± 材料成本差异 ± 月初在产品定额变动差异

【真实案例】

## 生产成本核算制度示例

企业基本情况

××集团有限公司是一家集专业开发制造及外贸出口于一身的初具规模的集团公司。其核心支柱产业为户外休闲家具，最具市场竞争力的产品有户外家具、太阳伞和帐篷三大门类，型号规格近2 000种。集团公司到2018年完成工业产值10亿元人民币，实现出口创汇1.2亿美元，利润5 500万元。

## ××集团有限公司成本核算办法

### 第一章　总　　则

第一条　为规范公司成本核算工作，强化成本核算管理，提高成本核算的准确性和及时性，真实、准确地反映公司的资产及经营成果状况，根据财政部颁布的《企业会计准则》及集团公司财务管理制度，特制定本规定。本制度涉及的会计分录均以不考虑相关税费为前提。

第二条　本规定适用于集团公司各所属子公司工艺品行业的生产型企业。

第三条　本规定的执行必须报经集团公司董事会批准，不得随意变更。如需变更，应报经公司董事会批准，并将变更的原因及其对成本费用和经营结果状况的影响情况，在当期的会计报告中加以说明。

第四条　集团公司实行集中统一管理，各子公司均按本规定操作，不再单独制定其他成本核算制度。

### 第二章　成本核算项目范围、分类及科目设置

第五条　为生产商品和提供劳务而发生的直接材料、直接工资、外购半成品及外加工费和制造费用计入制造成本。

1. 直接材料：指企业在生产产品和提供劳务过程中所消耗的，直接用于产品生产，构成产品实体的原料及主要材料、包装物、外购半成品以及有助于产品形成的辅助材料。

2. 直接人工：指在生产产品和提供劳务过程中，直接参加产品生产的工人工资。

3. 燃料动力：指生产过程中消耗的电费及领用的油料。

4. 外购半成品及外加工费：外购半成品是指由外协单位负责购买原材料并加工，本单位购买后直接可以投入生产的产品；外加工费是指由本公司提供原材料、由外协单位协作加工，加工好后只结算人工工资及间接费用等加工费用。

5. 制造费用：指企业为组织和管理生产所发生的由产品制造成本负担、不能直接计入各产品成本的各项费用。主要包括明细项目如下：车间管理人员工资、事故损失、模具费、办公费、物料消耗、低值易耗品、劳动保护费、保险费、折旧费、运杂

费、水电费、试验检验费。

第六条　生产费用的归集科目包括“生产成本”“自制半成品”和“制造费用”三个一级科目。

1. 各子公司的“生产成本”一级科目下按车间设立二级明细科目，根据所生产产品的类别情况设立三级子目。

2.“自制半成品”的二级科目按车间设立，三级子目按产品的类别设立。

3.“制造费用”的二级科目设立按照“生产成本”子目设立的原则。

## 第三章　成本核算项目的归集与分配

第七条　生产费用归集与分配的原则。

1. 生产费用按产品的生产任务书进行归集与分配。

2. 凡能直接计入的费用均应直接计入。

3. 不能直接计入各车间、各产品类别及各生产任务的费用按人工总额作为基数进行分配。

第八条　材料费用的归集与分配。

1. 所有物料出库时，必须先办理物料领用手续，各车间与仓库之间所有物资的流转手续通过材料出库单（包括材料补领出库单、材料物资退库单）进行。

2. 所有构成产品实体归入“生产成本——直接材料”科目的材料领用，必须严格按照生产任务核定的消耗量实行限额领料制度。

3. 对相应生产任务领用的材料生产后出现的余料（指没有经过任何生产工序加工的材料）。若后继其他生产任务或产品生产用不到该种材料的，必须把实物退回仓库并编制材料出库冲红单；如果其他生产任务或产品的生产要用到该种材料的，可以采用“假退料”的办法，即材料实物不动，只是对原生产任务领用的材料填制一份材料出库冲红单，然后根据该种材料用到哪个生产任务上再补办材料出库单。

4. 月底各相应仓库保管员根据材料出库单、材料物资退库单汇总填制材料发出汇总表。成本会计分阶段按材料领用的所属部门、产品类别及生产任务情况进行归集。

5. 材料领用归集的对应科目，应根据领用部门的性质及物料用途区分。

6. 包装车间领用的彩贴、条形码、产品说明书、无纺布、泡沫等，列入“生产成本——直接材料”科目进行归集核算。

第九条　工资的归集与分配。

1. 工资是指直接支付给本单位全部职工的全部劳动报酬，包括按国家有关规定列入工资的计时工资、计件工资、奖金、津贴和补贴、加班加点工资及其他特殊情况支付的工资。

2. 按照公司规定的工资制度、考勤制度、工序计件单价、工资标准和工资等级，依据有关的考勤表、交接单、工资汇总表等，正确计算应付工资和实发工资。

3. 每月应付职工的全部工资和车间实际发生的福利费金额，按部门、车间进行归集与分配。

4. 应该由生产人员负担领用的各种机物料款直接从结算工资总额中扣回，月末财务在账务处理时冲减“生产成本——××××车间——×××类产品——直接人工”，不得冲减“制造费用——工资”。

第十条　低值易耗品的摊销。

1. 低值易耗品是指单位价值和使用年限在规定标准以下的物品，包括：生产车间耗用的通用工具、生产用具、器具、仪器等。

2. 低值易耗品的摊销采用一次摊销法，即在领用时，将其全部价值一次计入当期成本、费用。报废时，报废的残料价值冲减有关的成本、费用。

第十一条　固定资产的折旧费。

固定资产的折旧费根据确定的折旧年限和残值率，采用平均年限法按月提取，分类记入各有关科目，净残值率确定为5%。

第十二条　制造费用。

1. 制造费用按照生产车间和规定的费用项目进行汇集。

2. 应由某车间单独负担的制造费用直接归入该车间。不能明确按所属核算部门进行归集的费用，应根据各生产单位当月生产销售比例分配记入相应的科目。

3. 每月制造费用在自制半成品与完工产品之间进行分摊，月末无余额。

## 第四章　成本核算的计价

第十三条　材料（外购半成品）价格的构成。

1. 外购材料的采购成本包括购买价款及相关税费。此外，公司采购材料的运输费基本上都由供应商负责，一些零星发生的运输费、装卸费、保险费以及其他可归属于存货采购成本，发生的金额较小，对存货的结算基本无影响的费用，在发生时将其归入有关成本。

2. 委托加工材料的成本包括加工中耗用材料的实际成本、委托加工费用以及材料的往返外地运杂费用等支出。

3. 自制半成品（自制材料）的成本由生产制造过程中所耗用的材料金额、直接人工工资和制造费用三部分组成。

第十四条　人工工资的定价。

1. 计件工资标准。各工种或各道工序的计件单价确定必须合理，制定的计件单价应予以公布，公布的计件单价，企业不得随意更改。

2. 计时工资标准。各实行按年薪、按月、按日或按小时进行结算工资，须事前结合各人员职务、工作性质及国家有关工资标准确定工资计算依据，并根据考勤表及工资计算依据结算。

第十五条　月末在产品的定价。

1. 由生产部根据各部件、产品的材料构成及工序进行成本核算，在产品成本只包括材料成本与直接人工成本。在产品结存金额中不包括制造费用。

2. 在产品材料成本。成本核算员对每道工序、每个部件的组成材料都要清晰，不得以大致对某部件称重毛估核算，必须根据生产任务核定的材料单耗量及当前最新采购价格进行计算。

3. 在产品人工成本。根据每个部件所完成的工序情况，以制定的计件单价累计核算。本道工序（或本车间）之前的人工工资全额计算，本道工序（或本车间）的人工工资按半结算。

## 第五章　成本核算的方法

第十六条　产品成本核算程序。

1. 对生产过程中发生的生产费用，按产品部件名称、生产任务（或生产任务书）和成本项目分别归集，对直接构成产品成本的材料及生产工人的直接工资直接计入，制造费用按一定的分配标准在自制半成品与完工产品之间分配，在产品不负担制造费用的分摊。

2. 根据期末在产品盘点数量的定额成本与人工工资计算在产品成本。

3. 计算生产环节半成品及完工产品的制造成本。

第十七条　成本计算方法。

成本核算以各分厂或子公司为生产单位，结合产品类别采取不同成本归集对象进行分步骤核算。主要分三个阶段。

第一阶段：

1. 在喷涂之前生产的部件，在成本核算时考虑到生产过程中出现材料领用串单现象严重，为了准确、及时地做好成本核算工作，采用按产品部件作为成本核算归集对象。物流中心在此道环节设置中转仓库，即所有在前几道工序加工完成的部件在流转到喷涂车间之前，必须先办理半成品入库手续。

2. 车缝车间生产的布品在投入组装或包装车间之前，须设置布品中转仓，此仓库归属生产管理或物流中心，后道工序领用时办理半成品出库单手续。

3. 直接材料。各生产车间在领用材料时，仓库严格按生产任务上核定的材料耗用数量发放，即实行限额发料，产品部件名称分别领用，仓管员根据不同生产任务及所生产组成的产品部件名称进行分单填开“材料出库单”，材料成本归集根据不同产品部件按实际消耗情况进行归集。

4. 半成品材料成本核算。

（1）本月在产品材料结存金额 = ∑（各材料结存数量 × 该材料当月出库单价）

= ∑（组成某结存部件材料数量 × 该材料当月出库单价）

（2）本月某部件实际领用材料金额 = ∑（组成某部件材料出库数量 × 该材料当月出库单价）

（3）本月某部件半成品材料实际成本 = 月初在产品材料结存金额 + 本月某部件领用材料金额 − 月末在产品材料结存金额

（4）本月某部件半成品材料单位成本 = 本月某完工半成品部件材料实际成本 / 本月某

完工入库半成品部件数量

5. 直接人工成本核算。

（1）单个部件人工工资 = ∑（该部件完成本阶段各工序计件单价）

（2）本月某部件的半成品人工工资成本 = 该部件半成品完成入库数量 × 该单个部件人工工资

6. 制造费用核算按实际发生的直接材料和直接人工之和比例法进行分摊。

（1）月公共制造费用分配率 = 月公共制造费用总额 / ∑（公共费用服务的所有生产单位生产年度预算销售产值）

（2）各生产单位应分担的公共制造费用金额 = 该生产单位生产年度预算销售产值 × 公共制造费用分配比率

（3）各生产单位应负担制造费用总额 = 直接归入该生产单位制造费用金额 + 该生产单位应分担的公共制造费用金额

（4）各生产单位制造费用分配率 = 各生产单位应负担制造费用总额 /（该生产单位完工产品实际耗用直接材料成本 + 实际发生直接人工成本）

（5）某生产任务应分摊的制造费用 =（某生产任务实际耗用直接材料成本 + 实际发生直接人工成本）× 各生产单位制造费用分配率

第二阶段与第三阶段的制造费用分配也按照此办法进行。

7. 外购半成品及外加工费核算按照"直接材料"的成本计算方法进行。

第二阶段：

1. 从喷涂领用部件到组装车间流转作为第二阶段，此阶段各车间或班组在领用中转仓的部件或材料仓库的材料时，必须根据生产任务进行一一对应领用，生产环节也应按生产任务一一对应生产，不能发生串单现象。如因特殊情况确实要串单的，必须在第一时间内上报生产管理中心并通知物流中心办理假退料手续。再根据生产实际用到的生产任务重新补开一份材料（半成品）出库单。

2. 直接材料：各车间在本环节领用部件或材料时主要按不同生产任务分开领用，仓管员根据不同生产任务情况分单填开"材料（半成品）出库单"，材料成本归集根据不同生产任务号按实际消耗情况进行归集。每天各车间统计对各种物料按不同生产任务填写领、用、存编制生产日报表，月末根据各车间生产日报表情况汇总编制月报表提供财务，月末对在产品实际结存情况进行抽盘（或全面实盘）。

3. 半成品材料成本核算。

（1）本月某生产任务在产品材料（或部件）结存金额 = ∑［该生产任务材料（或部件）结存数量 × 该材料（或部件）当月出库单价］

（2）本月某生产任务实际领用材料（或部件）金额 = ∑［该生产任务材料（或部件）出库数量 × 该材料（或部件）当月出库单价］

（3）本月某生产任务完工产品部件材料实际成本 = 月初该生产任务在产品材料（或部

件）结存金额 + 本月该生产任务实际领用材料（或部件）金额 − 月末该生产任务在产品材料（或部件）结存金额

（4）本月某生产任务完工半成品部件材料单位成本 = 本月该生产任务完工半成品部件材料实际成本 ÷ 本月该生产任务完工入库半成品部件数量

4. 直接人工成本核算：参照第一阶段人工成本核算方法。

第三阶段：

1. 包装车间领用部件进行包装到产品完工验收合格送交成品库。此阶段是产品的最终定型完工，即各生产环节全部加工完成，所生产的产品符合合同规定的要求并可以对外发货或直接销售，产品出运时须办理成品出库手续。财务在成本核算时设置"库存商品"科目。

2. 直接材料成本核算。包装车间在本环节生产领料时，主要按生产任务分别领用，各仓库的仓管员根据不同生产任务情况分单填开"材料（半成品）出库单"，材料成本归集根据不同生产任务号按实际消耗情况进行归集。

3. 产成品材料成本核算。

（1）本月某生产任务在产品材料结存金额 = ∑［该生产任务材料（或部件）结存数量 × 该材料（或部件）月末出库单价］

（2）本月某生产任务实际领用材料（或部件）金额 = ∑［该生产任务材料（或部件）出库数量 × 该材料（或部件）月末出库单价］

（3）本月某生产任务完工产品材料实际成本 = 月初该生产任务在产品材料结存金额 + 本月该生产任务实际领用材料（或部件）金额 − 月末该生产任务在产品材料结存金额

（4）本月某生产任务完工产品材料单位成本 = 本月该生产任务完工产品材料实际成本 ÷ 本月该生产任务完工入库产品数量

4. 直接人工成本核算：按某生产任务完工产品的数量、核定的人工工资及制定的计件单价进行归集核算。月末财务按实际工资结算总额先计提工资计入成本。

（1）本月所有产品发生的直接人工成本总额 = ∑（本月各车间按计件结算的直接人工工资）

（2）本月某生产任务完工产品发生的直接人工成本 = 本月该生产任务完工产品数量 × ∑（各工序制定的计件单价）

（3）月末未转留存的人工工资金额 = 月初留存的人工工资金额 + 本月所有产品发生的直接人工成本总额 − ∑（所有生产任务完工产品发生的直接人工成本）

外购半成品及外加工费核算按照"直接材料"的成本计算方法进行。

第十八条　自制完工产品成本核算。

1. 某生产任务自制完工产品成本 = 该生产任务归集的实际耗用直接材料成本 + 发生直接人工工资成本 + 分摊制造费用 + 外购半成品及外加工费

2. 某生产任务自制完工产品单位成本 = 该生产任务自制完工产品成本 / 该生产任务完工产品数量

第十九条　发出产品销售成本结转。

1. 发出产品结转销售成本时，以生产任务作为成本结转对象。

2. 发出产品销售成本 $=\sum$［某生产任务自制完工产品单位成本（或外购成品单价）× 发出产品数量］

## 第六章　附　　则

第二十条　本暂行规定自 201× 年 × 月 × 日起执行。

**?思　考**

1. 生产业务的不相容职务岗位有哪些？

2. 生产业务的关键控制点有哪些？

3. 某服装生产企业根据客户要求成批生产风衣，生产过程分为裁剪、缝纫和成衣三个加工步骤，为加强成本管理，管理者要求成本核算部门及时提供产品成本资料和每一生产步骤的成本资料。在所发生的生产费用中，布料费用和人工费用所占的比重较大。

要求为该服装生产企业设计出一套完整的成本核算制度。

**【本学习子情境小结】**

- 生产制造业务会计制度设计
  - 知识准备
    - 生产制造过程业务内控制度和核算方法设计目标
  - 职业判断与业务操作
    - 生产制造业务处理流程设计
    - 生产制造过程业务内部控制制度设计
  - 知识拓展
    - 成本核算方法设计

# 学习子情境四　销售与收款业务会计制度设计

视频：销售与收款业务制度设计引例

**【本学习子情境引例】**

成立于2012年的开颜公司从事护肤品生产销售，产品种类较多，其中一部分销往大型商场，一部分作为原材料销往其他化妆品生产企业。公司销售按照惯例主要由营销部胡经理根据实际情况指派任务，胡经理有权审批100万元以下的销售业务和相关销售合同，销售人员亦按公司惯例完成销售合同，遇到特殊情况向领导请示。2018年2月向羞花公司销售半成品50桶，采取现销方式，价款共计50万元，胡经理指派小马办理销售和收款业务，货已发出，羞花公司向小马交付现款。小马在收到现款2个月后将款项交给财务部，财务部办理了收款和入账手续。

问题与任务：你认为开颜公司销售业务管理存在什么问题？应采取什么措施？

**【知识准备】**

## 一、销售业务的基本概念及特征

视频：销售与收款业务制度设计特征与目标

销售业务是指企业出售商品（或提供劳务）及收取款项等相关活动。企业生存、发展、壮大的过程，在相当程度上就是不断加大销售力度、拓宽销售渠道、扩大市场份额的过程。生产企业的产品或流通企业的商品如不能实现销售的稳定增长，售出的货款如不能足额收回或不能及时收回，必将导致企业持续经营受阻、难以为继。所以企业经营要以促进销售稳定增长、扩大市场份额为出发点。

## 二、销售与收款业务会计制度设计的目标

动画：销售与收款

（1）落实销售与收款各环节的经营管理责任，保证物资和销售款项的安全；

（2）制定合理的业务流程，使相关部门和人员高效协作，促进销售增长及款项顺利回收；

（3）准确及时地进行会计核算，真实完整地提供销售与收款的会计信息。

【职业判断与业务操作】

## 一、销售与收款业务内部控制方法的设计

视频：销售与收款业务内部控制设计

动画：销售业务内部控制设计案例

动画：销售业务会计的设计 1

动画：销售业务会计的设计 2

（一）授权批准及岗位分工控制制度

1. 销售与收款的授权批准制度

销售业务的授权批准制度要求包括以下四个方面：

（1）明确审批人对销售与收款业务的授权批准方式、权限、程序、责任和相关控制措施，审批人应当在授权范围内进行审批，不得超越审批权限。

（2）规定经办人办理销售业务的职责范围和工作要求，经办人应当在职责范围内按照审批人的批准意见办理销售与收款业务。对于审批人超越授权范围审批的销售与收款业务，经办人有权拒绝办理，并及时向审批人的上级授权部门报告。

（3）对于超过单位既定销售政策和信用政策规定范围的特殊销售业务，应当实行集体决策，防止决策失误而造成严重损失。

（4）严禁未经授权的机构或人员办理销售与收款业务。

2. 销售与收款业务的岗位分工制度

（1）建立岗位责任制，明确相关部门和岗位的职责权限，确保不相容岗位相互分离、制约和监督。

（2）分别设立办理销售、发货、收款三项业务的部门或岗位，不得由同一部门或个人办理销售与收款业务的全过程。

销售部门（或岗位）主要负责处理订单、签订合同、执行销售政策和信用政策、催收货款。

发货部门（或岗位）主要负责审核销售发货单据是否齐全并办理发货的具体事宜。

财会部门（或岗位）主要负责销售款项的结算和记录，监督管理货款回收。

（3）销售与收款业务不相容岗位至少包括：客户信用调查评估与销售合同的审批签订；销售合同的审批、签订与办理发货；销售货款的确认、回收与相关会计记录；销售退回货品的验收、处置与相关会计记录；销售业务经办与发票开具、管理；信用管理与销售业务；坏账准备的计提与审批、坏账的核销与审批。

（4）有条件的单位应设立专门的信用管理部门或岗位，负责制定单位信用政策，并监督执行情况。

（5）配备合格的业务人员并视具体情况进行岗位轮换。

【做中学】根据情境引例：

开颜公司的问题在于：

（1）没有建立专门的销售与收款管理制度。公司应当根据国家有关法律法规，建立切合公司实情的销售与收款内部控制制度，并组织实施。

（2）在销售与收款环节，没有有效地分离不相容岗位。

销售与收款职能应该分开，销售人员应当避免接触销售现款，不应允许一人办理销售与收款业务的全过程。销售收入应及时入账。

（二）销售与收款业务的内部控制制度

1. 销售与收款业务的主要流程

设计销售业务内部控制制度，要从梳理销售与收款业务的主要流程入手，明确销售业务的主要风险点，查找管理漏洞，有针对性地逐一采取相应的控制措施，并注重与生产、资产、资金等方面管理的衔接，防范和化解经营风险。如图 3-14 所示，销售流程主要涉及销售计划管理、客户开发与信用管理、销售定价、销售谈判、订立销售合同、发货、收款、客户服务和会计控制等环节。

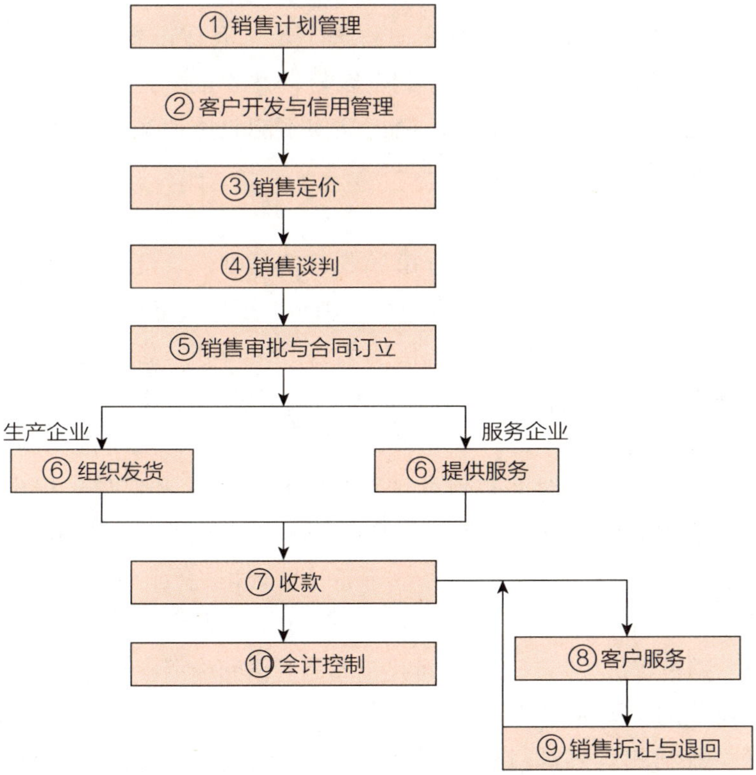


图3-14　销售与收款业务流程图

2. 各环节的主要风险点及控制措施

（1）销售计划管理控制。销售计划是指在进行销售预测的基础上，结合企业生产能力，设定总体目标额及不同产品的销售目标额，进而为能实现该目标而设定具体营销方案和实施计划，以支持未来一定期间内销售额的实现。

该环节的主要风险：销售计划缺乏或不合理，或未经授权审批，导致产品结构和生产安排不合理，难以实现企业生产经营的良性循环。

主要控制措施如下：

第一，企业应当根据发展战略和年度生产经营计划，结合企业实际情况，制订年度销售计划。在此基础上，结合客户订单情况，制订月度销售计划，并按规定的权限和程序审批后下达执行。

第二，定期对各产品（商品）的区域销售额、进销差价、销售计划与实际销售情况等进行分析。结合生产现状，及时调整销售计划，调整后的销售计划需履行相应的审批程序。

（2）客户开发与信用管理控制。企业应当积极开拓市场份额，加强现有客户维护，开发潜在目标客户，对有销售意向的客户进行资信评估，根据企业自身风险接受程度确定具体的信用等级。

该环节的主要风险：现有客户管理不足、潜在市场需求开发不够，可能导致客户丢失或市场拓展不利；客户档案不健全，缺乏合理的资信评估，可能导致客户选择不当，销售款项不能收回或遭受欺诈，从而影响企业的资金流转和正常经营。

主要控制措施如下：

第一，企业应当在进行充分市场调查的基础上，合理细分市场并确定目标市场，根据不同目标群体的具体需求，确定定价机制和信用方式，灵活运用销售折扣、销售折让、信用销售、代销和广告宣传等多种策略和营销方式，促进销售目标实现，不断提高市场占有率。

第二，建立和不断更新维护客户信用动态档案，由与销售部门相对独立的信用管理部门对客户付款情况进行持续跟踪和监控，提出划分、调整客户信用等级的方案。根据客户信用等级和企业信用政策，拟订客户赊销限额和时限，经销售、财会等部门具有相关权限的人员审批。对于境外客户和新开发客户，应当建立严格的信用保证制度。

（3）销售定价控制。销售定价是指商品价格的确定、调整及相应审批。

该环节的主要风险：定价或调价不符合价格政策，未能结合市场供需状况、盈利测算等进行适时调整，造成价格过高或过低、销售受损；商品销售价格未经恰当审批或存在舞弊，可能导致损害企业经济利益或者企业形象。

主要控制措施如下：

第一，应根据有关价格政策，综合考虑企业财务目标、营销目标、产品成本、市场状况及竞争对手情况等多方面因素，确定产品基准定价。定期评价产品基准价格的合理性，定价或调价需经具有相应权限人员的审核批准。

第二，在执行基准定价的基础上，针对某些商品可以授予销售部门一定限度的价格浮动权，销售部门可结合产品市场特点，将价格浮动权向下实行逐级递减分配，同时明确权限执行人。价格浮动权限执行人必须严格遵守规定的价格浮动范围，不得擅自突破。

第三，销售折扣、销售折让等政策的制定应由具有相应权限人员审核批准。销售折扣、销售折让授予的实际金额、数量、原因及对象应予以记录，并归档备查。

（4）订立销售合同控制。企业与客户订立销售合同，明确双方权利和义务，以此作为开展销售活动的基本依据。

该环节的主要风险：合同内容存在重大疏漏和欺诈；未经授权对外订立销售合同，可能导致企业合法权益受到侵害；销售价格、收款期限等违背企业销售政策，可能导致企业经济利益受损。

主要控制措施如下：

第一，订立销售合同前，企业应当指定专门人员与客户进行业务洽谈、磋商或谈判，关注客户信用状况，明确销售定价、结算方式、权利与义务条款等相关内容。重大的销售业务谈判还应当吸收财会、法律等专业人员参加，并形成完整的书面记录。

第二，企业应当建立健全销售合同订立及审批管理制度，明确必须签订合同的范围，规范合同订立程序，确定具体的审核、审批程序和所涉及的部门人员及相应权责。审核、审批应当重点关注销售合同草案中提出的销售价格、信用政策、发货及收款方式等。重要的销售合同，应当征询法律专业人员的意见。

第三，销售合同草案经审批同意后，企业应授权有关人员与客户签订正式销售合同。

（5）发货控制。发货是根据销售合同的约定向客户提供商品的环节。

该环节的主要风险：未经授权发货或发货不符合合同约定，可能导致货物损失或客户与企业的销售争议、销售款项不能收回。

主要控制措施如下：

第一，销售部门应当按照经审核后的销售合同开具相关的销售通知交仓储部门和财会部门。

第二，仓储部门应当落实出库、计量、运输等环节的岗位责任，对销售通知进行审核，严格按照所列的发货品种和规格、发货数量、发货时间、发货方式、接货地点等，按规定时间组织发货，形成相应的发货单据，并应连续编号。

第三，应当以运输合同或条款等形式明确运输方式、商品短缺、毁损或变质的责任、到货验收方式、运输费用承担、保险等内容，货物交接环节应做好装卸和检验工作，确保货物的安全发运，由客户验收确认。

第四，做好发货各环节的记录，填制相应的凭证，设置销售台账，实现全过程的销售登记制度。

（6）收款控制。收款指企业经授权发货后与客户结算的环节。按照发货时是否收到货款，可分为现销和赊销。

该环节的主要风险是：企业信用管理不到位，结算方式选择不当，票据管理不善，账款回收不力，导致销售款项不能收回或遭受欺诈；收款过程中存在舞弊，使企业经济利益受损。

主要控制措施如下：

第一，结合公司销售政策，选择恰当的结算方式，加快款项回收，提高资金的使用效率。对于商业票据，结合销售政策和信用政策，明确应收票据的受理范围和管理措施。

第二，建立票据管理制度，特别是加强商业汇票的管理：一是对票据的取得、贴现、背书、保管等活动予以明确规定；二是严格审查票据的真实性和合法性，防止票据欺诈；三是由专人保管应收票据，对即将到期的应收票据，及时办理托收，定期核对盘点；四是票据贴现、背书应经恰当审批。

第三，加强赊销管理。一是需要赊销的商品，应由信用管理部门按照客户信用等级审核，并经具有相应权限的人员审批。二是赊销商品一般应取得客户的书面确认，必要时，要求客户办理资产抵押、担保等收款保证手续。三是应完善应收款项管理制度，落实责任、严格考核、实行奖惩。销售部门负责应收款项的催收，催收记录（包括往来函电）应妥善保存。

第四，加强代销业务款项的管理，及时与代销商结算款项。

第五，收取的现金、银行本票、汇票等应及时缴存银行并登记入账，防止由销售人员直接收取款项，如必须由销售人员收取的，应由财会部门加强监控。

（7）客户服务控制。客户服务是在企业与客户之间建立信息沟通机制，对客户提出的问题，企业应予以及时解答或反馈、处理，不断改进商品质量和服务水平，以提升客户满意度和忠诚度。客户服务包括产品维修、销售退回、维护升级等。

该环节的主要风险是：客户服务水平低，消费者满意度不足，影响公司品牌形象，造成客户流失。

主要控制措施如下：

第一，结合竞争对手客户服务水平，建立和完善客户服务制度，包括客户服务内容、标准、方式等。

第二，设专人或部门进行客户服务和跟踪。有条件的企业可以按产品线或地理区域建立客户服务中心。加强售前、售中和售后技术服务，实行客户服务人员的薪酬与客户满意度挂钩。

第三，建立产品质量管理制度，加强销售、生产、研发、质量检验等相关部门之间的沟通协调。

第四，做好客户回访工作，定期或不定期开展客户满意度调查；建立客户投诉制度，记录所有的客户投诉，并分析原因，提出解决措施。

第五，加强销售退回控制。销售退回需经具有相应权限的人员审批后方可执行；销售退回的商品应当参照物资采购入库管理。

（8）会计系统控制。会计系统控制是指利用记账、核对、岗位职责落实和相互分离、档案管理、工作交接程序等会计控制方法，确保企业会计信息真实、准确、完整。会计系统控制包括销售收入的确认、应收款项的管理、坏账准备的计提和冲销、销售退回的处理等内容。

该环节的主要风险是：缺乏有效的销售业务会计系统控制，可能导致企业账实不符、账证不符、账账不符或者账表不符，影响销售收入、销售成本、应收款项等会计核算的真实性和可靠性。

动画：发票管理制度设计

主要控制措施如下：

第一，企业应当加强对销售、发货、收款业务的会计系统控制，详细记录销售客户、销售合同、销售通知、发运凭证、商业票据、款项收回等情况，确保会计记录、销售记录与仓储记录核对一致。具体为：财会部门开具发票时，应当依据相关单据（计量单、出库单、货款结算单、销售通知单等）并经相关岗位审核。销售发票应遵循有关发票管理规定，严禁开具虚假发票。财会部门对销售报表等原始凭证审核销售价格、数量等，并根据国家统一的会计准则制度确认销售收入，登记入账。财会部门与相关部门月末应核对当月销售数量，保证各部门销售数量的一致性。

动画：发票管理内部控制设计案例

第二，建立应收账款清收核查制度，销售部门应定期与客户对账，并取得书面对账凭证，财会部门负责办理资金结算并监督款项回收。

第三，及时收集应收账款相关凭证资料并妥善保管；及时要求客户提供担保；对未按时还款的客户，采取申请支付令、申请诉前保全和起诉等方式及时清收欠款。对收回的非货币性资产应经评估和恰当审批。

第四，企业对于可能成为坏账的应收账款，应当按照国家统一的会计准则规定计提坏账准备，并按照权限范围和审批程序进行审批。对确定发生的各项坏账，应当查明原因，明确责任，并在履行规定的审批程序后作出会计处理。企业核销的坏账应当进行备查登记，做到账销案存。已核销的坏账又收回时应当及时入账，防止形成账外资金。

【做中学】接情境引例：

2019 年 2 月，开颜公司收到倾城商场退回部分上月所购货物，共 100 套化妆品，货款计 5 万元，理由是包装损坏。公司质检部对所退货物进行了检验，发现包装系公司装运过程中操作不当所致，就照此出具了证明。仓储部门按倾城商场的退货通知单所列数目填制退货接收报告，并接收货物入库。财务部对相关凭证审核后办理了相关退款事宜。你认为这一业务过程反映公司内部控制存在什么问题？

开颜公司的退货控制存在不当之处：

（1）销售退回须经营销部经理审批后方可执行；

（2）销售退回的货物应由仓储部门清点后方可入库；

（3）仓储部门应在清点货物，注明退回货物的品种和数量后填制退货接收报告。

3. 销售与收款业务主要单据

（1）主要单据列表。

表 3–17 按业务办理流程列示了销售与收款业务的主要工作任务及单据。

表3–17　　销售与收款业务主要工作任务及单据

| 主要工作任务 | 对应单据 | 相关的主要部门 |
|---|---|---|
| 销售计划管理 | 销售计划表 | 销售 |
| 客户开发与信用管理 | 客户资信状况表 | 销售，财务 |
| 销售定价 | 销售报价表 | 销售，财务 |
| 销售审批与合同订立 | 销售合同或订单 | 销售，财务，货管，采购，生产 |
| 组织发货或提供劳务 | 销售出库单，发票 | 货管，销售，财务 |
| 收款 | 收款凭证 | 财务，销售 |
| 退货 | 退货单 | 货管，销售，财务 |
| 会计控制 | 往来对账单 | 财务，销售 |

（2）部分单据样式（见表3−18～表3−22）。

表3−18　　月度/年度销售计划表

年　　月　　　　批发/零售

| 序号 | 商品类别 | 商品名称 | 编号 | 规格/品牌 | 上年/月销售量 | 单价 | 本年/月计划销量 | 预计采购量 |
|---|---|---|---|---|---|---|---|---|
| | | | | | | | | |
| | | | | | | | | |
| | | | | | | | | |
| | | | | | | | | |
| | | | | | | | | |
| | | | | | | | | |
| | | | | | | | | |
| | | | | | | | | |
| 其中团体客户销售计划 | | | | | | | | |
| 客户名称 | | | | | 序号 | 品名 | 计划销售量 | |
| | | | | | | | | |
| | | | | | | | | |
| | | | | | | | | |

填表人：

表3−19　　销售计划表

年　　月

| 客户名称 | 销售商品类别 | 月一　日预计销售额 | 月一　日实际销售额 | 预计每周访问次数 | 协同处理问　题 | 付款状况 | 负责人 |
|---|---|---|---|---|---|---|---|
| | | | | | | | |
| | | | | | | | |
| | | | | | | | |
| | | | | | | | |
| | | | | | | | |
| | | | | | | | |
| | | | | | | | |

填表人：

表3-20　　客户资信状况表

客户名称：____________________　　　　编号：____________________

本公司业务联系人：____________________　　　　填表人：____________________

| | | |
|---|---|---|
| 企业基本情况 | **公司成立日期：**___年___月___日 | **目前注册资本：**____万元 |
| | 公司性质 | 按所有制分：□国有　□集体　□私营　□中外合资　□外商独资<br>按股东的责任分：□有限责任公司　□个体＋合伙　□个体　□未办营业执照 |
| | **办公地址：**<br>□自有物业：　面积____平方米，<br>地址为：________________________________，<br>房产证号：____________________。<br>□租借：　面积____平方米，租用年限自___年__月__日至___年__月__日<br>地址为：________________________________ | |
| | 送货地址： | |
| | **营业地址：**<br>营业面积____平方米，地址为：________________________________<br>仓储面积____平方米，地址为：________________________________ | |
| | 营业执照注册号： | 组织机构代码： |
| | 目前经营的业务及规模，行业地位： | |
| | 有无固定的客户群（可多选）：□无　□有<br>所属领域为：□政府　□金融　□财税　□邮电　□交通　□航空　□教育　□公安　□医疗　□石化<br>□制造　□外企　□电力　□军队　□其他____ | |
| | **银行信息：**开户银行①：________________，账号：________________<br>开户银行②：________________，账号：________________<br>开户银行③：________________，账号：________________ | |
| | **前两位供应商：**1. 名称________________　年销售量________________<br>2. 名称________________　年销售量________________ | |
| | **公司关联情况：**<br>□有母公司，名称：______________□无母公司<br>□有子公司，名称：______________□无子公司<br>□有分公司，名称：______________□无分公司 | |
| | **上级主管单位：**□无　□有，名称：____________________ | |
| | 投资人（主要股东、合伙人）名称及股权比例 | 股东名称：　　　　持股比例（%）：<br>① __________　　__________<br>② __________　　__________<br>③ __________　　__________<br>④ __________　　__________ |

续表

<table>
<tr><td rowspan="21">人员概况</td><td colspan="8">法定代表人：</td></tr>
<tr><td>姓名</td><td></td><td>性别</td><td></td><td>年龄</td><td></td><td>身份证号码</td><td></td></tr>
<tr><td colspan="6">家庭地址：</td><td colspan="2">电话：</td></tr>
<tr><td colspan="8">总经理：（同法定代表人就不用填此项）</td></tr>
<tr><td>姓名</td><td></td><td>性别</td><td></td><td>年龄</td><td></td><td>身份证号码</td><td></td></tr>
<tr><td colspan="6">家庭地址：</td><td colspan="2">电话：</td></tr>
<tr><td colspan="6">从事总经理管理工作年限：<br>☐ 10 年以上　☐ 5～10 年　☐ 3～5 年　☐不到 3 年</td><td colspan="2">近 5 年公司总经理变动情况：<br>☐无变动　☐ 2 次以内　☐超过 2 次</td></tr>
<tr><td colspan="8">采购主管：</td></tr>
<tr><td>姓名</td><td></td><td>性别</td><td></td><td>年龄</td><td></td><td>联系电话</td><td></td></tr>
<tr><td colspan="8">订货经手人：</td></tr>
<tr><td>姓名</td><td></td><td>性别</td><td></td><td>年龄</td><td></td><td>联系电话</td><td></td></tr>
<tr><td colspan="8">销售主管：</td></tr>
<tr><td>姓名</td><td></td><td>性别</td><td></td><td>年龄</td><td></td><td>联系电话</td><td></td></tr>
<tr><td colspan="8">销售代表：</td></tr>
<tr><td>姓名</td><td></td><td>性别</td><td></td><td>年龄</td><td></td><td>联系电话</td><td></td></tr>
<tr><td colspan="8">财务主管：</td></tr>
<tr><td>姓名</td><td></td><td>性别</td><td></td><td>年龄</td><td></td><td>联系电话</td><td></td></tr>
<tr><td colspan="8">员工总人数：</td></tr>
<tr><td>财务状况</td><td colspan="8">数据为填表之日的上个月月底　　　单位：万元<br>公司总资产：______<br>应付账款：______　应收账款：______　库存金额：______　固定资产：______　现金：__________<br>筹资能力：<br>政府支持：☐有政策性贷款　☐有项目基金　　☐皆无<br>银行贷款：☐有银行信用贷款额度　　☐皆无<br>其他筹资方式：☐上市公司、债券发行、风险投资（一项即可）　　☐皆无</td></tr>
</table>

续表

<table>
<tr><td rowspan="4">公司印章预留</td><td colspan="3">公司公章预留印鉴</td><td colspan="3">订货专用章预留印鉴</td></tr>
<tr><td colspan="3"></td><td colspan="3"></td></tr>
<tr><td colspan="3">公司合同章预留印鉴</td><td colspan="3">银行预留印鉴</td></tr>
<tr><td colspan="3"></td><td colspan="3"></td></tr>
<tr><td>客户信誉调查与评估</td><td colspan="6"></td></tr>
<tr><td>建议年销售量</td><td></td><td>建议付款方式</td><td></td><td>建议信用额度</td><td></td><td>总经理签名及日期</td></tr>
<tr><td>销售员签名及日期</td><td></td><td>销售经理签名及日期</td><td></td><td>财务经理签名及日期</td><td></td><td></td></tr>
</table>

表3-21　　客户订单

## 客户订单

编号：

| | | | | | |
|---|---|---|---|---|---|
| 客户名称 | | | | | |
| 电话 | | 联系人 | | 地址、邮编 | |
| 订货审批人签字 | | | | | |
| 商品名称 | | | | | |
| 品牌 | 规格 | 数量 | 单价 | 金额 | 备注 |
| | | | | | |
| | | | | | |
| | | | | | |
| | | | | | |
| | | | | | |
| | | | | | |
| | | | | | |
| | | | | | |
| 合计 | | | | | |
| 送货方式 | | | | | |
| 时间 | | 地点 | | 方式 | □送货上门　□门店取货 |
| 付款事项 | | | | | |
| 时间 | | 方式 | | 责任人 | |
| 付款审批人签字 | | | | | |
| 备注 | | | | | |

总经理：　　　　销售经理：　　　　经办人：

表3-22　　往来对账单

## 往来对账单

年　月　日

| 付款单位 | | 收款单位 | |
|---|---|---|---|
| 付款内容 | 金额 | 收款内容 | 金额 |
| | | | |
| | | | |
| | | | |
| 付款合计（大写） | | 收款合计（大写） | |
| 付款单位财务专用章 | | 收款单位财务专用章 | |
| 财务负责人 | | 财务负责人 | |
| 经办人 | | 经办人 | |
| 对账时间 | | 对账时间 | |

4. 销售与收款业务流程及主要单据（见图 3-15）

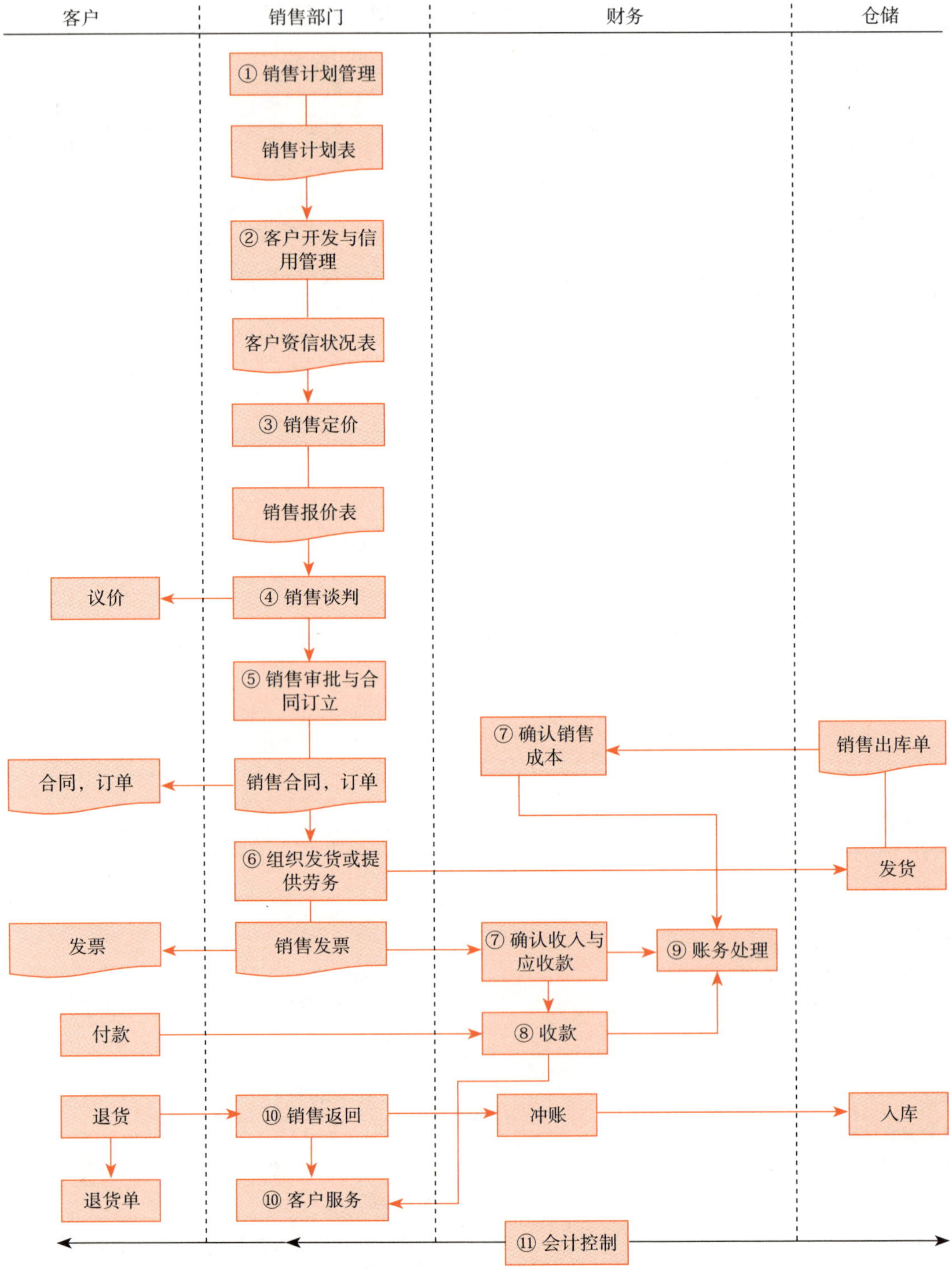


图3-15 销售与收款业务流程及主要单据流转图

## 二、销售与收款业务核算及报告方法的设计

### （一）销售与收款业务核算方法的设计

1. 基本核算方法设计

基本核算方法设计如表 3-23 所示。

视频：销售与收款业务核算与报告方法的设计

表3-23　　销售与收款业务核算方法

<table>
<tr><th>总分类账户设置</th><th>核算内容</th><th>明细账簿/账户设置</th><th>销售与收款业务内容及账务处理</th></tr>
<tr><td>主营业务收入</td><td>企业销售商品、提供劳务等主营业务的收入</td><td>按照主营业务的种类进行明细核算</td><td rowspan="10">1. 商品销售，办理结算<br>（1）现销：<br>借：银行存款<br>　　贷：主营业务收入<br>　　　　应交税费——应交增值税（销项税额）<br>（2）赊销：<br>借：应收账款<br>　　贷：主营业务收入<br>　　　　应交税费——应交增值税（销项税额）<br>（3）预收款：<br>借：银行存款<br>　　贷：预收账款<br>2. 支付销售费用：<br>借：销售费用<br>　　贷：银行存款<br>3. 计算销售税金及缴纳的税款：<br>借：税金及附加<br>　　贷：应交税费——应交消费税、城市维护建设税<br>4. 销售退回或折让：<br>借：主营业务收入<br>　　应交税费——应交增值税（销项税额）<br>　　贷：银行存款（或应收账款）<br>5. 商业折扣，开一张发票：<br>借：银行存款（或应收账款）<br>　　贷：主营业务收入<br>　　　　应交税费——应交增值税（销项税额）<br>开两张发票：<br>借：销售费用<br>　　贷：银行存款（或应收账款）<br>6. 现金折扣（总价法）：<br>借：银行存款（实收）<br>　　财务费用<br>　　贷：应收账款<br>7. 结转成本<br>借：主营业务成本<br>　　贷：库存商品<br>8. 结转：<br>借：主营业务收入<br>　　贷：本年利润<br>借：本年利润<br>　　贷：主营业务成本</td></tr>
<tr><td>其他业务收入</td><td>除主营业务以外的其他经营活动实现的收入</td><td>按照业务的种类进行明细核算</td></tr>
<tr><td>应交税费</td><td>企业按照税法规定计算应交纳的各种税费</td><td>按照应交税费的税种进行明细核算，设“应交增值税”明细账簿，“销项税额”“已交税金”等专栏进行明细核算<br>设消费税、城市维护建设税等明细账</td></tr>
<tr><td>应收票据</td><td>企业因销售而收到的商业汇票，包括银行承兑汇票和商业承兑汇票</td><td>按照开出、承兑汇票的单位进行明细核算<br>设置“应收票据备查簿”</td></tr>
<tr><td>应收账款</td><td>企业因销售商品、产品、提供劳务等经营活动应收取的款项</td><td>按不同的债务人进行明细核算</td></tr>
<tr><td>预收账款</td><td>企业按照合同规定向购货单位预收的款项</td><td>按购货单位进行明细核算</td></tr>
<tr><td>销售费用</td><td>企业销售商品和材料、提供劳务的过程中发生的各种费用</td><td>按照费用项目进行明细核算</td></tr>
<tr><td>主营业务成本</td><td>确认销售商品、提供劳务等主营业务收入时应结转的成本</td><td>按主营业务的种类进行明细核算</td></tr>
<tr><td>其他业务成本</td><td>确认其他业务收入时应结转的成本</td><td>按业务的种类进行明细核算</td></tr>
<tr><td>税金及附加</td><td>企业按规定计算应交的消费税、资源税、城市维护建设税</td><td>按对方科目（应交消费税、资源税、城市维护建设税）设明细账核算</td></tr>
</table>

2. 合理设计折扣及核算方式

销售过程中常常发生销售折扣与折让，纳税影响如表3-24所示，要视企业情况设计折扣及其核算方式，以达到减轻企业税负的目的。

表3-24 销售折扣与折让说明简表

| 折扣折让类型 | 税务处理 | 说明 |
| --- | --- | --- |
| 商业折扣 | 可以从销售额中扣减 | 以促销为目的，属于售后优惠或补偿。<br>企业采用“商业折扣”，在销售商品上先打折再销售，若只开具一张发票，销售额和折扣额在同一张发票上分别注明，将折扣后实际收到的现金，按商品定价扣除商业折扣后的净额进行处理，就可在税前扣除。若开具两张发票（一张蓝字发票，一张红字发票），则对折扣部分不含税价款乘以税率，按售价金额计算缴纳增值税，增加企业税负。<br>实物折扣应按视同销售中“无偿赠送”处理，实物款不能从原销售额中减除 |
| 现金折扣 | 折扣额不得从销售额中减除 | 以促进货款回收为目的，发生在销货之后，属于一种融资行为 |
| 销售折让 | 折让额可以从销售额中减除 | 以保商业信誉为目的，对已售商品的问题给予购买方的补偿 |

3. 设置应收票据备查簿

设置应收票据备查簿（见表3-25）有助于及时回收销售款项，降低资金风险。

表3-25 应收票据备查簿

**应收票据备查簿**

| 票据种类 | 号码 | 出票日 | 票面金额 | 合同号 | 付款人 | 承兑人 | 背书人 |
| --- | --- | --- | --- | --- | --- | --- | --- |
| | | | | | | | |
| 到期日 | 背书转让日 | 贴现日 | 贴现率 | 贴现净额 | 收款日 | 收回金额 | 退票情况 |
| | | | | | | | |

（二）销售与收款业务的报告设计

为全面、及时地了解销售与收款业务动态，通常每月末销售和财务人员核对销售记录，销售人员编制订单执行情况表（见表3-26），财务人员编制应收账款汇总表（见表3-27）、销售毛利分析表（见表3-28）

并填制往来客户对账单（见表 3-22），与有较大应收款余额的客户进行书面对账。

表3-26　订单执行情况表

**订单执行情况表**

| 订单号 | 日期 | 客户 | 存货 | 销量 | 销售额 | 已发货量 | 未发货量 | 应收款额 |
| --- | --- | --- | --- | --- | --- | --- | --- | --- |
| | | | | | | | | |
| | | | | | | | | |
| | | | | | | | | |

填表人：

表3-27　应收账款汇总表

**应收账款汇总表**

编制部门：　　　　年　　月　　日　　　　单位：元（月表）

| 项目 | 金额 | 预定收款日期 | 账龄 | 占全部应收款 /% | 备注 |
| --- | --- | --- | --- | --- | --- |
| 元以上 | | | | | |
| 1.　　公司<br>2.　　公司<br>… | | | | | |
| 元以上 | | | | | |
| 1.　　公司<br>2.　　公司<br>… | | | | | |
| 元以上 | | | | | |
| 1.　　公司<br>2.　　公司<br>… | | | | | |
| 元以下 | | | | | |
| 1.　　公司<br>2.　　公司<br>… | | | | | |
| 合计 | | | | | |

表3-28 销售毛利分析表

**销售毛利分析表**

年　月—　年　月

| 存货名称 | 销售收入 | 成本 | 毛利 | 销售收入百分比 | 销售毛利百分比 |
|---|---|---|---|---|---|
| | | | | | |

编制人：

**思　考**

1. 销售与收款业务的不相容职务岗位有哪些？

2. 销售与收款业务的关键控制点有哪些？

3. 2018 年 3 月，开颜公司收到丽人商场订单，要求赊购 2 000 套化妆品，售价 150 万元。丽人商场是公司老客户，商誉和财务状况都很好，胡经理审批同意，全权委托小马负责此业务，谈判后双方签订了销售合同。胡经理审批同意了该合同。经胡经理同意，小马口头通知发货部门组织发货，发货部门照办。小马同时编制了销售发票通知单，由总经理审批后下达给财务部，财务部据此向丽人商场开出销售发票。

你认为公司规定违背了哪些内部控制原则？你打算给出哪些改进建议？

## 【本学习子情境小结】

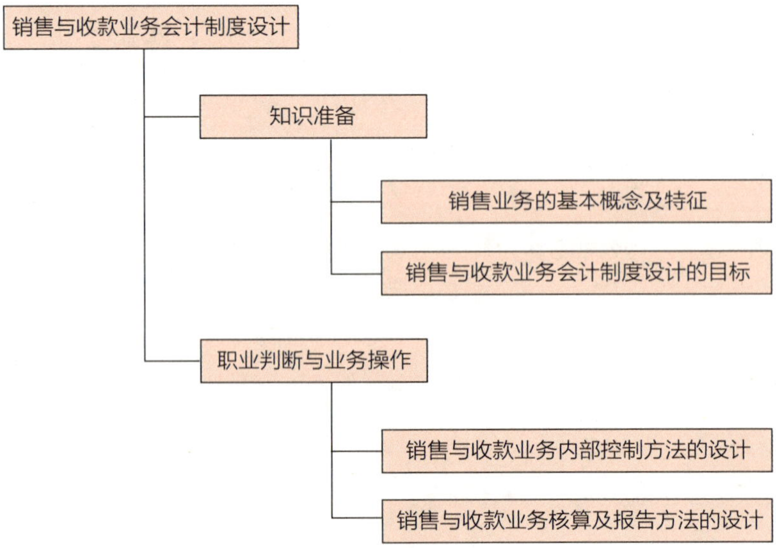

# 学习子情境五　筹资业务会计制度设计

**【本学习子情境引例】**

A酒店系国内B公司与香港C公司合作经营的企业。在2014年筹建期间，A酒店为提高档次，欲向外国银行借款以增加投资，遂与国内D信托投资公司协商，以酒店之房产及土地使用权作出反担保，请求D投资公司担任借款合同保证人。经双方协商一致后，2015年8月20日，由D投资公司担保，A酒店与以荷兰商业银行香港分行为代理的几家银行（下称贷款银团）签订了为期八年的贷款合同，并于2015年10月至2016年11月，分20次提取了全部贷款1 500万美元。

由于A酒店没有充裕的资金，无法按照“信贷合同”的规定按期偿还该贷款的本金及利息，造成多次违约。贷款银团根据“信贷合同”约定，于2017年7月20日宣布全部贷款本金、利息及其他费用提前到期，要求A酒店立即将应付款1 600万美元付清。A酒店一直不予偿付。贷款银团遂要求D投资公司履行保证人义务。D投资公司于2018年2月20日代A酒店清偿了所欠本金及利息，并于2018年2月24日发函向A酒店追索。因A酒店未予偿付，D投资公司遂将A酒店告上法院，最终A酒店败诉，酒店财产于2018年被变卖，以偿还债务。

问题与任务：作为财务人员，你对此项筹资业务有什么看法？你的意见和建议是什么？

**【知识准备】**

## 一、筹资的概念

筹资，是指企业为了满足生产经营发展需要，通过发行股票、债券，或者银行借款等形式筹集资金的活动。筹资业务受到法律环境、经济体制、融资市场等筹资环境的制约，特别是受国家对金融市场和融资行为方面的法律法规制约。同时具有发生不频繁但涉及金额大，筹资方式多样化，筹资业务会计核算方法比较复杂等特点。

## 二、筹资方式

筹资方式，是指企业筹集资金所采取的具体形式。通常有以下几种分类方法。

（一）筹资方式按所筹资金体现的属性可以分为股权资本筹资与债权资本筹资

1. 股权资本筹资

股权资本筹资，也称为权益资本筹资，是指由公司所有者投入以及以发行股票方式筹资，如投入资本筹资、发行股票筹资。

股权资本筹资的优点：股权资本是企业稳定的资本基础，是企业良好的信誉基础，筹资的财务风险较小。

股权资本筹资的缺点：资本成本负担较重，容易分散公司的控制权，信息沟通与披露成本较大。

2. 债权资本筹资

债权资本筹资，也称债务资本筹资，是指公司以负债方式借入并到期偿还的资金，如银行借款筹资、发行债券筹资、商业信用筹资、租赁筹资等。

债权筹资的优点：筹资速度较快，筹资弹性大，资本成本负担较轻，可以利用财务杠杆，稳定公司的控制权，信息沟通等代理成本较低。

债权筹资的缺点：不能形成企业稳定的资本基础，财务风险较大，筹资数额有限。

（二）按所筹资金使用期限长短分为短期资金和长期资金

1. 短期资金

短期资金，是指使用期限在一年以内（含一年）的资金，一般是通过短期借款、商业信用、发行融资券等方式来融通。

2. 长期资金

长期资金，是指使用期限在一年以上的资金，通常采用吸收直接投资、发行股票、发行债券、长期借款、融资租赁等方式来筹措。

## 三、筹资业务会计制度设计的目标

（一）企业至少应当关注涉及筹资活动的相关风险

（1）筹资活动违反国家法律法规，可能遭受外部处罚、经济损失和信誉损失；

（2）筹资活动未经适当审批或超越授权审批，可能因重大差错、舞弊、欺诈而导致损失；

（3）筹资决策失误，可能造成企业资金不足、冗余或债务结构不合理；

（4）债务过高和资金调度不当，可能导致企业不能按期偿付债务；

（5）筹资记录错误或会计处理不正确，可能造成债务和筹资成本信息不真实。

（二）在建立与实施筹资活动内部控制中，企业至少应当强化的对相关关键方面或者关键环节的控制

（1）职责分工、权限范围和审批程序应当明确规范，机构设置和人员配备应当科学合理。

（2）筹资决策、执行与偿付等环节的控制流程应当清晰合理，筹资方案的拟订与审批、筹资合同协议的审核和签订、筹集资金的收取与使用、还本付息的审批与办理等应当有明确规定。

（3）筹资活动的确认、计量和报告应当符合国家统一的会计准则、制度的规定。

**【职业判断与业务操作】**

## 一、筹资业务处理流程设计

筹资业务处理流程如下：提出多套筹资方案→筹资风险评估→筹资集体决策→筹资岗位分工→筹资授权批准→订立筹资合同→取得相关资产→筹资费用核算→定期核对本金利息→筹资授权偿付。筹资业务处理流程具体见图 3–16。

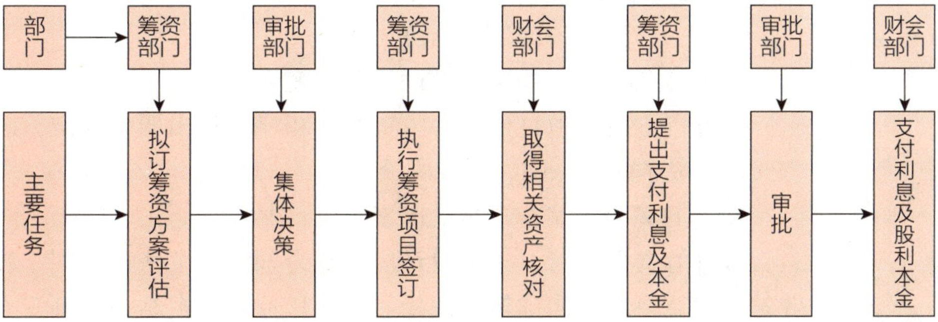


图3–16　筹资业务处理流程

## 二、筹资业务内部控制制度的设计

（一）筹资岗位分工与授权批准控制制度

1. 筹资岗位分工制度

动画：筹资的内部控制

**特别提示**

建立筹资业务的岗位责任制，明确有关部门和岗位的职责、权限，确保办理筹资业务的不相容岗位相互分离、制约和监督。同一部门或个人不得办理筹资业务的全过程。

筹资业务的不相容岗位至少包括：

（1）筹资方案的拟订人员与决策人员相分离；

（2）筹资合同或协议的审批人员与订立人员相分离；

（3）与筹资有关的各种款项偿付的审批人员与执行人员相分离；

（4）筹资业务的执行人员与相关会计记录人员相分离。

企业应当配备合格的人员办理筹资业务。办理筹资业务的人员应具备必要的筹资业务专业知识和良好的职业道德，熟悉国家有关法律法规、相关国际惯例及金融业务。

2. 筹资业务的授权批准制度

（1）建立严格的筹资业务授权批准制度，企业应授权批准一名总经理负责筹资业务，对其所负责及授权范围予以明确；规定审批人的权限与责任以及经办人的职责范围和工作要求；

（2）制定筹资业务流程，明确筹资决策、执行、偿付等环节的内部控制要求，并设置相应的记录或凭证，如实记载各环节业务的开展情况，确保筹资全过程得到有效控制；

（3）建立筹资决策、审批过程的书面记录制度以及有关合同或协议、收款凭证、支付凭证等资料的存档、保管和调用制度，加强对与筹资业务有关的各种文件和凭据的管理，明确相关人员的职责权限。

（二）筹资决策内部控制制度

1. 建立筹资业务决策环节的控制制度

对筹资方案的拟订设计、筹资决策程序等作出明确规定，确保筹资方式符合成本效益原则，筹资决策科学、合理。

2. 拟订筹资方案应考虑的因素

拟订筹资方案时，方案设计应当符合国家有关法律法规、政策和企业筹资预算要求，明确筹资规模、筹资用途、筹资结构、筹资方式和筹资对象，并对筹资时机选择、预计筹资成本、潜在筹资风险和具体应对措施以及偿债计划等作出安排和说明。

除此之外，企业拟订筹资方案，还应当考虑企业的经营范围、投资项目的未来效益、目标债务结构、可接受的资金成本水平和偿付能力。

在境外筹集资金的，还应当考虑筹资所在地的政治、法律、汇率、利率、环保、信息安全等风险以及财务风险等因素。

3. 重大筹资方案进行风险评估

形成评估报告，报董事会或股东大会审批。评估报告应当全面反映评估人员的意见，并由所有评估人员签章。未经风险评估的方案不能进行筹资。

企业应当拟订多于一个的筹资方案，综合考虑筹资成本和风险评估等因素，对方案进行比较分析，在履行相应的审批程序后，确定最终的筹资方案。

4. 重大筹资方案集体决策制度

实行集体决策审批或者联签制度，决策过程应有完整的书面记录。企业筹资方案需经国家有关管理部门或上级主管单位批准的，应及时报请批准。

5. 建立筹资决策责任追究制度

明确相关部门及人员的责任，定期或不定期地进行检查。

筹资决策内部控制程序见图 3-17。

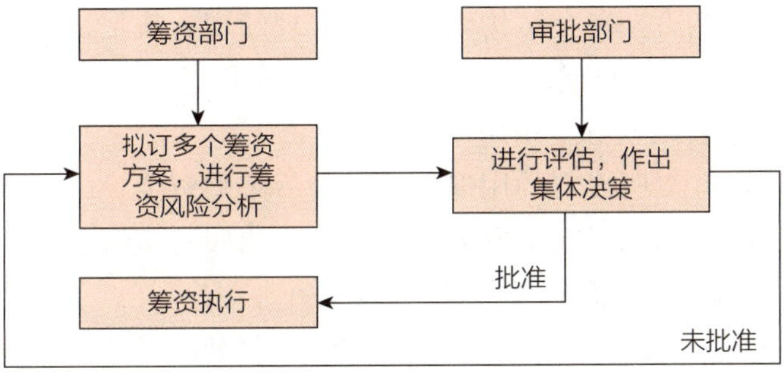


图3-17　筹资决策控制程序

（三）筹资执行内部控制制度

**特别提示**

建立筹资决策执行环节的控制制度，对筹资合同、协议的订立与审核、资产的收取等作出明确规定。

1. 订立筹资合同

根据经批准的筹资方案，按照规定程序与筹资对象，与中介机构订立筹资合同或协议。企业相关部门或人员应当对筹资合同或协议的合法性、合理性、完整性进行审核，审核情况和意见应有完整的书面记录。

筹资合同或协议的订立应当符合《中华人民共和国合同法》及其他相关法律法规的规定，并经企业有关授权人员批准。重大筹资合同或协议的订立，应当征询法律顾问或专家的意见。

企业筹资通过证券经营机构承销或包销企业债券或股票的，应当选择具备规定资质和资信良好的证券经营机构，并与该机构签订正式的承销或包销合同或协议。

企业变更筹资合同或协议，应当按照原审批程序进行。

2. 取得相关资产

按照筹资合同或协议的约定及时足额取得相关资产。取得货币性资产，应当按实有数额及时入账。取得非货币性资产，应当根据合理确定的价值及时进行会计记录，并办理有关财产转移手续。对需要进行评估的资产，应当聘请有资质的中介机构及时进行评估。

3. 筹资费用核算

加强对筹资费用的计算、核对工作，确保筹资费用符合筹资合同或协议的规定。

结合偿债能力、资金结构等，保持合理的现金流量，确保及时、足额偿还到期本金、利息或已宣告发放的现金股利等。

4. 严禁擅自改变资金用途

按照筹资方案所规定的用途使用对外筹集的资金。由于市场环境变化等特殊情况导致确需改变资金用途的，应当履行审批手续，并对审批过程进行完整的书面记录。严禁擅自改变资金用途。

建立持续符合筹资合同或协议条款的控制制度，其中应包括预算不符合条款要求的预警和调整制度。

国家法律、行政法规或者监管协议规定应当披露的筹资业务，企业应及时予以公告和披露。

筹资执行环节的控制程序见图 3-18。

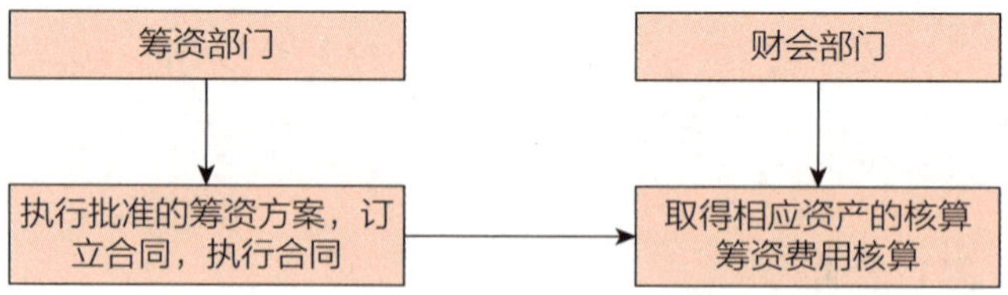


图3-18　筹资执行环节的控制程序

（四）筹资偿付控制制度

**特别提示**

建立筹资业务偿付环节的控制制度，对支付偿还本金、利息、租金、股利（利润）等步骤、偿付形式等作出计划和预算安排，并正确计算、核对，确保各项款项偿付符合筹资合同或协议的规定。

1. 定期核对本金、利息

企业应当指定财会部门专人严格按照筹资合同或协议规定的本金、利率、期限及币种计算利息和租金，经有关人员审核确认后，与债权人进行核对。本金与应付利息必须和债权人定期对账。如有不符，应查明原因，按规定及时处理。

2. 履行审批手续

支付筹资利息、股息、租金等，应当履行审批手续，经授权人员批准后方可支付。股利的发放必须由公司董事会决定。

通过向银行等金融机构举借债务筹资，其利息的支付方式也可按照双方在合同、协议中约定的方式办理。

3. 及时取得有关凭据

企业委托代理机构对外支付债券利息，应清点、核对代理机构的"利息支付清单"或"股利支付清单"，并及时取得有关凭据。

4. 按权限审批

应当按照股利（利润）分配方案发放股利（利润），股利（利润）分配方案应当按照企业章程或有关规定，按权限审批。

委托代理机构支付股利（利润），应清点、核对代理机构的股利（利润）支付清单，并及时取得有关凭据。

5. 非货币性资产评估

以非货币性资产偿付本金、利息、租金或支付股利（利润）时，应当由相关机构或人员合理确定其价值，并报授权批准部门批准，必要时可委托具有相应资质的中介机构进行评估。

6. 财会部门责任

财会部门在办理筹资业务款项偿付过程中，发现已审批拟偿付的各种款项的支付方式、金额或币种等与有关合同或协议不符的，应当拒绝支付并及时向有关部门报告，有关部门应当及时查明原因，作出处理。

7. 抵押物登记

以抵押、质押方式筹资，应当对抵押物资进行登记。业务终结后，应当对抵押或质押资产进行清理、结算、收缴，及时注销有关担保信息。

8. 会计处理

企业筹资业务的会计处理，应当符合国家统一的会计准则、制度的规定。

筹资偿付控制程序见图 3-19。

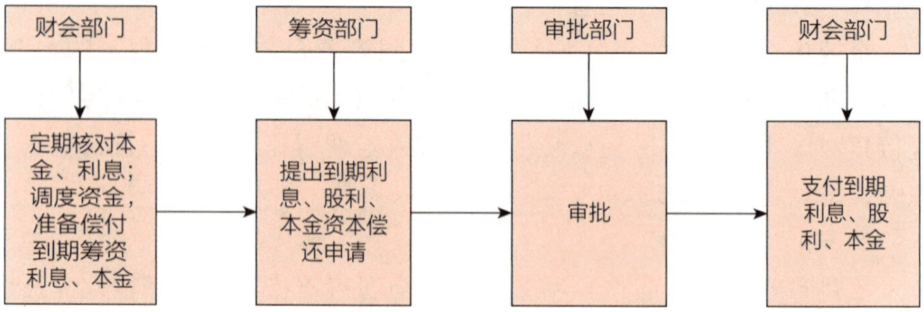


图3-19　筹资偿付控制程序

## 三、筹资业务核算方法与内部报告方法的设计

（一）筹资业务核算方法的设计

1. 债权资本筹资核算方法设计

（1）银行借入资金核算方法设计。

借款人提出贷款申请，填写“借款申请书”，并按银行提出的贷款条件和要求提供有关资料。（若为新开户企业，应按有关规定，先与银行建立信贷关系。）一般情况下，银行要求提供的重要资料有：

① 借款人及保证人的基本情况；

② 经会计（审计）部门核准的上年度财务报告及申请借款前一期的财务报告；

③ 企业资金运用情况；

④ 抵押、质押物清单，有处分权人同意抵押、质押的证明及保证人；

⑤ 拟同意保证的有关证明文件；

⑥ 项目建议书和可行性报告；

⑦ 银行认为需要提供的其他资料。

银行收到贷款申请和有关资料后，对借款人的合法性、财务状况的真实性、借款用途等进行调查，了解借款人在本行业相关业务数据，核实借款人提供的担保形式是否可靠，预测借款人按期还本付息的能力，并在三个月内完成贷款的评估、审查工作，向申请人作出正式答复。

银行同意贷款后，与借款人签订借款合同。借款合同应当约定借款种类、用途、金额、利率、期限及还款方式，借、贷双方的权利与义务、违约责任和双方认为需要约定的其他事项；对于保证贷款还应由保证人与贷款人签订保证合同，或保证人在借款合同上写明与贷款人协商一致的保证条款，加盖保证人的法人公章，并由保证人的法定代表人或其授权代理人签署姓名；抵（质）押贷款应当以书面的形式由抵（质）押人与贷款人〔抵（质）押权人〕签订抵（质）押合同。

为了反映银行借入资金的情况，企业应设计“短期借款”和“长期借款”账户。企业向银行或其他金融机构等借入的期限在 1 年以下（含 1 年）的各种款项用“短期借款”账户核算。企业从银行或其他金融机构借入的期限在 1 年以上（不含 1 年）的各项借款用“长期借款”账户核算。银行借入资金的核算包括取得借款、按月支付利息或按月预提按季支付利息、偿还本金的会计处理。其核算方法设计如表 3-29 所示。

表3-29　　银行借入资金的核算方法设计

| 经济业务 | | 核算方法 |
|---|---|---|
| 短期借款 | 取得借款 | 借：银行存款<br>　贷：短期借款 |
| | 按月支付利息 | 借：财务费用<br>　贷：银行存款 |
| | 按月预提利息 | 借：财务费用<br>　贷：应付利息 |
| | 按月预提，按季支付利息时 | 借：应付利息<br>　贷：银行存款 |
| | 偿还本金 | 借：短期借款<br>　贷：银行存款 |
| 长期借款 | 取得借款时 | 借：银行存款<br>　贷：长期借款——本金 |
| | 分期付息，到期还本，计提利息时 | 借：在建工程（符合资本化条件）<br>　财务费用（不符合资本化条件）<br>　贷：应付利息 |
| | 到期一次还本付息方式下，计提利息时 | 借：在建工程（符合资本化条件）<br>　财务费用（不符合资本化条件）<br>　贷：长期借款——应计利息 |
| | 还本付息时 | 借：长期借款——本金<br>　应付利息<br>　贷：银行存款 |

（2）发行债券筹资业务核算方法设计。

为了核算企业为筹措长期资金依法定程序对外发行、约定在一定期限还本付息的，发行的超过 1 年以上有价证券，企业应设计“应付债券”

账户核算。该账户贷方登记应付债券的本金和利息；借方登记归还的债券本金和利息，期末贷方余额表示企业尚未偿还的长期债券。“应付债券”账户下分别设置“面值”“利息调整”“应计利息”等账户进行明细核算。应付债券核算包括债券发行、每期计提利息、债券到期偿还本金的会计处理。其核算方法设计如表 3–30 所示。

表3–30　　发行债券筹资核算方法设计

| 经济业务 | | 核算方法 |
|---|---|---|
| 债券发行时 | 面值发行 | 借：银行存款<br>　　贷：应付债券——面值 |
| | 溢价发行 | 借：银行存款（实际收到的金额）<br>　　贷：应付债券——面值<br>　　　　　　　——利息调整 |
| | 折价发行 | 借：银行存款（实际收到的金额）<br>　　应付债券——利息调整<br>　　贷：应付债券——面值 |
| 计提利息时 | 分期付息方式下，溢价发行，计提利息 | 借：财务费用（不符合资本化条件）<br>　　在建工程（符合资本化条件）<br>　　应付债券——利息调整（溢价摊销额）<br>　　贷：应付利息 |
| | 到期一次还本付息方式，溢价发行，计提利息 | 借：财务费用（不符合资本化条件）<br>　　在建工程（符合资本化条件）<br>　　应付债券——利息调整（溢价摊销额）<br>　　贷：应付债券——应计利息 |
| 债券到期时 | 分期付息方式 | 借：应付债券——面值<br>　　财务费用<br>　　贷：银行存款 |
| | 到期一次还本付息方式 | 借：应付债券——面值<br>　　　　　　　——应计利息<br>　　财务费用<br>　　贷：银行存款 |

2. 股权资本筹资业务核算方法设计

股份有限公司设置“股本”账户核算接受投资者投入的资本。一般企业，应设置“实收资本”账户核算企业接受投资者投入的资本。其核算方法设计如表 3–31 所示。

表3-31　　股权资本筹资的核算方法设计

| 经济业务 | | 核算方法 |
| --- | --- | --- |
| 股权资本筹资业务核算 | 非股份有限公司 | 借：银行存款<br>原材料（合同或协议价）<br>固定资产（合同或协议价）<br>应交税费——应交增值税（进项税额）<br>无形资产（合同或协议价）<br>贷：实收资本（注册资本中应享有的份额）<br>资本公积——资本溢价（多缴部分） |
| | 股份有限公司发行股票筹资 | （1）溢价大于发行手续费时。<br>借：银行存款（实收款）<br>贷：股本（面值）<br>资本公积——股本溢价（多缴部分）<br>（2）溢价小于发行手续费或平价发行时。<br>借：银行存款（实收款）<br>盈余公积（手续费大于溢价金额部分）<br>（利润分配——未分配利润）（盈余公积不足支付部分）<br>贷：股本（面值） |

（二）筹资业务内部报告设计

从筹资业务内部报告的目的看，它主要是供管理当局及时了解每次筹资的流入、偿付、余额情况，和有效地控制筹资风险，因此，筹资业务内部报告的核心是如何使企业管理当局及时了解筹集资金在本期的增加、减少和期末结存情况，其项目设置应一目了然，具有严密的勾稽关系，编制方法应简便易行。

按这一原则，企业筹资业务内部报告的设计应全面反映各项筹集资金的增减变动及结存情况，同时应尽可能详细地披露来源渠道和用途。设计时应突出以下四点：

（1）尚未偿还的筹集资金；

（2）表明偿还的期限；

（3）披露其来源渠道和用途；

（4）能够提前预警将要到期的债务。

按上述原则和设计要点，筹资业务内部报告可以定义成“筹资业务变动情况表”，编制时间应在每日营业终了，编制人应为会计主管。

**【做中学】**根据情境引例分析：

本案例反映A酒店筹资循环中的问题。筹资业务是企业的一项非常重要的活动，企业必须建立严格的内部控制制度，以防止发生无法偿付的风险或舞弊行为。从本案例看，A酒店最终发生违约，很大程度上应归结于筹资前的授权审批制度控制不严。对一家企业而言，筹资业务一般发生的次数较少，但往往金额较大，一旦发生后对企业的影响很大，因此企业的管理层应对其中可能涉及的风险树立足够的风险意识，董事会应该授权专门的部门或机构对筹资业务负责。

大部分企业中，一般由财务经理来承担筹资业务的计划编制工作。财务经理应该在经营活动中不断地分析企业经营活动所需的资金数量，编制筹资计划，在计划中应详细说明筹资的理由、筹资的数量、筹资前后企业财务实力的变化、筹资对企业未来收益的影响、各种筹资方式的利弊比较以及对某种筹资方式的建议等。筹资计划必须呈董事会审核。董事会应该对筹资的使用、可能产生的效益、偿还借款、债券或支付股利的安排等予以足够的关注。

如果企业不能按照合同或协议规定的条款按期支付借款的本金，必将造成债务的加速到期。案例中的A酒店，在2016年10月9日应该支付贷款银团的第一期贷款利息47.5万美元时，拖到11月9日才偿付，构成了第一次违约；2017年1月11日应付第二期贷款利息时，再次未予支付，又一次违约；2017年5月27日应偿付第一期本金78万美元及到期利息41.4万美元，由于无力偿付再次违约。正是由于一次次地发生违约，才导致1 600万美元贷款的本息提前到期，造成A酒店的支付危机，并导致最终破产被拍卖。这中间体现了A酒店的筹资计划存在很大的漏洞，对本息的偿还没有一个统筹的规划或预算控制。

随着市场经济的进一步发展，企业面临的机遇在增多，但与此同时风险也在加剧。作为一个自主经营的现代企业，除了要抓住机会很好地发展壮大之外，更需要树立强烈的风险意识。案例中暴露出的筹资计划问题，要求企业在制定发展战略和日常的经营活动中建立相应的内部控制制度，加强预算控制，防范决策失误。

**【知识拓展】**

筹资风险的管理与控制

企业筹集资金的主要目的是扩大生产经营规模，提高经济效益，投资项目若不能达到预期效益，会影响企业获利水平，增加偿债能力的风险。如果企业决策正确、管理有效，就可以实现其经营目标。在筹资过程中，企业管理者拓展投资渠道，必须谨慎，应着重进行对外投资决策控制与分析，对重大投资项目进行可行性研究。盲目投资，没有进行事前周密的财务分析和市场调研是造成失误的原因，从企业经济利益出发，对经济活动的正确性、合理性、合法性和有效性进行全面的监督，并分析不同渠道资金的成本以及对公司经营的影响。尽量以最低的成本获得充足的资金供应。因此，筹资风险的管理与控制就成为企业财务风险管理的首要环节和内容。

## 一、合理确定财务结构经营风险

在资金结构中，若负债的比例过大，即过度负债经营，则依赖于外界的因素过多，也就加大了企业的经营风险和财务风险，生产经营环节稍有脱节，资金回收不及时，资金成本大幅度增加，降低了企业经营利润削弱了企业活力，应把握好负债经营的“度”。要合理确定债务资金与自有资金、短期资金与长期资金的比例关系，并随着企业生产的变化而变化，使企业始终处于一种动态的管理过程中。合理确定企业一定时期所需筹集资金的数额是企业筹资管理的重要内容。企业一方面要筹集到足够的资金以满足企业生存和发展的需要，另一方面还要注意筹集的资金不能过多，防止产生资金的配置风险，出现资金闲置，增加企业的债务负担。从根本上讲，企业发生风险是由于举债导致的，一个全部用自有资本从事经营的企业只有经营风险而没有财务风险。因此，要权衡举债经营的财务风险来确定债务比率，同时还要考虑债务清偿能力，要尽量做到资金的筹集量与资金的需求量相互平衡。从大量负债经营实例中不难得出以下教训：企业经营决策失误，虽然适度举债是企业发展的必要途径，但必须以自有资金为基础，如资本结构中债务资本过大，必然导致恶性循环。同时，企业偿债能力强弱是对负债经营最敏感的指标，偿债能力即企业拥有现金多少或其资产变现能力强弱；债务资本在各项目之间配置合理程度，从偿债能力看，负债比率越低，企业偿债能力越强，但未必合理，如企业借款利率小于利润率。企业应充分利用负债经营的好处，不同产业的负债经营合理程度是不一样的。

## 二、正确选择筹资方式

企业的筹资方式可归为两大类，即负债筹资和股票筹资。一般来说，负债筹资的资金成本相对较低，利息税前支付，但偿还风险相对较大，表现为能否及时足额地还本付息。因此，企业必须根据利率走势，合理安排筹资。对必须筹措的资金，应尽量采取浮动利率的计息方式。当利率处于高水平或处于由高向低过渡的时期，应尽量少筹资。当利率处于低水平或由低向高过渡的时期，应尽量采用固定利率的计息方式来保持较低的资金成本。股票偿还风险相对较小，股票筹资不存在还本付息的问题，它的风险只在于其使用效益的不确定性上。但是股票筹资的利息需税后支付，资金成本相对较高。

## 三、选择适当的筹资时机

筹资机会是客观存在的，能否把握筹资的机会，不仅影响到筹资的效益，而且关系到筹资的风险。企业在选择筹资机会时要考虑以下几点：与企业经济活动的周期和财务状况相匹配；与企业的股票行市相匹配；与企业未来现金流量相匹配。

## 四、采用不同渠道确定合理的筹资结构

企业筹集的资金，由于来源、方式、期限或成本的不同，其筹资风险也不同。企业全部资金来源通常可分为自有资金和借入资金、长期资金和短期资金、内部筹资和外部筹资、直接筹资和间接筹资。应将负债经营资产收益率与债务资本成本率进行对比，只有前者大于后者，才能保证本息到期归还，实现财务杠杆收益；根据组合风险分散理论，多元化筹资可以有效地分散企业的筹资风险。筹资结构的确定就是要使筹资组合中各筹资方式所占比例合理，能将筹资风险最小化同时又使加权资金成本最小化。

## 五、加强财务监控机制，防范金融风险

近几年，政府反复强调要加强金融监控，并加大了监管力度，但许多企业仍然收效甚微，金融风险有增无减。其根本原因仍然是只重视外部环境的制约，而对内部控制制度的建设抓得不够。为了防范金融风险，建立内部控制机制，必须强调发挥财务的管理和监督职能，健全财务监控机制，巩固财务管理在企业管理中的核心地位和作用。不断提高财务管理人员的风险意识。财会部门除了自觉搞好规范化、标准化、制度化建设以外，还必须通过特有的核算和监督手段，调节、制约整个企业的营运过程，使之沿着健康的轨道运行。积极参与到企业管理中去，使财会人员的理财意识不仅仅限于传统的“增收节支”，要增强理财技能，对目前急需研究解决的资源配置、资产重组、优化资本结构、缓解债务负担、加速资金周转、提高资金使用效率等问题，要深刻理解和认识，这必然影响到金融风险的及时化解和消除。面对不断变化的财务管理环境，企业应设置高效的财务管理机构，配备高素质的财务管理人员，健全财务管理规章制度，强化财务管理的各项基础工作，保证企业财务管理系统有效运行，以防范因财务管理系统不适应环境变化而产生的财务风险。为了把好投资、融资项目关，建立健全约束机制，提高资金使用效益，

规避金融风险，应成立投资、融资项目审查委员会。各下属业务单位根据需要成立审查小组，制定、实施一整套审查规定。

【真实案例】

## ××纺织股份有限公司筹资管理制度

### 第一章　总　　则

第一条　为规范公司经营运作中的筹资行为，降低资本成本，减少筹资风险，以提高资金运作效益，依据相关规范，结合公司具体情况，特制订本制度。

第二条　本制度适用于公司总部、各子公司及各分公司的筹资行为。

第三条　本制度所指的筹资，是指权益资本筹资和债务资本筹资。

权益资本筹资是由公司所有者投入以及以发行股票方式筹资；债务资本筹资指公司以负债方式借入并到期偿还的资金，包括短期借款、长期借款、应付债券、长期应付款等方式筹资。

第四条　筹资的原则。

1. 遵守国家法律、法规原则；

2. 统一筹措、分级使用原则；

3. 综合权衡、降低成本原则；

4. 适度负债、防范风险原则。

第五条　资金的筹措、管理、协调和监督工作由公司财务部统一负责。

### 第二章　权益资本筹资

第六条　权益资本筹资通过吸收直接投资和发行股票两种筹资方式取得。

1. 吸收直接投资是指公司以协议等形式吸收其他企业和个人投资的筹资方式。

2. 发行股票筹资是指公司以发行股票方式筹集资本的方式。

第七条　公司吸收直接投资程序。

1. 吸收直接投资须经公司股东大会或董事会批准。

2. 与投资者签订投资协议，约定投资金额、所占股份、投资日期以及投资收益与风险的分担等。

3. 财务部负责监督所筹集资金的到位情况和实物资产的评估工作，并请会计师事务所办理验资手续，公司据此向投资者签发出资报告。

4. 财务部在收到投资款后应及时建立股东名册。

5. 财务部负责办理工商变更登记和企业章程修改手续。

第八条　吸收投资不得吸收投资者已设有担保物权及租赁资产的出资。

第九条　筹集的资本金，在生产经营期间内，除投资者依法转让外，不得以任何方式抽走。

第十条　投资者实际缴付的出资额超出其资本金的差额（包括公司发行股票的溢价净收入）以及资本汇率折算差额等计入资本公积金。

第十一条　发行股票筹资程序。

1. 发行股票筹资必须经过股东大会批准并拟订发行新股申请报告。

2. 董事会向有关授权部门申请并经批准。

3. 公告招股说明书和财务会计报表及附属明细表，与证券经营机构签订承销协议。定向募集时向新股认购人发出认购公告或通知。

4. 招认股份，交纳股款。

5. 改组董事会、监事会，办理变更登记并向社会公告。

第十二条　公司财务部建立股东名册，其内容包括股东姓名、名称、住所及各股东所持股份、股票编号以及股东取得股票的日期等。

## 第三章　债务资本筹资

第十三条　债务资本的筹资工作由公司财务部统一负责。经财务部批准，分支机构可以办理短期借款。

第十四条　公司短期借款筹资程序。

1. 根据财务预算和预测，公司财务部应先确定公司短期内所需资金，编制筹资计划表。

2. 按照筹资规模大小，分别由财务部经理、财务总监和总经理审批筹资计划。

3. 财务部负责签订借款合同并监督资金的到位和使用。借款合同内容包括借款人、借款金额、利息率、借款期限、利息及本金的偿还方式以及违约责任等。

4. 双方法人代表或授权人签字。

第十五条　公司短期借款审批权限。

短期借款采取限额审批制，投资限额标准如下（超过限额标准的由公司董事会批准）：

1. 财务部经理审批限额：10 万元；

2. 财务总监审批限额：50 万元；

3. 总经理审批限额：100 万元。

第十六条　在短期借款到位当日，公司财务部应按照借款类别在短期筹资登记簿中登记。

第十七条　公司按照借款计划使用该项资金，不得随意改变资金用途，如有变动须经原审批机构批准。

第十八条　公司财务部及时计提和支付借款利息并实行岗位分离。

第十九条　公司财务部建立资金台账，以详细记录各项资金的筹集、运用和本息归还情况。财务部对于未领取利息单独列示。

第二十条　公司长期债务资本筹资包括长期借款、发行公司债券以及长期应付款等方式。

第二十一条　公司长期借款必须编制长期借款计划使用书，包括项目可行性研究报告、项目批复、公司批准文件、借款金额、用款时间与计划以及还款期限与计划等。

第二十二条　长期借款计划书由公司财务部经理、财务总监和总经理依其职权范围进行审批。

第二十三条　公司财务部负责签订长期借款合同，其主要内容包括贷款种类、用途、贷款金额、利息率、贷款期限、利息及本金的偿还方式和资金来源、违约责任等。

第二十四条　长期借款利息的处理。

1. 筹建期间发生的应计利息计入开办费；

2. 生产期间发生的应计利息计入财务费用；

3. 清算期间发生的应计利息计入清算权益；

4. 购建固定资产或无形资产有关的应计利息，在资产达到预定使用状态前发生的，计入购建资产的价值。

第二十五条　公司发行债券筹资程序。

1. 发行债券筹资应先由股东大会作出决议。

2. 向国务院证券管理部门提出申请并提交公司登记证明、公司章程、公司债券募集办法以及资产评估报告和验资报告等。

3. 制订公司债券募集办法，其主要内容包括公司名称、债券总额和票面金额、债券利率、还本付息的期限和方式、债券发行的起止日期、公司净资产、已发行尚未到期的债券总额以及公司债券的承销机构等。

4. 同债券承销机构签订债券承销协议或包销合同。

第二十六条　公司发行的债券应载明公司名称、债券票面金额、利率以及偿还期限等事项，并由董事长签名、公司盖章。

第二十七条　公司债券发行价格可以采用溢价、平价、折价三种方式，公司财务部保证债券溢价和折价采用直线法合理分摊。

第二十八条　公司对发行的债券应置备公司债券存根簿予以登记。

1. 发行记名债券的，公司债券存根簿应记明债券持有人的姓名、名称及住所、债券持有人取得债券的日期及债券编号、债券总额、票面金额、利率、还本付息的期限和方式以及债券的发行日期。

2. 发行无记名债券的，应在公司债券存根簿上登记债券的总额、利率、偿还期限和方式以及发行日期和债券的编号等。

第二十九条　公司财务部在取得债券发行收入的当日，应将款项存入银行。

第三十条　公司财务部指派专人负责保管债券持有人明细账，并组织定期核对。

第三十一条　公司按照债券契约的规定及时支付债券利息。

第三十二条　公司债券的偿还和购回在董事会的授权下由公司财务部办理。

第三十三条　公司未发行债券必须由专人负责管理。

第三十四条　其他长期负债筹资方式还包括补充贸易引进设备价款和融资租入固定资产应付的租赁费等形成的长期应付款。

第三十五条　由公司财务部统一办理长期应付款。

## 第四章　公司筹资风险管理

第三十六条　公司应定期召开财务工作会议，并由财务部对公司的筹资风险进行评价。

公司筹资风险的评价准则如下：

1. 以公司固定资产投资和流动资金的需要决定筹资的时机、规模和组合。
2. 筹资时应充分考虑公司的偿还能力，全面衡量收益情况和偿还能力，做到量力而行。
3. 对筹集来的资金、资产、技术具有吸收和消化的能力。
4. 筹资的期限要适当。
5. 负债率和还债率要控制在一定范围内。
6. 筹资要考虑税款减免及社会条件的制约。

第三十七条　公司筹资效益的决定性因素是筹资成本，这对于选择评价公司筹资方式有重要意义。公司财务部采用加权平均资本成本最小的筹资组合评价公司资金成本，以确定合理的资本结构。

第三十八条　筹资风险的评价方法采用财务杠杆系数法。财务杠杆系数越大，公司筹资风险也越大。

第三十九条　公司财务部应依据公司经营状况、现金流量等因素合理安排借款的偿还期以及归还借款的资金来源。

## 第五章　附　　则

第四十条　本制度由财务部编制，解释权、修改权归财务部。

××纺织股份有限公司

二〇一八年一月

**?思　考**

1. 筹资业务的不相容职务有哪些？
2. 筹资业务的关键控制点有哪些？
3. 如果你是公司的财务经理，应从哪些方面进行筹资业务内部控制制度的设计？

## 【本学习子情境小结】

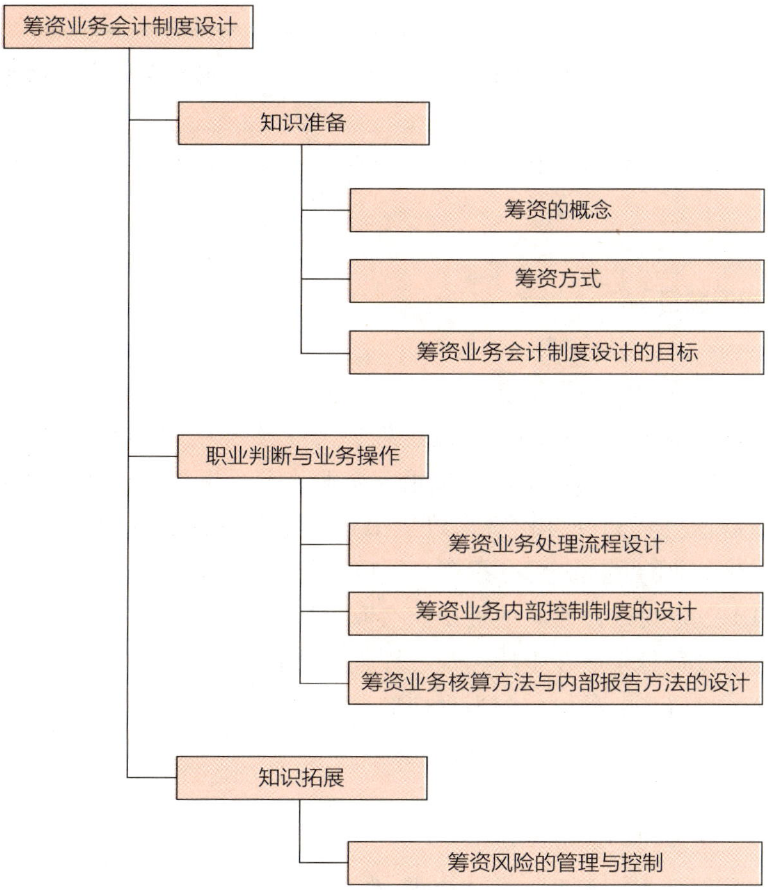


# 学习子情境六　投资业务会计制度设计

## 【本学习子情境引例】

大华公司因生产经营所需，要增资扩股吸纳新的股东，金帝公司投资部在经过对项目投资进行可行性研究后，与大华公司签订了投资协议；财务部根据董事会决议和投资协议于2017年6月对大华公司投出6 000万元。2017年12月，由于大华公司增资扩股的相关法律手续尚未办理完毕，金帝公司的投资交易尚未完成。金帝公司投资部与大华公司签订了至2017年12月的资金占用费补充协议，根据该补充协议的相关条款，金帝公司收取了至2017年12月底资金占用费262万元。至2018年4月，根据大华公司提供的会计师事务所出具的验资报告，验证金帝公司实际出资3 000万元，占股权比例15%。2018年9月收回多投的投资款3 000万元，2019年收到分回的当年5月至12月的投资收益240万元。金帝公司没有能够收到2018年1月至4月原投出资金6 000万元和5月至8月多投出资金3 000万元的资金占用费，因此金帝公司的利益没有得到保证。

问题与任务：本案例中的金帝公司对该项投资业务存在的失控点有哪些？

**【知识准备】**

## 一、投资的概念及特点

投资是指货币转化为资本的过程。投资可分为实物投资、资本投资和证券投资。实物投资是以货币投入企业，通过生产经营活动取得一定利润。资本投资和证券投资是以货币购买企业发行的股票和公司债券，间接参与企业的利润分配。投资具有以下特点：

（1）投资是以让渡其他资产而换取的另一项资产；

（2）投资是企业在生产经营过程之外持有的资产；

（3）投资是一种以权利为表现形式的资产；

（4）投资是一种具有财务风险的资产。

## 二、企业投资的分类

为了加强投资管理，提高投资效益，必须对投资进行科学的分类，以分清投资的性质。对企业投资可作如下分类：

（一）按投资与企业生产经营的关系，可分为直接投资和间接投资

直接投资是指把资金投放于生产经营环节中，以期获取利润的投资。在非金融性企业中，直接投资所占比重较大。间接投资又称证券投资，是指把资金投放于证券等金融性资产，以期获得股利或利息收入的投资。随着我国证券市场的完善和多渠道筹资的形成，企业的间接投资会越来越广泛。

（二）按投资回收时间的长短，可分为短期投资和长期投资

短期投资是指准备在一年以内收回的投资，主要指对现金应收账款、存货、短期有价证券等的投资。长期投资是指一年以上才能收回的投资，主要指对房屋、建筑物、机器、设备等能够形成生产能力物质技术基础的投资，也包括对无形资产和长期有价证券的投资。一般而言，长期投资风险高于短期投资，与此对应，长期投资收益通常高于短期投资。长

期投资中对房屋、建筑物、机器、设备等能够形成生产能力物质技术基础的投资，是一种以特定项目为对象，直接与新建或更新改造项目有关的长期投资行为，且投资所占比重较大，建设周期较长，所以称为项目投资。

（三）按投资的方向和范围，可分为对内投资和对外投资

对内投资是指把资金投放在企业内部，购置各种生产经营用资产的投资。对外投资是指企业以现金、实物、无形资产等方式或者以购买股票、债券等有价证券方式向其他单位的投资。从理论上讲，对内投资的风险要低于对外投资，对外投资的收益应高于对内投资，随着市场经济的发展，企业对外投资机会越来越多。

## 三、投资业务会计制度设计的目标

（一）企业至少应当关注涉及长期股权投资业务的下列风险

（1）投资行为违反国家法律法规，可能遭受外部处罚、经济损失和信誉损失。

（2）投资业务未经适当审批或超越授权审批，可能因重大差错、舞弊、欺诈而导致损失。

（3）投资项目未经科学、严密的评估和论证，可能因决策失误导致重大损失。

（4）投资项目执行缺乏有效的管理，可能因不能保障投资安全和投资收益而导致损失。

（5）投资项目处置的决策与执行不当，可能导致权益受损。

（二）企业在建立与实施长期股权投资业务内部控制中，应当强化对关键方面或者关键环节的控制

动画：接受投资业务设计

（1）职责分工、权限范围和审批程序应当明确规范，机构设置和人员配备应当科学合理。

（2）投资项目建议书和可行性研究报告的内容应当真实可靠，支持投资建议和可行性的依据与理由应当充分恰当，投资合同或协议的签订应当征求法律顾问的意见。

（3）投资实施方案应当科学完整，对投资项目的跟踪管理应当全面及时，投资收益的确认应当符合规定，投资权益证书的管理应当严格有效，计提投资减值准备的依据应当充分恰当。

（4）投资处置的方式和程序应当明确规范，与投资处置有关的文件资料和凭证记录应当真实完整。

**【职业判断与业务操作】**

## 一、投资业务处理流程设计

投资业务处理流程如下：提出投资方案→可行性研究报告→投资风险评估→投资集体决策→投资岗位分工→投资授权批准→制订实施方案→项目跟踪管理→投资收益核算→权益证书管理→核对账目→投资处置控制。具体投资业务处理流程见图 3-20。

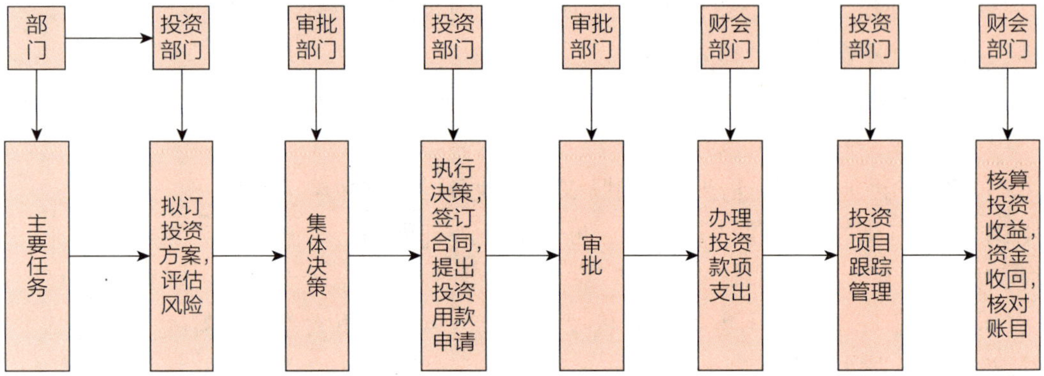


图3-20　投资业务处理流程

## 二、投资业务内部控制制度的设计

（一）投资岗位分工与授权批准控制制度

1. 投资岗位分工制度

**特别提示**

建立投资业务的岗位责任制，明确相关部门和岗位的职责权限，确保办理投资业务的不相容岗位相互分离、制约和监督。

投资业务不相容岗位至少应当包括：

（1）投资项目的可行性研究人员与评估人员相分离；

（2）投资的决策人员与执行人员相分离；

（3）投资处置的审批人员与执行人员相分离；

（4）投资绩效评估人员与执行人员相分离。

企业应当配备适当的人员办理对外投资业务。办理对外投资业务的人员应当具备良好的职业道德，掌握金融、投资、财会、法律等方面的专业知识。

2. 投资授权批准制度

（1）建立投资授权制度和审核批准制度，并按照规定的权限和程序办理投资业务。

（2）根据投资类型制定相应的业务流程，明确投资中主要业务环节的责任人员、风险点和控制措施等。

（3）设置相应的记录或凭证，如实记载投资业务各环节的开展情况。

明确各种与投资业务相关文件资料的取得、归档、保管、调阅等各个环节的管理规定及相关人员的职责权限。

（二）投资决策内部控制制度

1. 加强投资可行性研究、评估与决策环节的控制

对投资项目建议书的提出、可行性研究、评估、决策等作出明确规定，确保投资决策合法、科学、合理。

企业因发展战略需要，在原投资基础上追加投资的，仍应严格履行控制程序。

2. 编制投资项目建议书

由相关部门或人员对投资项目进行分析与论证，对被投资企业资信情况进行调查或实地考察，并关注被投资企业管理层或实际控制人的能力、资信等情况。投资项目如有其他投资者，应当根据实际情况对其他投资者的资信情况进行了解或调查。

3. 作出投资评价

由相关部门、人员或委托具有相应资质的专业机构对投资项目进行可行性研究，编制可行性研究报告，重点对投资项目的目标、规模、投资方式、投资的风险与收益等作出评价。

企业应当由相关部门、人员或委托具有相应资质的专业机构对可行性研究报告进行独立评估，形成评估报告。对重大投资项目，必须委托具有相应资质的专业机构对可行性研究报告进行独立评估。

4. 投资决策审批

根据经股东大会（或者企业章程规定的类似权力机构）批准的年度投资计划，按照职责分工和审批权限，对投资项目进行决策审批。重大的投资项目，应当根据公司章程及相应权限报经股东大会或董事会（或者企业章程规定的类似决策机构）批准。

设立投资审查委员会或者类似机构，对达到一定标准的投资项目进行初审。在初审过程中，应当审查下列内容：

（1）拟投资项目是否符合国家有关法律法规和相关调控政策，是否符合企业主业发展方向和投资的总体要求，是否有利于企业的长远发展。

（2）拟订的投资方案是否可行，主要的风险是否可控，是否采取了相应的防范措施。

（3）企业是否具有相应的资金能力和项目监管能力。

（4）拟投资项目的预计经营目标、收益目标等是否能够实现，企业的投资利益能否确保，所投入的资金能否按时收回。

只有初审通过的投资项目，才能提交上一级管理机构和人员进行审批。

5. 总额控制

企业集团根据企业章程和有关规定对所属企业投资项目进行审批时，应当采取总额控制等措施，防止所属企业分拆投资项目、逃避更为严格的授权审批的行为。

投资决策业务控制程序如图 3-21 所示。

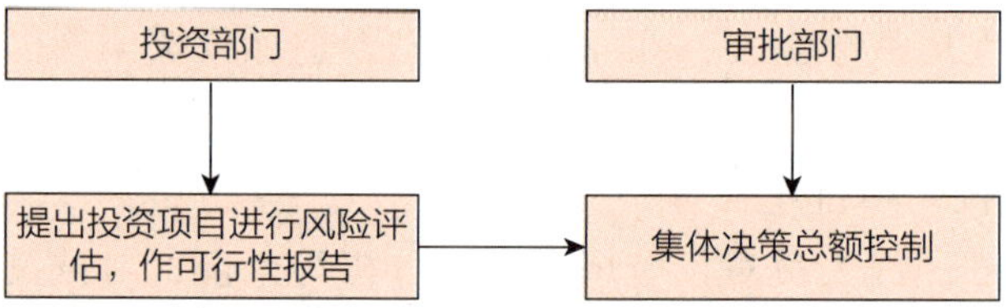


图3-21　投资决策业务控制程序

（三）投资执行内部控制制度

1. 制订投资实施方案

制订投资实施方案，明确出资时间和金额、出资方式及责任人员等内容。投资实施方案及方案的变更，应当重新履行审批程序。

投资业务需要签订合同或协议的，应当遵循《企业内部控制应用指引——合同协议》的相关规定。

2. 对投资项目跟踪管理

指定专门的部门或人员对投资项目进行跟踪管理，掌握被投资企业的财务状况、经营情况和现金流量，定期组织投资质量分析。发现异常情况，应当及时向有关部门和人员报告，并采取相应措施。

根据管理需要和有关规定向被投资企业派出董事、监事、财务负责人或其他管理人员。

对派驻被投资企业的有关人员建立适时报告、业绩考评与轮岗制度。

3. 核算投资收益

加强投资收益的控制，按照国家统一的会计准则、制度对投资收益进行核算。

对于被投资单位以股票形式发放的股利，应及时更新账面股份数量。

4. 管理有关权益证书

加强投资有关权益证书的管理，指定专门部门或人员保管权益证书，建立详细的记录。未经授权人员不得接触权益证书。财务部门应当定期或不定期地与投资管理部门和人员清点核对有关权益证书。

被投资企业股权结构等发生变化的，企业应当取得被投资企业的相关文件，及时办理相关产权变更手续，反映股权变更对本企业的影响。

5. 设置投资备查登记簿

（1）设置投资备查登记簿，记载被投资单位基本情况、动态信息，取得投资时被投资单位各项资产、负债的公允价值信息，历年与被投资单位发生的关联交易情况，发放股票股利情况等。

（2）定期和不定期地与被投资企业核对有关投资账目，保证投资的安全、完整。

（3）加强对投资项目减值情况的定期检查和归口管理，减值准备的计提标准和审批程序，按照企业资产减值内部控制的有关规定执行。

投资执行控制程序见图 3-22。

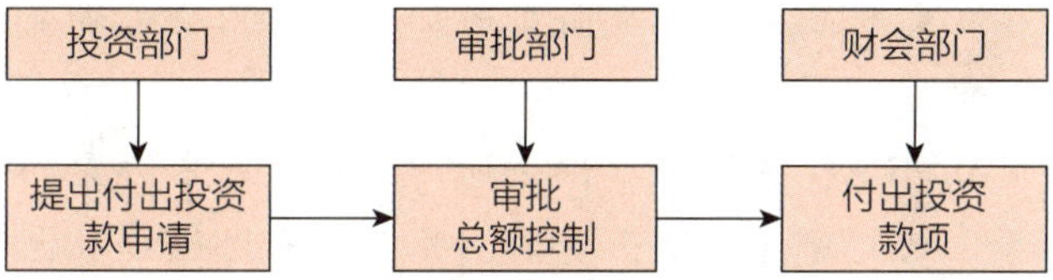


图3-22　投资执行控制程序

（四）投资处置控制制度

1. 加强投资处置环节的控制

对投资收回、转让、核销等的决策和授权批准程序作出明确规定。

投资的收回、转让与核销，应当按规定权限和程序进行审批，并履行相关审批手续。

对应收回的投资资产，要及时足额收取。

若出现转让投资，应当由相关机构或人员合理确定转让价格，并报授权批准部门批准；必要时，可委托具有相应资质的专门机构进行评估。

若核销投资，应当取得因被投资企业破产等原因不能收回投资的法律文书和证明文件。

2. 审核相关资料

认真审核与投资处置有关的审批文件、会议记录、资产回收清单等相关资料，确保资产处置真实、合法。

3. 建立投资项目后续跟踪评价管理制度

对企业的重要投资项目和所属企业超过一定标准的投资项目，有重点地开展后续跟踪评价工作，并作为进行投资奖励和责任追究的基本依据。

投资处置控制程序见表 3–23。

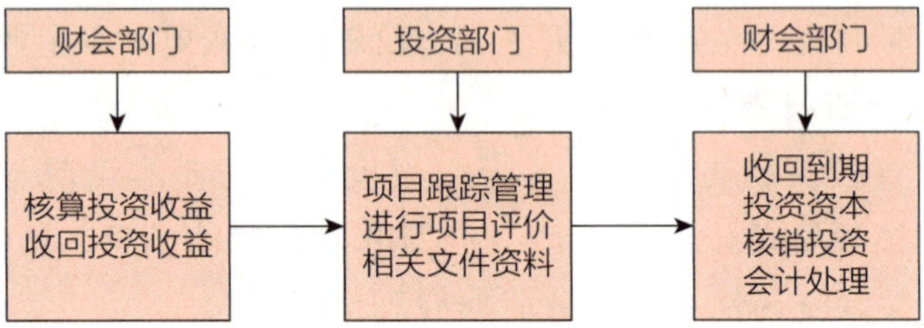


图3–23　投资处置控制程序

【做中学】根据情境引例分析：

本案例中的金帝公司对该项投资业务存在的失控点为：

（1）金帝公司投资部对该投资项目事前进行了可行性研究并作出需投资 6 000 万元的结论，但实际投资只需 3 000 万元。大华公司对投资部的工作是否存在失职或与对方公司串通舞弊，占用公司资金的情况缺乏应有的监督检查。

（2）金帝公司应在被投资单位一切增资手续基本办完尚缺验资报告时（万事俱备，只欠资金）投出资金，并在投资协议中规定在资金到账后多长时间办理完工商变更登记。

（3）金帝公司当年投资交易未能完成时，为保证资金安全应立即查明大华公司未能办理相关手续的原因并限期办理或立即收回资金。

（4）应追究大华公司对出资额发生变化的原因，大华公司是否履行相关手续并得到金帝公司的认可，多投款项为何未及时收回的原因。

（5）所签订的补充协议中资金占用期间的确定存在疏漏，未能考虑投资交易不能如期完成的情况下仍应收取的资金占用费。而投资部工作职责的疏漏，未能有相应的职能部门或人员对其进行监督检查并将检查的结果反馈给管理层；并且未制定职能部门和具体经办人员工作定期及不定期汇报制度，责任应落实到人，将工作中的重大问题提交管理层，使出现的问题能够及时得到解决或获得最有效的控制。

## 三、长期股权投资核算方法设计

### （一）长期股权投资核算方法的选择

长期股权投资，是指企业持有的对被投资单位实施控制、重大影响的权益性投资，以及对其合营企业的权益性投资。具体包括以下三种情况：一是企业能够对被投资单位实施控制的权益性投资，即对子公司的投资，被投资企业是本企业的子公司。二是企业对被投资单位具有重大影响的权益性投资，即对联营企业的投资。三是企业与其他合营方一同对被投资单位实施共同控制的权益性投资，即对合营企业的投资，被投资企业是本企业合营企业。企业应根据各种投资情况选择合适的核算方法，如表 3-32 所示。

表3-32　　长期股权投资核算方法选择

| 投资企业与被投资企业关系 | 持股比例 | 被投资方是投资方的 | 核算方法 |
|---|---|---|---|
| 控制 | ＞50% | 子公司 | 成本法 |
| 重大影响 | 两方时，占 20%~50%（含 50%） | 联营企业 | 权益法 |
| 共同控制 | 两方时，各占 50%；<br>多方时，各方相同占 0~50% | 合营企业 | 权益法 |

（二）成本法下的核算方法设计

成本法，是指投资按成本计价的方法。成本法下，企业取得长期股权投资按初始投资成本计价，持有期间，除了投资企业追加或收回投资外，长期股权投资账面价值保持不变。被投资单位宣告分派的现金股利或利润，应当确认为当期投资收益。

企业能够对被投资单位实施控制的长期股权投资，即企业对子公司的长期股权投资，应当采用成本法。

1. 核算账户的设计

成本法下，为了核算长期股权投资的增、减变动和结存情况，企业应设置“长期股权投资”账户。该账户属于资产类账户，借方登记长期股权投资的初始成本及增加额；贷方登记长期股权投资的转让及减少额；期末借方余额，反映企业持有的长期股权投资的价值。该账户可按被投资单位设置明细账户进行核算。

2. 核算方法的设计

成本法下，长期股权投资核算包括取得长期股权投资和被投资单位宣告分配的现金股利或利润时的会计处理。其核算方法设计如表 3-33 所示。

表3-33　　成本法下核算方法设计

| 经济业务 | | 核算方法设计 |
|---|---|---|
| 取得 | 取得长期股权投资 | 借：长期股权投资（全部价款＋各种税费）<br>　贷：银行存款（实际支付价款） |
| | 购买价款含有已经宣告发放但尚未发放的现金股利 | 借：长期股权投资（全部价款＋各种税费－已宣告发放但尚未发放的现金股利）<br>　应收股利（已宣告发放但尚未发放的现金股利）<br>　贷：银行存款（实际支付价款） |
| 现金股利和利息 | 持有期间被投资单位宣告分派的现金股利或利润 | 借：应收股利<br>　贷：投资收益 |
| | 收到现金股利 | 借：银行存款<br>　贷：应收股利 |

（三）权益法下的核算方法设计

权益法，是指投资以初始投资成本计量后，在投资持有期间根据投资企业应享有或应分担的被投资单位实现的净损益和其他综合收益的份额，分别确认投资收益和其他综合收益，同时调整长期股权投资的账面价值的方法。

投资企业对被投资单位具有重大影响、共同控制的长期股权投资，即对联营企业投资及合营企业投资，应当采用权益法核算。

1. 核算账户的设计

采用权益法进行长期股权投资的核算，为了反映投资成本、损益调整等情况，企业应在“长期股权投资”账户下，设置“成本”“损益调整”“其他综合收益”“其他权益变动”等明细账户。其中，“成本”明细账户，反映取得股权时确定的初始投资成本；“损益调整”明细账户，反映购入股权以后按照应享有或应分担被投资单位实现的净损益（净利润或净亏损）份额的调整数；“其他综合收益”明细账户，反映购入股权以后按照应享有被投资单位其他综合收益份额的调整数；“其他权益变动”明细账户，反映购入股权以后按照被投资单位除净损益以外所有者权益的其他变动，在持股比例不变的情况下，企业按照持股比例计算应享有或承担的部分。

2. 核算方法的设计

（1）取得长期股权投资的核算。权益法下，取得长期股权投资初始计量与成本法下基本相同。

为了客观地反映投资企业在被投资企业所有者权益中享有的份额，应将初始投资成本与投资时应享有被投资企业可辨认净资产公允价值份额进行比较，并分别不同情况进行处理：

① 初始投资成本大于投资时应享有被投资企业可辨认净资产公允价值份额的差额，不调整长期股权投资的初始投资成本。由于该部分差额从性质上看，实质上是投资企业在取得投资过程中通过购买作价体现出的与所取得股权份额相对应的商誉以及被投资单位不符合确认条件的资产价值，也就是初始投资中含有被投资单位的"商誉"，此时，不调整长期股权投资的初始投资成本。

② 初始投资成本小于投资时应享有被投资企业可辨认净资产公允价值份额的差额，其差额应当计入当期损益，同时调整长期股权投资的成本。该部分差额可以看作是被投资单位的股东给予投资企业的让步，或是出于其他方面的考虑，被投资单位的原有股东无偿赠送给投资企业的价值，因而应当确认为当期营业外收入，同时增加长期股权投资的成本，借记"长期股权投资——成本"账户，贷记"营业外收入"账户。

（2）持有期间被投资单位实现净损益。投资企业取得长期股权投资后，应享有或应分担被投资单位实现净利润或发生净亏损的份额（法规或章程规定不属于投资企业的净损益除外），分别确认投资收益同时调整长期股权投资的账面价值。

当被投资企业实现净利润时，按照持股比例计算应享有的份额，借记"长期股权投资——损益调整"账户，贷记"投资收益"账户。

当被投资企业实现净亏损时，按照持股比例计算应享有的份额，作相反会计分录。但应当以长期股权投资的账面价值以及其他实质上构成对被投资单位净投资的长期权益减记至零为限，投资方负有承担额外损失义务的除外。借记"投资收益"账户，贷记"长期股权投资——损益调整"账户。

被投资单位以后实现净利润的，投资方在其收益分享额弥补未确认的亏损分担额后，恢复确认收益分享额。

（3）被投资单位宣告发放现金股利或利润。被投资单位宣告发放现金股利或利润时，投资企业应当按照持股比例计算应分得的现金股利，借记"应收股利"账户，贷记"长期股权投资——损益调整"账户。

（4）持有期间被投资企业其他综合收益变动。持有期间，被投资企业其他综合收益发生变动，投资企业应按持股比例计算应享有的份额，借记或贷记"长期股权投资——其他综合收益"，贷记或借记"其他综合收益"账户。

（5）持有期间被投资企业其他所有者权益变动。持有期间，被投资单位所有者权益变动除净损益、其他综合收益和利润分配以外所有者权益的其他变动，在持股比例不变的情况下，投资企业应按持股比例计算应享有的份额，借记或者贷记“长期股权投资——其他权益变动”账户，贷记或者借记“资本公积——其他资本公积”账户。

（四）权益法下的核算方法设计

权益法下，长期股权投资核算包括取得长期股权投资，持有期间被投资单位实现净利润、宣告分派的现金股利或利润、其他综合收益变动和其他所有者权益变动时的会计处理。其核算方法设计如表 3-34 所示。

表3-34　　权益法下核算方法设计

| 项目 | 经济业务 | 核算方法设计 |
| --- | --- | --- |
| 取得长期股权投资 | 取得长期股权投资 | 借：长期股权投资（全部价款 + 各种税费）<br>　贷：银行存款（实际支付价款） |
| | 购买价款含有已经宣告发放但尚未发放的现金股利 | 借：长期股权投资（全部价款 + 各种税费 - 已宣告发放但尚未发放的现金股利）<br>　应收股利（已宣告发放但尚未发放的现金股利）<br>　贷：银行存款（实际支付价款） |
| | 初始投资成本大于投资时应享有被投资企业可辨认净资产公允价值份额 | 其差额，不调整长期股权投资的初始投资成本 |
| | 初始投资成本小于投资时应享有被投资企业可辨认净资产公允价值份额 | 其差额，调整长期股权投资的初始投资成本<br>借：长期股权投资——成本<br>　贷：营业外收入 |
| 持有期间被投资单位实现净损益 | 被投资单位实现净利润 | 借：长期股权投资——损益调整<br>　贷：投资收益 |
| | 被投资单位发生净亏损 | 借：投资收益<br>　贷：长期股权投资——损益调整<br>　（但应以长期股权投资账户的账面价值减记至零为限） |
| 持有期间被投资单位宣告分派的现金股利或利润 | 被投资单位宣告分派的现金股利或利润 | 借：应收股利<br>　贷：长期股权投资——损益调整 |
| | 收到被投资单位发放的现金股利 | 借：银行存款<br>　贷：应收股利 |
| 持有期间被投资单位其他综合收益变动 | 被投资单位其他综合收益增加 | 借：长期股权投资——其他综合收益<br>　贷：其他综合收益 |
| | 被投资单位其他综合收益减少 | 借：其他综合收益<br>　贷：长期股权投资——其他综合收益 |
| 持有期间被投资企业除净损益、其他综合收益以及利润分配以外的其他所有者权益变动 | 被投资企业除净损益、其他综合收益以及利润分配以外的其他所有者权益变动的增加 | 借：长期股权投资——其他权益变动<br>　贷：资本公积——其他资本公积 |
| | 被投资企业除净损益、其他综合收益以及利润分配以外的其他所有者权益变动的减少 | 借：资本公积——其他资本公积<br>　贷：长期股权投资——其他权益变动 |

**【知识拓展】**

企业投资——风险分析

企业财务风险存在于企业财务管理工作的各个环节，财务决策几乎是在风险和不确定性的情况下作出的，尤其是在中国市场经济发育不健全的条件下更是不可避免。我国企业的财务风险包括筹资风险、投资风险、资金营运风险和收益分配风险，应建立企业财务风险识辨系统和有效的风险处理机制，完善风险管理机构，进一步防范企业财务风险。

企业财务风险是指在各项财务活动过程中，由于各种难以预料或控制的因素影响，财务状况具有不确定性，从而使企业有蒙受损失的可能性。财务风险客观存在于企业财务管理工作的各个环节，其存在必然会对企业生产经营产生重大影响。因此，对中国企业财务风险的现状、成因及其防范措施进行探讨，以期降低风险、提高效益就显得十分重要。

## 一、中国企业财务风险的现状

企业财务活动，一般分为筹资活动、投资活动、资金营运和收益分配四个方面。相应地，财务风险也就包括筹资风险、投资风险、资金营运风险和收益分配风险。具体来说，中国企业财务风险主要表现在以下几个方面。

（一）资金结构不合理

资本结构是指企业长期资本构成及其比例关系。资本结构的不合理将使企业财务负担沉重，偿付能力严重不足，导致财务风险的产生。中国企业大部分生产经营资金的来源为自有资金和借入资金。

企业投资从国有企业财务结构来看，普遍存在着资产负债率较高、银行贷款过多的问题。据国务院国资委公布的消息，2005 年上半年，169 家中央企业中净资产同比增长不足 1% 或下降的有 69 家，资本积累严重不足；过度负债的有 52 家，不少企业流动比率不足国际警戒标准（200%）。有的企业资产负债率达 80% 以上，甚至超过 100%，一旦市场销售缩减，很难靠借新债还旧债的方式维持资金运转。从企业负债结构来看，长期负债较少，短期负债过多，企业对银行的依赖很大。企业过分依赖银行，当出现支付危机时，一方面使自己失去信任而加大其财务风险，另一方面又因逾期借款而使融资成本加大。可见，中国企业资本结构存在比较大的问题。

（二）投资缺乏科学性

企业投资包括对内投资和对外投资。在对外投资上，很多企业投资决策者对投资风险的认识不足，盲目投资，导致企业投资损失巨大，从而财务风险不断。企业对内投资主要是固定资产投资。在固定资产投资决策过程中，很多企业对投资项目的可行性缺乏周密系统的分析和研究，加之决策所依据的经济信息不全面、不真实以及决策者决策能力低下等原因，使得投资决策失误频繁发生，投资项目不能获得预期的收益，投资无法按期收回，这也给企业带来了巨大的财务风险。

（三）资金回收策略不当

现代社会企业间广泛存在着商业信用。一些企业为了增加销量，扩大市场占有率，大量采用赊销方式销售产品。从会计核算的角度看，可以增加企业利润，但相当多的企业在信用销售过程中对客户的信用等级了解不够，盲目赊销，造成大量应收账款失控，相当比例的应收账款长期无法收回，甚至成为坏账。另一方面，在中国企业流动资产中，存货所占比重相对较大，且很多表现为超储积压存货。2005 年上半年，中央企业应收账款和存货占用资金 1.42 万亿元，占流动资金的 36%。在全部中央企业中，应收账款和存货占流动资金比重超过 50% 的有 37 家。资产长期被债务人和存货占用，使得企业缺少足够的流动资金进行再投资或归还到期债务，严重影响企业资产的流动性及安全性。

（四）收益分配政策不规范

股利分配政策对企业的生存和发展有很大的影响。分配方法的选择会影响投资者对企业状况的判断和企业的声誉，从而影响企业资金的来源，也可能影响企业潜在投资者的投资决策。如果企业的利润分配政策缺乏控制制度，不结合企业的实现情况，不进行科学的分配决策，必将影响企业的财务结构，从而形成间接的财务风险。与国际上广泛采用的股利政策相比，中国企业较少分配现金股利，代之以配股或送红股的分配方法，这一方面有意无意间助长了证券市场上的投机气氛，另一方面无助于投资者形成正确的投资理念。不仅如此，中国企业股利政策的制定也往往无章可循，股利分配方案常常朝令夕改，令投资者无所适从。

## 二、中国企业财务风险形成的原因分析

在市场经济活动中，企业存在财务风险是难免的，关键是必须了解风险的起因，才能做到有的放矢，使自身处于不败之地。中国企业产生财务风险的原因很多，既有企业外部的原因，也有企业自身的原因。中国企业财务风险主要有以下四个方面的原因。

（一）企业的理财活动尚未与不断变化的外部经济环境相适应

企业财务活动处于一定的环境之下，并受这些环境的制约，包括国

民经济整体形势及行业景气度，国家信贷以及外汇等政策的调整、银行利率及汇率的波动、通货膨胀程度等。企业理财环境的变化莫测是企业产生财务风险的外部原因，因为这些因素存在于企业之外，其变化对企业来说，是难以预见和难以改变的，这必然影响到企业的财务活动。比如，利率的变动必然会产生利率风险，包括支付的利息过多的风险、产生利息的投资发生亏损的风险和不能履行偿债义务的风险；而中国企业大多财务管理基础薄弱，缺乏市场观念和对外部环境变化的适应及应变能力，面对外部环境不利变化不能进行科学的预见，反应滞后，措施不力，导致财务风险产生。

（二）企业内部财务关系混乱，决策缺乏科学性

企业内部财务关系混乱也是中国企业产生财务风险的一个重要原因。在中国，企业与内部各部门之间及企业与上级企业之间，在资金管理及使用、利益分配等方面存在权责不明、管理混乱的现象，造成资金使用效率低下，资金流失严重，资金的安全性、完整性无法得到保证。在采购、生产、销售、财务、市场预测等各环节之间缺乏统筹协调配合，造成应收款项、存货等资产损失严重。在进行投资决策时不进行深入市场调研和科学论证，盲目投资，形成不良资产或巨额损失。资本结构缺乏科学规划，筹资综合成本高，企业投资造成负债比重加大，财务风险增高。

（三）内部财务监控机制不健全

内部财务监控是企业财务管理系统中一个非常重要而且相当独特的系统，为使其更能充分发挥其职能作用，企业不仅应该设置独立的组织机构，更重要的是要根据本企业的特点，建立起一套比较完整的、系统的、强有力的内部财务监控制度，才能保证企业内部财务监控系统的高效运行。而中国企业大多没有建立内部财务监控机制。即使有，其财务监督制度执行也不严格，特别是有的企业管理与监督合而为一，缺乏资产损失责任追究制度，对财经纪律置若罔闻，难以进行有效的约束，财务风险极易发生。

（四）企业理财人员素质不高，缺乏风险意识

任何系统的运行，人都是非常重要的条件，高素质的理财人员更是企业不可多得的财富。就目前的情况看，中国企业的理财人员受专业教育的程度限制，其综合素质和业务素质都有待提高，他们的理财观念和理财方法，特别是职业道德和职业判断能力，在更大程度上还不能适应市场经济环境的要求。

## 三、企业财务风险的防范

如何防范企业财务风险，化解财务风险，以实现财务管理目标，是企业财务管理的工作重点。防范企业财务风险，主要应做好以下工作。

（一）建立企业财务风险识辨系统

要对企业的财务风险进行防范，首先必须准确、及时地识辨企业的财务风险。企业财务风险的识辨可采用以下几种方法。

1. 用“阿尔曼”模型建立预警系统

这种方法是由美国爱德华·阿尔曼在20世纪60年代提出来的基于多元判别模型的财务预警系统。他利用逐步多元鉴别分析逐步提取五种最具共同预测能力的财务比率，建立起了一个类似回归方程的Z计分法模型：

$$Z=0.012X_1+0.014X_2+0.033X_3\times 0.006X_4+0.999X_5$$

其中：$X_1$=营运资金／资产总额；$X_2$=留存收益／资产总额；$X_3$=息税前利润／资产总额；$X_4$=普通股和优先股的市场价值总额／负债账面价值总额；$X_5$=销售收入／总资产。

该模型实际上是通过五个变量（五种财务比率），将反映企业偿债能力指标、获利能力指标和营运能力指标用一个多元的线性函数公式有机联系起来，综合评价企业财务风险的可能性。阿尔曼认为：若Z值小于1.81，则企业存在很大的财务风险；若Z值在1.81~2.99灰色区域，企业财务状况不明朗；若Z值大于3，说明企业的财务状况良好，财务风险发生的可能性很小。阿尔曼还提出Z值等于1.81是判断企业破产的临界值。

2. 利用单个财务风险指标趋势的恶化来进行预测和监控

通常按照财务比率指标的性质及综合反映企业财务状况能力的大小，预测和监控预警企业财务风险的比率主要有：

（1）现金债务总额比。它等于经营现金净流量除以负债总额。这个比率越高，企业承担债务的能力越强。

（2）流动比率。它是流动资产与流动负债之比。一般认为流动比率应该在2以上，但最低不低于1。影响流动比率的主要因素有营业周期、流动资产中的应收账款数额和存货的周转速度。

（3）资产净利率是一个综合指标，它等于净利润除以资产总额。它是把企业一定期间的净利与企业的资产相比较，表明企业资产利用的综合效果。指标越高，表明资产的利用效率越好，说明企业在增加收入和节约资金使用等方面取得了良好的效果。否则则相反。企业的资产是由投资人投入或举债形成的，净利的多少与企业资产的多少、资产的结构和经营管理水平有密切的关系。影响资产净利率高低的因素主要有：产品的价格、单位成本的高低、产品的产量和销售的数量和资金占用量的大小等。

（4）资产负债率。它是负债总额与资产总额之比，主要用来衡量企业利用负债进行经营活动的能力，并反映企业对债权人投入资本的保障程度。通常该比率应以低为好，但当企业经营前景较为乐观时，可适当提高资产负债率，以获取负债经营带来的收益；若企业前景不佳，则应降低资产负债率，从而降低财务风险。

（5）资产安全率。它是资产变现率与资产负债率之差，其中，资产变现率是预计资产变现金额与资产账面价值之比。它主要用来衡量企业总资产变现偿还债务后剩余系数的大小。系数越大，资产越安全，财务风险越小；否则财务风险越大。

企业可以应用比较分析法、比率分析法来考察其自身历年以来财务比率指标的变化趋势，并借鉴行业指标的平均值与先进企业的指标值来判断本身财务状况的好坏，从而有效地规避风险、控制风险、延缓危机甚至杜绝危机。

3. 编制现金流量预算

企业现金流量预算的编制，是财务管理工作中特别重要的一环。由于企业理财的对象是现金及其流动，就短期而言，企业能否维持下去，并不完全取决于是否盈利，而取决于是否有足够现金用于各种支出。准确的现金流量预算，可以为企业提供预警信号，使经营者能够及早采取措施。为准确编制现金流量预算，企业应将各具体目标加以汇总，并将预期未来收益、现金流量、财务状况及投资计划等以数量化形式加以表达，建立企业全面预算。预测未来现金收支的状况可以周、月、季、半年及一年为期，建立滚动式现金流量预算。

由于各企业的组织形式、企业规模等存在差异，企业应当根据实际情况来设计符合其自身要求和特点的财务风险预警系统。

（二）建立有效的风险处理机制，增强抗险能力

为了有效防范可能发生的财务风险，企业必须从长远利益着眼，建立和健全企业财务风险防御机制。

（1）可以通过某种手段（比如参加社会保险）将部分或全部财务风险转移给他人承担的方法，建立健全企业风险转移机制。

（2）可以通过企业之间联营、多种经营及对外投资多元化等方式及时分散和化解企业财务风险，建立健全企业风险分散机制。

（3）可以在选择理财方案时，综合评价各种方案可能产生的财务风

险，在保证财务管理目标实现的前提下，建立健全风险回避机制。

（4）可以建立健全企业的风险基金和积累分配机制，及时足额地增补企业的自有资金，壮大企业的经济实力，提高企业抗击财务风险的能力。

（三）建设财务风险制度文化，增强风险防范意识

企业财务风险的高效管理得益于企业上下一心的全员参与和制度支撑。只有在文化层面上加强企业员工的财务风险意识，打破传统的风险自我无关和自我分割管理的思想，建立起全面整体的风险观，在工作中处处时时评估和发现风险，自发地协调和实现团队化风险控制，把风险管理的观念和行动落实到每个人的身上。管理层应致力于调查和规划本企业的风险制度文化建设，制度控制和文化引导双管齐下，努力提升企业的风险管理水平。要使财务管理人员明白，财务风险存在于财务管理工作的各个环节，任何环节的工作失误都可能会给企业带来财务风险。因此必须将风险防范贯穿于财务管理工作的始终。企业领导人员应加强科学决策、集体决策，摒弃经验决策、“拍脑门”决策等主观决策，降低财务决策风险。

（四）完善风险管理机构，健全内部控制制度

企业财务风险管理的复杂性和多样性要求企业必须建立和完善相应的组织机构，对风险实施及时有效的管理。只有把企业的财务风险实现组织化运作，才能使企业财务风险管理得到足够的重视和真正的规模运行。企业可以单独设立一个财务风险管理处并配备相应的人员对财务风险进行预测、分析、监控，建立健全风险控制机制，以便及时发现并化解风险。为了完善风险管理首先要完善公司治理结构，提高风险控制能力，实现科学决策、科学管理，形成完整的决策机制、激励机制和制约机制。其次要建立监督控制机制，特别要加强授权批准、会计监督、预算管理和内部审计。再次是财务和会计应该分设，单位分管领导分开，分别设置管理中心，各行其责。最后要充分发挥内部审计机构和人员的作用，搞好内部控制的评审和风险估计。

动画：预算内部控制

（五）理顺企业内部财务关系，做到责、权、利相结合

为防范财务风险，企业还应理顺内部的各种财务关系。各部门要明确其在企业财务管理中的地位、作用、职责及被赋予的相应权力，做到权责分明，各负其责。另外，在利益分配方面，企业应兼顾各方利益，以调动各部门参与企业财务管理的积极性，从而真正做到责、权、利相结合。

【真实案例】

## ××股份有限公司对外投资管理制度

### 第一章　总　　则

第一条　为规范××股份有限公司（以下简称“公司”）的对外投资行为，加强公司对外投资管理，防范投资风险，保障投资安全，提高投资效益，维护公司形象和投资者的利益，依照《公司法》《证券法》《深圳证券交易所股票上市规则》等法律、法规、规范性文件的相关规定，结合《公司章程》及公司的实际情况，制定本制度。

第二条　本制度所称对外投资是指公司对主营业务以及与主营业务相关的产品的生产、销售、贸易和服务进行的投资及PE、创投等风险投资行为。

第三条　公司进行对外投资应遵循符合公司发展战略，谨慎、强化风险控制，合理评估效益，并不得影响公司主营业务的正常运行的原则。

第四条　根据国家对投资行为管理的有关要求，投资项目需要报有关部门审批的，应履行必要的报批手续，保证公司各项投资行为的合规合法性。

第五条　本制度适用于公司及公司下属全资子公司、控股子公司（以下简称子公司）的对外投资行为。

### 第二章　投资决策权限和程序

第六条　公司对外投资实行专业管理和逐级审批制度。

第七条　公司对外投资的审批应严格按照《公司法》《深圳证券交易所股票上市规则》和中国证券监督管理委员会的有关法律、法规及《公司章程》以及《股东大会议事规则》《董事会议事规则》《总经理工作细则》等规定的权限履行审批程序。

第八条　公司对外投资归口管理部门为证券投资部，负责寻找、收集对外投资的信息和相关建议。公司的股东、董事、高级管理人员、相关职能部门、相关业务部门和各下属公司可以提出书面的投资建议或信息。

第九条　公司证券投资部等有关管理部门对拟投资的项目进行市场前景、所在行业的成长性、相关政策法规是否对该项目已有或有潜在的限制、公司能否获取与项目成功要素相应的关键能力、公司是否能筹集项目投资所需资源、项目竞争情况、项目是否与公司长期战略相吻合等方面进行评估，认为可行的，组织编写项目建议书，并上报董事长。

第十条　董事长组织对项目建议书进行审查。认为可行的，提交董事会审计委员会对投资进行事前审查，董事会审计委员会审议通过后，将根据投资决策权限提交相应有权审批机构审议。

第十一条　必要时，公司可聘请外部机构和专家对投资项目进行咨询和论证。

第十二条　需要由股东大会审议通过的投资项目，在董事会审议通过后提交股东大会审议。

## 第三章　风险投资特别规定

第十三条　公司进行非以扩大主营业务生产规模、执行公司发展战略或延伸产业链为目的风险投资时应当谨慎、强化风险控制、合理评估效益，并不得影响公司主营业务的正常运行。

第十四条　公司只能使用自有资金作为风险投资的资金来源，不得使用募集资金直接或间接进行风险投资。

第十五条　公司存在使用闲置募集资金暂时补充流动资金或募集资金投向变更为补充流动资金后，公司十二个月内不得进行风险投资。风险投资后的十二个月内，不得使用闲置募集资金暂时补充流动资金或募集资金投向变更为补充流动资金。

第十六条　公司进行风险投资，应当以发生额作为计算标准，并按连续十二个月累计发生额计算。经累计计算达到本制度第十八条、第二十一条规定的，应当按照本制度第十八条、第二十一条履行审批程序和信息披露义务。

第十七条　公司董事会审计委员会应当对风险投资进行事前审查，对风险投资项目的风险、履行的程序、内部控制制度执行情况出具审查意见。

第十八条　公司风险投资额度的审批权限如下：

（一）风险投资金额在 1 000 万元以下的，由公司总经理办公会议审批；

（二）风险投资金额超过 1 000 万元、低于 5 000 万元的，由公司董事会审批；

（三）风险投资金额在 5 000 万元以上的，由公司董事会审议通过后提交股东大会审议。

第十九条　对于风险投资项目，公司审计委员会应在每个会计年度末对所有风险投资项目进展情况进行检查，对于不能达到预期效益的项目应当及时报告公司董事会。

第二十条　风险投资项目中涉及保证金的，公司应在投资协议中明确保证金的管理。

第二十一条　风险投资金额在 1 000 万元以上的，应按照深圳证券交易所《上市公司信息披露格式指引第 6 号：上市公司对外投资公告格式指引》的要求及时披露，同时说明审计委员会事前审查情况和本制度第十五条内容。

第二十二条　公司首次披露风险投资项目后，还应当按照以下时点持续披露风险投资项目的进展情况：

（一）被投资企业进入 IPO 上市辅导期；

（二）被投资企业 IPO 上市辅导期结束并通过验收；

（三）被投资企业的 IPO 招股说明书预披露；

（四）被投资企业的 IPO 发审会审议结果；

（五）深圳证券交易所认为应当披露的其他事项。

第二十三条　公司对小额贷款银行、担保公司、期货公司、信托公司等金融类公司投资，参照风险投资管理的要求执行，但对金融类上市公司的投资除外。

第二十四条　公司控股子公司进行风险投资，视同公司的行为。参股公司进行风险投资，对公司业绩造成较大影响的，公司应当及时履行信息披露义务。

## 第四章　信息披露及内部信息报告程序

第二十五条　公司对外投资应严格按照《公司法》《证券法》《深圳证券交易所股票上市规则》及其他有关法律法规及《公司章程》《信息披露管理办法》等的规定履行信息披露义务。

第二十六条　公司董事、监事、高级管理人员及相关知情人员在公司对外投资信息披露前，应当将该信息的知情者控制在最小范围内，不得向公司外部和公司其他岗位人员泄露投资信息。

第二十七条　董事会秘书负责公司未公开对外投资信息的对外公布，其他董事、监事、高级管理人员及相关知情人员，非经董事会书面授权，不得对外发布任何公司未公开的投资信息。

第二十八条　子公司应严格执行公司《信息披露管理办法》的有关规定，履行信息披露的基本义务，提供的信息应当真实、准确、完整并在第一时间报送本公司董事会，以便公司及时对外披露。

第二十九条　子公司应当明确信息披露责任人及责任部门，负责子公司信息报告事宜，保持与公司董事会办公室的信息沟通。

## 第五章　实施、检查和监督

第三十条　对外投资项目经董事会或股东大会审议通过后，由董事长负责组织实施。

第三十一条　在对外投资项目实施过程中，董事长如发现该投资方案有重大疏漏、项目实施的外部环境发生重大变化或受到不可抗力之影响，可能导致投资失败时，应向董事会报告；董事会视情形决定对投资方案进行修改、变更或终止。经股东大会批准的对外投资项目，其投资方案的修改、变更或终止需由股东大会进行审议。

第三十二条　公司监事会、内审部应依据其职责对对外投资项目进行监督，对违规行为及时提出纠正意见，对重大问题提出专项报告，提请对外投资项目审批机构讨论处理。

第三十三条　独立董事有权对公司的对外投资行为进行检查。

## 第六章　董事、总经理、其他管理人员及相关责任单位的责任

第三十四条　公司董事、总经理及其他管理人员应当审慎对待和严格控制对外投资行为产生的各种风险，对违规或失当的对外投资行为负有主管责任或直接责任的上述人员应对该项错误对外投资行为造成的损失依法承担连带责任。

上述人员未按本制度规定程序擅自越权审批对外投资项目，对公司造成损害的，应当追究当事人的经济责任和行政责任。

第三十五条　责任单位或责任人怠于行使其职责，给公司造成损失的，可视情节轻重给予包括经济处罚在内的处分并承担赔偿责任。

第三十六条　公司股东大会及董事会有权视公司的损失、风险的大小、情节的轻重决

定给予责任单位或责任人相应的处分。

### 第七章　附　　则

第三十七条　本制度未尽事宜，按照国家有关法律、法规和公司章程的规定执行。

第三十八条　本制度自董事会审议通过之日起实施，由董事会负责解释。

**?思　考**

1. 投资业务的不相容职务有哪些？
2. 投资业务的关键控制点有哪些？
3. 如果你是公司的财务经理，应从哪些方面进行投资业务内部控制制度的设计？

**【本学习子情境小结】**

- 投资业务会计制度设计
  - 知识准备
    - 投资的概念及特点
    - 企业投资的分类
    - 投资业务会计制度设计的目标
  - 职业判断与业务操作
    - 投资业务处理流程设计
    - 投资业务内部控制制度的设计
    - 长期股权投资核算方法设计
  - 知识拓展
    - 企业投资——风险分析

# 职业能力训练

## 一、单项选择题

1. 对于审批人超越授权范围审批的货币资金业务，经办人（　　）。
   A. 可按规定办理，但要向审批人的上级授权部门报告
   B. 直接拒绝办理，不需要向审批人的上级授权部门报告
   C. 无权拒绝办理，但应及时向审批人的上级授权部门报告
   D. 有权拒绝办理，并及时向审批人的上级授权部门报告

2. 对于重要的货币资金业务，为防范贪污、侵占、挪用行为，应当（　　）。
   A. 实行主管领导一支笔审批制度
   B. 实行集体决策和审批，并建立责任追究制度
   C. 实行授权人审批制度和报告制度
   D. 实行审批报告制度

3. 不相容职务岗位分离的核心是（　　）。
   A. “内部牵制”　　B. “岗位分离”
   C. “一人一岗”　　D. “多人一岗”

4. 货币资金的收付及保管应由被授权批准的（　　）。
   A. 会计人员负责　　B. 会计主管负责
   C. 出纳人员负责　　D. 公司文员负责

5. 库存现金的盘点制度不包括（　　）。
   A. 出纳人员的日常盘点
   B. 检查现金收付业务的合理、合法性
   C. 填写“库存现金清查盘点报告单”
   D. 会计人员的日常实地盘点

6. 若企业的银行存款收付业务较少，则企业与银行对账至少是（　　）。
   A. 每日一次　　B. 每月一次
   C. 每季度一次　　D. 每年一次

7. 出纳人员在每日营业终了进行库存现金实地盘点时，如果发现账实不符应（　　）。
   A. 立即报告主管人员　　B. 立即报告单位负责人
   C. 立即报告审计人员　　D. 不必报告，自行处理

8. 企业的货币资金的收付及保管应由被授权批准的（　　）负责，不允许其他人员接触。
   A. 专职出纳人员或兼职出纳人员

B. 专职出纳人员

C. 会计人员

D. 会计主管人员

9. 可以及时发现企业和银行记账差错，防止银行存款非法行为发生，保证银行存款真实和货款结算及时的控制措施是（　　）。

A. 审批　　B. 复核

C. 核对　　D. 结账

10. 出纳人员不能够同时负责的工作有（　　）。

A. 货币资金的收付　　B. 编制记账凭证

C. 现金日记账的登记　　D. 货币资金收付的批准

11. 下列说法不属于不相容职务岗位解释的是（　　）。

A. 那些如果由一个人担任，既可能发生错误和舞弊行为，又可能掩盖其错误和弊端行为的职务岗位

B. 单个人或部门的工作必须单独处理，不能受其他部门的影响

C. 它要求每项经济业务都要经过两个或两个以上的部门或人员的处理

D. 不相容职务分离的核心是“内部牵制”

12. 出纳人员不能够同时负责的工作有（　　）。

A. 现金日记账的登记　　B. 货币资金的收付

C. 编制记账凭证　　D. 货币资金收付的批准

13. 按照货币资金内部控制制度的要求，出纳人员可以兼任（　　）。

A. 日记账登记工作　　B. 债权债务账目的登记工作

C. 稽核工作　　D. 会计档案保管工作

14. 下列人员中不违背会计回避原则要求的是（　　）。

A. 企业负责人的亲属在本企业担任会计人员

B. 企业会计机构负责人的亲戚在本企业担任会计人员

C. 企业员工的亲属在本企业担任会计人员

D. 企业会计人员的亲属在本企业担任会计人员

15. 出纳人员可以兼任的工作是（　　）。

A. 稽核

B. 会计档案保管和收入、费用

C. 债权债务等账目登记工作

D. 编制收付款凭证

16. 存货采购的请购单编制程序是（　　）。

A. 存货使用部门向存货保管部门提出使用需要量，保管部门根

据现有存货的库存量计算出请购量后，编制请购单

B. 保管部门根据现有存货的库存量计算出请购量后，编制请购单

C. 存货使用部门根据使用需要量，编制请购单

D. 存货使用部门根据使用需要量，并经资金管理部门确认后，编制请购单

17. 由供货单位将货物直接送到购货单位指定地点的货物交接方式是（　　）。

A. 提货制　　B. 发货制

C. 订货制　　D. 送货制

18. 在存货采购业务中，可以兼任会计工作的人员是（　　）。

A. 存货采购人员　　B. 存货的保管人员

C. 付款审批人员　　D. 存货的使用人员

19. 下列说法正确的是（　　）。

A. 货款结算的主要方式中不包括汇兑

B. 货物的交接方式只有提货制和送货制两种

C. 异地进货业务手续和凭证流转程序与货物的交接方式和货款的结算方式密切相关

D. 同城进货业务手续和凭证流转程序与货物的交接方式和货款的结算方式无关

20. 订货控制制度中，核心是（　　）。

A. 对购货询价、签订合同的控制和订单的控制

B. 保证所购货物符合预定的品名、数量和质量标准

C. 明确有关人员的经济责任

D. 采购人员不得负责付款审批

21. 针对存货采购业务的特点，其内部控制制度设计的目标不包括（　　）。

A. 保证销货款的及时回笼

B. 货币资金的支付或负债的增加必须以获得品质优良的存货为前提，保持货款支付或负债增加的真实性与合理性

C. 合理揭示企业应享有的购货折扣与折让

D. 准确提供存货的会计信息

22. 进货业务中采用“送货制”的业务程序，“收货单”的流转程序是（　　）。

A. 批发企业业务部门—供货单位—批发企业仓库—企业财会部门

B. 批发企业业务部门—供货单位—批发企业仓库—企业财会部

门—批发企业业务部门

C. 批发企业业务部门—批发企业仓库—供货单位—企业财会部门—批发企业业务部门

D. 批发企业业务部门—供货单位—批发企业仓库—供货单位—企业财会部门—批发企业业务部门

23. 加强应付账款和应付票据的管理，由专人按照约定的付款日期、折扣条件等管理应付账款，这种安排属于（　　）。

A. 职责分工与授权批准设计

B. 授权制度与审核批准制度设计

C. 采购与验收控制设计

D. 付款控制设计

24. 企业的退货管理制度所归属的会计制度设计范畴是（　　）。

A. 职责分工控制制度设计

B. 授权制度和审核批准制度设计

C. 采购与验收控制设计

D. 付款控制设计

25. 整个采购的关键控制环节是（　　）。

A. 采购预算　　B. 采购作业

C. 采购验收　　D. 采购付款及记录

26.（　　）是采购决策最关键的环节，也是最终确定供应商，签订采购合同的依据。

A. 采购方式的选择　　B. 供应商的选择

C. 验收程序　　D. 价格谈判

27. 执行采购业务流程的终点是（　　）。

A. 物料合格入库　　B. 财务付款

C. 采购订单信息更新　　D. 物料合格入库和财务付款

28. 在接受报价与签约阶段，下面的描述不正确的是（　　）。

A. 对低价值和低风险的项目，供应商可能会口头同意接受报价，此种情况下就不必通过书面的形式证实

B. 送达供应商的采购订单与所接受的直接反映需求的报价应该相适应

C. 采购订单或合同的签字应与公司财务方面的授权范围相符

D. 无论合同文件的形式怎样，必须保证供应商有合法的权利签署协议并使用供应商依法登记的名字

29. 下列关于定额成本核算法设计的说法正确的是（　　）。

A. 定额成本核算法仅仅是一种成本计算方法

B. 定额成本核算法不仅是一种成本计算方法，而且是一种成本控制方法

C. 定额成本核算与实际成本核算相同

D. 定额成本核算法仅仅是一种成本控制方法

30. 为了正确归集和分配各项生产耗费，应设计的关键控制点不包括（　　）。

A. 根据授权编制材料费用分配表

B. 根据授权编制工资费用分配表

C. 审核折旧费用分配表

D. 根据授权编制各项生产费用分配表

31. 整个生产制造过程业务内部控制的起点是（　　）。

A. 产品成本核算控制　　B. 生产计划控制

C. 成本责任控制制度　　D. 产品生产控制

32. 以下不属于成本核算基础工作控制制度的是（　　）。

A. 建立和健全有关成本核算的原始记录制度

B. 制定合理的消耗定额，完善定额管理制度

C. 制定内部结算价格和内部结算制度

D. 制订生产制造计划

33. 成本核算的基础工作控制制度设计中不应包括（　　）。

A. 定额管理和原始记录制度

B. 奖惩制度

C. 材料物资的收发、领退、清查制度

D. 内部计划价格制度

34. 下列选项中，属于成本核算组岗位的责任是（　　）。

A. 加强在产品或自制半成品的核算，对各项费用进行归集

B. 负责各种存货的明细核算，正确计价，定期对账，保证账账、账实相符

C. 检查各种存货计划执行情况，及时反映储存情况以及存货问题

D. 对发出商品及时结算，进行账实核对，保证账账、账实相符

35. 产品成本核算控制制度一般由三个方面相互联系的控制制度构成。下列哪一项不是成本核算控制制度（　　）。

A. 成本核算的基础工作控制制度

B. 制定合理的消耗定额，完善定额管理制度

C. 成本责任控制制度

D. 成本核算方法控制制度

36. 实际成本会计制度是任何制造企业都必须执行的一种制度，是企业进行成本核算与控制最基本的类型，同时也是计划成本会计制度的基础。它不包括下面哪个方面（　　）。

A. 成本开支范围的设计

B. 制定各项消耗定额

C. 建立和健全有关成本核算的原始记录制度

D. 各项要素费用分配方法

37. 在生产过程监控制度中，作为生产制造业务内部控制起点和会计监控与核算依据的是（　　）。

A. 产品成本核算控制制度　　B. 产品质量保障制度

C. 成本费用控制制度　　D. 生产计划控制制度

38. 公司成本费用业务不相容岗位职责不包括（　　）。

A. 计划编制与审批

B. 支出审批与执行

C. 控制、核算与考核等

D. 成本核算表单的设计与成本的核算

39. 产品成本核算控制制度不包括（　　）。

A. 成本核算基础工作控制制度

B. 成本责任控制制度

C. 成本核算方法控制制度

D. 进价金额核算法

40. 成本核算的基础工作控制制度不包含（　　）。

A. 定额管理制度　　B. 标准成本制度

C. 原始记录制度　　D. 内部计划价格制度

41. 公司成本费用业务不相容岗位职责有（　　）。

A. 计划编制与审批

B. 费用分配与账簿登记

C. 领料与成本核算

D. 成本核算表单的设计与成本的核算

42.（　　）应定期编制并向顾客寄送应收账款对账单，与顾客核对账面记录

A. 会计部门　　B. 信用管理部门

C. 销售部门　　D. 仓库部门

43. 企业在设计销售与收款业务的内部会计控制制度时，销售与收

款业务的不相容岗位是指（　　）。

A. 销售货款的确认、回收与办理发货的岗位

B. 销售货款的确认、回收与相关会计记录的岗位

C. 销售货款的确认、回收与销售合同的审批的岗位

D. 销售货款的确认、回收与销售合同的签订的岗位

44. 根据内部控制制度的岗位分离原则，可担任企业现销业务收款工作的是（　　）。

A. 销售人员　　B. 会计记账人员

C. 销售业务主管　　D. 独立人员

45. 规范的应收账款对账制度不包括（　　）。

A. 对账工作由独立于销售部门的财会部门操作

B. 强化回收情况的监督

C. 在对账时间上有规范的定期日

D. 设计符合要求的标准对账单

46. 退货、索赔、销售折让审批制度应包括（　　）。

A. 理顺销售折让和销售退回的凭证流转程序

B. 设立独立于销售部门的退货争议处理机构

C. 退货、索赔和销售折让的执行，必须有授权领导的批准

D. 对责任人实行退货损失惩罚

47. 销售退货增加的存货，由（　　）根据验收情况编制退货接收报告，报告应包括所退货物的品种、名称、客户的名称等，并交由相关的主管部门进行审核。

A. 财务部门　　B. 销售部门

C. 接收部门　　D. 仓储部门

48. 为了降低开具账单过程中出现遗漏、重复、错误计价或其他出错的风险，在以下所列内部控制中，效果最差的是（　　）。

A. 依据已授权批准的商品价目表编制销售发票

B. 定期向顾客寄送对账单，并要求顾客将任何例外情况直接向指定的未涉及销售业务的会计主管报告

C. 独立检查销售发票计价和计算的正确性

D. 将装运凭证上商品的数量与相应销售发票上的商品数量进行比较

49. 与记录销售有关的控制程序通常包括以下各个方面。其中，最有助于管理当局对其销货记录的存在或发生认定的控制程序是（　　）。

A. 只依据附有装运凭证和销售单的销售发票记录销售

B. 控制所有事先连续编号的销售发票

C. 独立检查已处理的销售发票上的销售金额同会计记录金额的一致性

D. 记录销售的职责应与处理销货交易的其他职责相分离

50. 企业发放的股利应由（　　）决定。

A. 董事会　　B. 总经理

C. 职工代表大会　　D. 监事会

51. 企业（　　）负责拟订筹资方案。

A. 投资部门　　B. 证券部门

C. 销售部门　　D. 财会部门

52. 对于股份制企业来讲，发行股票筹资（　　）。

A. 能减少企业财务风险

B. 会增加企业财务风险

C. 只能用于购建固定资产

D. 是增加企业总资产的唯一途径

53. 下列各项中，属于“吸收直接投资”与“发行普通股”筹资方式相比的缺点的有（　　）。

A. 限制条件多　　B. 财务风险大

C. 控制权分散　　D. 资本成本高

54. 出租人既出租某项资产，又以该项资产为担保借入资金的租赁方式是（　　）。

A. 直接租赁　　B. 售后回租

C. 杠杆租赁　　D. 经营租赁

55. 下列各项中，不属于融资租赁租金构成项目的是（　　）。

A. 租赁设备的价款　　B. 租赁期间利息

C. 租赁手续费　　D. 租赁设备维护费

56. 在计算下列各项资金的筹资成本时，不需要考虑筹资费用的是（　　）。

A. 普通股　　B. 债券

C. 长期借款　　D. 留存收益

57. 下列有关资本成本的说法正确的是（　　）。

A. 资本成本是指企业在筹集资金时付出的代价，包括筹资费用和占用费用

B. 不考虑时间价值时，资本成本率 = 年资金占用费 / 筹资总额

C. 总体经济环境变化的影响，反映在无风险报酬率上

D. 资本成本是资本所有权与资本使用权分离的结果，对于筹资者而言，资本成本表现为取得资本所有权所付出的代价

58. 企业应当编制对外投资（　　），它一般应包括：项目的必要性和依据、投资条件的初步分析、投资估算和资金筹措设想、经济效益和社会效益初步估算等内容。

A. 可行性研究报告　　B. 建议书

C. 评估报告　　D. 决策建议书

59. 企业应当由相关部门和人员或委托具有相应资质的专业机构对投资项目进行（　　），通过对与投资项目有关的经济、社会、技术等方面情况进行全面的调查研究，对各种投资方案进行分析，对投资后的经济效益和社会效益进行预测，为投资决策提供依据。

A. 可行性研究　　B. 项目建议

C. 评估　　D. 决策

60. 对外投资应由（　　）决策，决策过程应有完整的书面记录。

A. 小组　　B. 主要领导

C. 主管部门　　D. 集体

## 二、多项选择题

1. 配备会计人员实行回避原则是指（　　　）。

A. 出纳与记账的职务不能兼容

B. 财务保管与记账的职务不能兼容

C. 企业负责人的亲属不宜在本企业担任会计人员

D. 企业会计人员的亲属不宜在本企业担任会计人员

2. 出纳人员能够同时负责的工作有（　　　）。

A. 货币资金的收付　　B. 货币资金收付的批准

C. 现金日记账的登记　　D. 编制记账凭证

3. 备用金管理制度设计的内容有（　　　）。

A. 设置批准制度　　B. 定额管理制度

C. 日常管理责任制度　　D. 清查盘点制度

4. 货币资金支出的控制程序设计一般包括（　　　）环节。

A. 支付申请　　B. 支付审批

C. 支付复核　　D. 办理支付

5. 企业所有付款业务都必须要经过（　　　）才能由出纳人员据以付款。

A. 合格的原始凭证　　B. 业务人员签字证明

C. 主管领导批准　　D. 会计部门审核

6. 企业遵守银行的结算纪律，不得签发（　　）。

A. 空头支票　　B. 空白支票

C. 远期支票　　D. 定额支票

7. 货币资金的岗位分工制度涉及人员包括（　　）。

A. 出纳人员、审批的领导

B. 稽核人员、专用印章保管人员

C. 会计人员、会计档案保管人员

D. 清查人员

8. 按照货币资金内部控制制度的要求，出纳人员不得兼任（　　）。

A. 稽核工作　　B. 债权债务账目的登记工作

C. 日记账登记工作　　D. 会计档案保管工作

9. 涉及货币资金业务的不相容岗位相互分离、制约和监督制度主要有（　　）。

A. 货币资金的收付及保管应由被授权批准的出纳人员负责，其他人员不得接触

B. 出纳人员不能同时负责总分类账的登记和保管

C. 出纳人员不能同时负责非货币性资金账户的记账工作

D. 出纳人员应与货币资金的稽核人员、会计档案保管人员相分离

10. 对货币资金支付申请进行复核，包括的内容有（　　）。

A. 货币资金支付申请的批准范围、权限、程序是否正确

B. 手续及相关单证是否齐备

C. 金额计算是否准确

D. 是否超出预算范围或标准，支付方式、支付单位是否妥当等

11. 对于库存现金的盘点，下列说法正确的是（　　）。

A. 现金出纳人员必须在每日营业终了结出现金日记账余额并实地盘点现金

B. 将现金日记账余额与实地盘点结果相核对

C. 如果发现账实不符应立即报告主管人员

D. 及时查明原因并采取措施妥善处理

12. 企业货币资金的收付及保管应由被授权批准的专职出纳人员负责，不允许其他人员接触。其目的是（　　）。

A. 保证责任到人

B. 使货币资金收付、保管的权责清晰

C. 防止由越权、串岗等行为的发生而引发的一种责任多人承担

D. 让出纳人员切实承担起货币资金安全的责任

13. 不相容职务岗位是指（　　　　）。

A. 那些如果由一个人担任，既可能发生错误和舞弊行为，又可能掩盖其错误和弊端行为的职务岗位

B. 不相容职务分离的核心是“内部牵制”

C. 它要求每项经济业务都要经过两个或两个以上的部门或人员的处理

D. 单个人或部门的工作必须与其他人或部门的工作相一致或相联系，并受其监督和制约

14. 采购业务控制应围绕（　　　　）环节进行。

A. 采购申请　　B. 合同签订

C. 验收入库　　D. 货款结算

15. 以下属于请购与审批控制原则的是（　　　　）。

A. 计划控制原则　　B. 预算控制原则

C. 政策控制原则　　D. 审批控制原则

16. 企业应通过一定的选择标准确定最终供应商。对供应商的评价标准包括（　　　　）。

A. 能否满足企业采购标的的质量、数量、价格、服务等基本标准

B. 资信品质标准

C. 道德规范标准

D. 权重调整标准

17. 以下属于采购与付款业务流程的是（　　　　）。

A. 货款结算　　B. 采购作业

C. 请购　　D. 采购决策

18. 企业采购业务的不相容岗位至少包括（　　　　）。

A. 请购与审批

B. 供应商的选择与审批

C. 采购合同、协议的拟订、审核与审批

D. 采购、验收与相关记录

19. 采购业务内部控制制度的内容包括（　　　　）。

A. 职务分离制度　　B. 请购单控制制度

C. 订货控制制度　　D. 验收及付款控制制度

20. 在存货采购的职务分离制度中，会同供货单位共同签订合同应有的部门有（　　　　）。

A. 财务部门，法律部门　　B. 法律部门，行政部门

C. 行政部门，采购部门　　　　D. 销售部门，采购部门

21. 进货凭证及其流转程序的设计应遵循的原则是（　　）。

A. 加速货物流转，提高工作效率

B. 明确经济责任，防止差错和损失

C. 保证企业内部各环节及时取得所需的业务资料与核算资料

D. 落实各项内部控制制度，保证及时、正确地组织会计核算

22. 存货采购业务内部控制中，需要进行职务分离的是（　　）。

A. 存货采购与存货验收

B. 采购与收款，审核付款与付款

C. 审核付款与付款，登记应付账款和付款

D. 存货保管与会计记录

23. 采购与付款业务中，企业在设计各种凭证传递程序时，必须考虑的事项有（　　）。

A. 指定专人填制传递有关凭证

B. 不相容职务分离，不能由一个部门（或人员）完成凭证的所有必要手续

C. 凭证传递要及时，不能由一个部门（或人员）完成凭证的所有必要手续

D. 凭证指定专人填制，传递要及时

24. 在采购业务中，退货及折让流程的控制点有（　　）。

A. 退货及折让发生时，由双方协商解决

B. 将送交会计部门的通知单，作为冲减应付账款的凭证

C. 由采购部门编制退回及折让通知单，分送有关部门

D. 由仓库编制退回及折让通知单，分送有关部门

25. 产品成本核算控制制度包括（　　）。

A. 成本核算基础工作控制制度

B. 成本责任控制制度

C. 成本核算方法控制制度

D. 进价金额核算法

E. 售价金额核算法

26. 生产制造过程业务内部控制和核算方法设计应具有的特点是（　　）。

A. 以成本的经济实质作为设计的指导

B. 满足国家宏观经济管理的需要

C. 适应企业的生产经营特点

D. 适应企业经营管理的要求

E. 有利于计算产品成本，简化成本核算手续

27. 生产制造过程业务内部控制和核算方法设计的目标体现在（　　　）方面。

A. 明确产品成本核算程序，正确计算产品成本

B. 及时向有关管理者提供在产品和产成品的成本耗费情况，考核成本计划的完成情况

C. 划清各种费用界限，控制成本开支，提供降低产品成本的途径

D. 建立成本责任制，考核成本责任

E. 根据考核情况，实施奖惩

28. 生产制造计划控制是整个生产制造过程业务内部控制的起点，也是对生产制造过程进行有效控制的重要依据，它又可以分为（　　　）两部分。

A. 确定生产需要　　B. 制订生产制造计划

C. 按生产计划生产产品　　D. 根据销售情况确定生产计划

E. 检查计划执行情况

29. 产品成本核算控制制度一般由（　　　）几个相互联系的控制制度构成。

A. 成本核算的基础工作控制制度

B. 制定合理的消耗定额，完善定额管理制度

C. 制定内部结算价格和内部结算制度

D. 成本责任控制制度

E. 成本核算方法控制制度

30. 成本核算的基础工作控制制度有（　　　）。

A. 定额管理制度　　B. 标准成本制度

C. 原始记录制度　　D. 内部计划价格制度

E. 材料物资的收发、领退、清查制度

31. 实际成本核算方法设计的一个基本前提是做好各项基础工作的设计，这些基础工作设计包括（　　　）。

A. 成本开支范围的设计

B. 制定各项消耗定额

C. 建立、健全有关成本核算的原始记录

D. 健全计量验收制度

E. 设计生产工艺流程

32. 设计生产费用分配标准时应遵循的原则是（　　　）。

A. 相关性原则
B. 分配标准的数据资料易于取得和计量
C. 生产费用分配计算较易于控制
D. 分配标准的选择有利于成本控制和考核
E. 一经确定，保持一定时期的相对稳定性

33. 生产业务内部控制流程包括（　　　　）几个方面。
A. 生产计划部门下达生产指令给生产管理部门，生产管理部门依据生产指令填制领料单
B. 生产管理部门根据产品完工情况填制产品入库单
C. 生产管理部门根据工时耗用情况填制人工工时费用分配表
D. 生产管理部门填制制造费用分配表
E. 财务部门依据各种表单编制产品成本计算表，并进行成本核算

34. 公司成本费用业务不相容岗位职责有（　　　　）。
A. 计划编制与审批
B. 支出审批与执行
C. 控制、核算与考核等
D. 成本核算表单的设计与成本的核算
E. 领料与成本核算

35. 应收账款日常管理控制包括（　　　　）方面内容。
A. 应收账款账龄分析　　B. 应收账款催收制度
C. 应收账款追踪分析　　D. 应收账款坏账准备制度

36. 按内部控制要求，销售退回的货物应当由（　　　　）清点后方可入库。
A. 会计部门　　B. 仓储部门
C. 销售部门　　D. 质检部门

37. 内部控制建立与实施过程中相关的文档记录有：内控环境相关主要文档、风险评估相关主要文档、控制活动相关主要文档、信息与沟通相关主要文档、监督检查相关主要文档等。以下属于控制活动相关主要文档的有（　　　　）。
A. 财务会计报告流程　　B. 绩效考核文档
C. 销售与收款循环控制文档　　D. 公司财务报告

38. 赊销信用的管理包括（　　　　）。
A. 制定赊销额度　　B. 日常赊销管理
C. 长期赊销管理　　D. 赊销事后管理

39. 企业对收入中心的控制方面主要有（　　　　）。

A. 销售目标的实现　　　　　　B. 营业利润的实现

C. 销售款的回笼　　　　　　　D. 坏账损失的发生情况

40. 针对销售业务的特点，其内部控制制度设计的目标应（　　　　）。

A. 保证营业收入的真实性、合理性、完整性

B. 杜绝销售业务中可能出现的一切违法乱纪和侵吞企业利益的行为

C. 保证销售折让和销售退回的合理处理与揭示

D. 保证应收账款记录的真实性和可收回性

41. 企业销售中的发票控制制度主要包括（　　　　）。

A. 指定专人负责发票的保管和使用

B. 领用发票时应注明所领用发票的起讫号码

C. 企业与税务部门定期核对发票

D. 发票必须以实际业务为依据如实填写

42. 销售与收款业务会计制度设计的目标主要有（　　　　）。

A. 保证销售收入的真实性和合理性

B. 保证产品的安全和完整

C. 保证销售折扣措施恰当，保证销售折让和退回的合理与正确

D. 保证货款及时足额地收回

43. 为了防止因向无力支付货款的顾客发货而使企业财产蒙受损失，企业应当严格把握以下（　　　　）关键控制点上的审批程序。

A. 未经批准，不得赊销

B. 未经批准，不得发货

C. 销售价格和条件须经批准

D. 运费、折扣、折让须经批准

44. 以下与销售业务相关的内部控制中，你认可的是（　　　　）。

A. 开具账单的人员根据商品价目表的单价和发货凭证的数量开具销售发票，发货凭证留底，发票副联交财务部门记账

B. 会计部门记账前，根据销售发票的号码推算已开具的销售发票的张数，并与实际清点的张数核对一致

C. 开具发票后，连同由公司自行编制、连续编号、贴足邮票的汇款通知单交购货方，以便其实际付款时通过快件直接寄给公司财务部门不负责收款的人员

D. 每月由财务部门收取汇款通知单的人员向未付款的大额客户寄发月末顾客对账单

45. 下列关于企业销售退回、折让、折扣的处理方法对于内部控制

效果产生影响的有（　　　　）。

A. 销售退回和折让的会计处理是否正确

B. 所退回的商品是否具有仓库签发的退货验收报告

C. 销售退回与折让的批准与贷项通知单的签发职责是否分离

D. 现金折扣是否经过适当授权，授权人与收款人的职责是否分离

46. 销售与收款循环主要凭证和记录按业务顺序排列不正确的是（　　　　）。

A. 订货单、贷项通知单、现金日记账

B. 订货单、销货单、销货合同、发运凭证、销货发票

C. 销货日记账、发票、贷项通知单、收款凭证

D. 发货单、销货合同、订货单

47. 关于销售业务以下“授权”控制活动可行的是（　　　　）。

A. 在销售发生之前，赊销已经正确审批

B. 未经赊销批准的销货一律不准发货

C. 销售价格、销售条件、运费、折扣由销售人员根据客户情况进行谈判

D. 对于超过既定销售政策和信用政策规定范围的特殊销售业务，采用集体决策方式

48. 以下有关收款交易的内部控制描述正确的是（　　　　）。

A. 企业应当将销售收入及时入账，不得账外设账，不得擅自坐支现金

B. 企业应当建立应收账款账龄分析制度和逾期应收账款催收制度

C. 企业注销的坏账应当进行备查登记，做到账销案存

D. 企业票据的取得和贴现由保管票据的人执行

49. 以下控制措施对防范相应风险有效的是（　　　　）。

A. 赊销的审批可以防止以巨额坏账损失为代价的大量销售风险

B. 销售价格、销售条件、运费、折扣等必须经过审批是为了保证销售交易按照企业定价政策规定的价格开票收款

C. 对于超过既定销售政策和信用政策规定范围的特殊销售交易，应当进行集体决策是为了防止因审批人决策失误而造成严重损失

D. 发货以后才开具账单是为了防止漏开账单的风险

50. 筹资内部控制的目标主要有（　　　　）。

A. 保证筹资活动经过适当的审批程序

B. 保证筹资业务的合法性

C. 保证合理地对利息费用进行调整和正确地计提及适当地支付利息和股利

D. 保证为债权人和股东提供有助于其决策的信息

51. 企业的有价证券应妥善保管，具体有（　　　　）方式。

A. 委托独立的银行代为保管

B. 企业专人自行保管

C. 内部审计人员保管

D. 委托独立的信托公司代为保管

52. 企业筹集资金的要求是（　　　　）。

A. 精心选择资金来源

B. 合理确定资金数额和投放时间

C. 认真选择投资方向

D. 正确运用负债经营

E. 及时足额筹集资本金

53. 短期借款往往带有一定的信用条件，其内容有（　　　　）。

A. 信用额度　　B. 补偿余额

C. 抵押借款　　D. 质押借款

E. 周转信用协议

54. 对外投资的执行应与以下（　　　　）岗位相分离。

A. 决策　　B. 审批

C. 绩效评估　　D. 会计记录

55. 对外投资内部控制监督检查的重点内容包括（　　　　）。

A. 是否存在不相容职务混岗的现象

B. 决策过程是否符合规定的程序

C. 处置是否经过集体决策并符合授权批准程序

D. 会计记录是否真实、完整

56. 采用权益法时，能引起长期股权投资账面价值增减变动的事项有（　　　　）。

A. 收到现金股利　　B. 收到股票股利

C. 被投资企业实现净利润　　D. 被投资企业发生净亏损

57. 投资企业与被投资单位存在（　　　　）关系时，投资方应采用成本法核算该长期股权投资。

A. 控制　　B. 重大影响

C. 无重大影响　　D. 共同控制

58. 决定债券收益率的因素主要有（　　　　）。

A. 票面利率　　　　　　　　B. 持有时间

C. 市场利率　　　　　　　　D. 购买价格

59. 下列关于投资基金的表述正确的是（　　）。

A. 是一种利益共享、风险共担的集合投资方式

B. 通过发行基金股份或受益凭证等有价证券聚集众多的不确定投资者的出资

C. 由专业投资机构经营运作

D. 以规避投资风险并谋取投资收益为目的

60. 股票投资的特点有（　　）。

A. 一种股权性投资　　　　　B. 风险较大

C. 股票价格的波动性大　　　D. 收益不稳定

## 三、判断题

（　　）1. 出纳员应该在每日营业终了前结出库存现金日记账的收支和结余额，清点库存现金实有数，相互核对。

（　　）2. 出纳员不能兼任稽核、会计档案保管和收入、费用、债权债务等账目登记工作，但可以编制收付款凭证。

（　　）3. 货币资金的收付及保管应由被授权批准的出纳人员负责，其他人员不得接触。

（　　）4. 企业在经过批准后可以出借支票。

（　　）5. 在现金出纳人员日常盘点的基础上，还应由专门财产清查人员进行定期与不定期相结合的复核、检查性盘点。

（　　）6. 货币资金的收付及保管应由被授权批准的出纳人员负责，但特殊情况下，审计人员可以接触。

（　　）7. 企业所有付款业务都要有合法的原始凭证，并经业务人员签字证明，经会计部门审核后出纳人员才能据以付款。

（　　）8. 特殊情况下，企业可以将支票交收款人代签。

（　　）9. 货币资金支付业务必须经过授权批准，其批准方式可以是书面方式，也可以是口头形式。

（　　）10. 对超越支付范围和批准权限的，审核人员有权拒绝受理或要求补办手续，批准人拒不配合的，审核人员有权向批准人的上级授权部门报告。

（　　）11. 财务专用章、出纳员名章由出纳员保管，其他个人名章必须由本人或其授权人员保管。

（　　）12. 出纳员不能兼任会计记账人员的工作，但会计记账人员

可以兼任出纳员工作。

（　　）13. 企业超过一定金额的采购需求，可以由领用部门自行采购。

（　　）14. 企业所有的采购必须由企业管理层集体决定审批，再交予采购部门执行。

（　　）15. 企业验收部门应使用顺序连续的验收报告记录收货，对无对应采购申请表的货物，不得签收。

（　　）16. 对验收过程中发现的异常情况，负责验收的部门或人员应当立即查明原因，及时处理。

（　　）17. 一般物品或服务等的采购可以采用询价或定向采购的方式并签订合同协议。

（　　）18. 验收要根据订购单确定购买的品种、数量、质量是否符合要求。验收后合格，填一式多联连续编号的验收单，有验收单就要登记入账。

（　　）19. 在准备和规划谈判时，除仔细考虑本公司的利益所在之外，你不能够去考虑供应商的利益及他们的谈判立场。

（　　）20. 在采购项目的申购与审批过程中，不应因采购项目的不同而使用不同的审批程序。

（　　）21. 当发生艰难风险时，仅仅与尚未实施的履约责任有关，不能免去过去的履约责任。

（　　）22. 合同管理就是要跟踪和监督其实施过程，以便在出现问题时能够立即采取措施加以解决。

（　　）23. 减少合同违约风险可以通过定期确认合同是否按要求的关键路线执行而得到实现。

（　　）24. 实际成本会计制度的基础工作设计包括：界定成本的开支范围和标准、制定消耗定额、健全成本原始记录制度、正确制订成本标准、健全与成本有关的各项业务管理制度。

（　　）25. 会计制度设计的基本要求有：应与国家财经法规要求相适应，应与经济管理体制相适应，应与所有制形式相适应，应与经济管理要求相适应。

（　　）26. 在实际成本会计制度的基础工作设计中正确划分主营业务收入与其他业务收入的界限不属于界定成本开支范围和标准的规则。

（　　）27. 产品成本核算控制制度包括：成本核算基础工作控制制度、成本责任控制制度、成本核算方法控制制度。

（　　）28. 生产制造过程业务内部控制和核算方法设计的目标之一

是：所有的生产耗费都有详细的原始记录，其关键控制点在于，授权一定业务部门填制或编制领发料凭证、产量和工时记录等。

（　　）29. 公司成本费用业务不相容岗位职责有：计划编制与审批，支出审批与执行，控制、核算与考核等。

（　　）30. 定额既要先进，又要切合实际。一般采用平均先进的定额，即经过努力多数人能达到，并应随生产技术水平的提高而定期修订。如果某种定额与实际的差异经常在 5% 以上，就应及时调整。各种定额制定后必须认真执行。

（　　）31. 利用定额，可以查明生产过程中实际消耗量与定额的差异及其原因，明确责任人员。同时定额的制定有利于企业实行例外管理原则，对产生重大差异的重点管理，能抓住显著的、突出的问题，解决生产中发生差异的关键问题，从而加强成本的控制，进一步降低产品成本。

（　　）32. 采用内部结算价格在企业各部门、车间之间相互进行结算，可以明确经济责任，简化和减少核算工作，并便于考核厂内各单位成本计划的完成情况。

（　　）33. 为了生产出符合用户需要的产品，减少商品库存，降低产品生产成本，实现良好的财务状况和经营成果，企业必须建立一套行之有效的生产制造过程业务内部控制制度。

（　　）34. 企业应将办理销售、发货、收款三项业务的部门分别设立。

（　　）35. 企业应收票据的取得和贴现必须经保管票据的主管人员的书面批准。

（　　）36. 信用管理岗位与销售业务岗位应当分设。

（　　）37. 企业的销售退回必须经销售主管审批后方可执行。

（　　）38. 销售业务的授权批准职务，应与执行该业务的职务分离，但有时为了向客户显示本公司高度重视，可由批准人亲自与客户处理降价、交款等业务。

（　　）39. 要切实建立健全内部控制制度，不要怕程序复杂，也不要怕审批繁琐，只要能搞好内部控制，花多大代价都值得。

（　　）40. 为了确保年度内所有发出的货物均已开具发票，审计人员应从当年的发运单中抽取样本并与相关发票核对。

（　　）41. 审计人员使用函证程序审查应收账款时，最难发现的错弊是漏记应收账款。

（　　）42. 审计人员使用函证程序审查应收账款时，最难发现的错弊是虚列应收账款。

（　　）43. 对两次发出肯定式询证函后仍未得到回复的某笔应收账

款，审计人员应当查阅有关销货合同、发货单，验证应收账款的真实性。

（　　）44. 为简化手续，可从一式几联的销售单取一联代替装运凭证并随货交顾客。

（　　）45. 由应收账款登记员负责催收货款有利于货款顺利回收。

（　　）46. 由于销售部门对客户情况最了解，所以由销售部门负责人决定批准信用额度最合适。

（　　）47. 财务人员开发票前应将销售发票的商品总数与装运凭证的商品总数相核对，将销售发票的商品价格与经过批准的商品价目表相核对。

（　　）48. 应收账款明细账和银行存款明细账是可以安排同一人登记的。

（　　）49. 销售发票应按已授权批准的商品价目表所列价格开具。

（　　）50. 退货验收的人员与退货记录的人员可以是同一个人。

（　　）51. 会计部门开具销售发票时应该核对装运凭证、销售单和商品价目表。

（　　）52. 销售凭证保管不严，内部人员容易涂改、销毁、伪造凭证，进行贪污活动，造成资产损失。

（　　）53. 筹资业务的执行与相关会计记录职务必须分离。

（　　）54. 股利支付清单编制人应同支票填制人在职务上分离。

（　　）55. 股份有限公司申请上市，如果公司的股本总额是 4.5 亿元，则向社会公开发行股份达到股份总数的 25% 才符合条件。

（　　）56. 单位应当加强对外投资有关权益证书的管理，由财会部门保管权益证书，建立详细的记录。

（　　）57. 核销对外投资，应取得因被投资单位破产等原因不能收回投资的法律文书和证明文件。

（　　）58. 生产经营期是指从投产日到收回投资额之间的时间间隔。

（　　）59. 某企业在讨论购买一台新设备，有两个备选方案，A 方案的净现值为 100 万元，现值指数为 10%；B 方案的净现值为 150 万元，现值指数为 8%。据此可以认定 A 方案较好。

## 四、案例分析题

### 案例 1——货币资金业务会计制度设计 1

**【基本资料】**

2008 年，宁夏某大药房（国有企业）出纳刘某利用职务便利，分

246次从单位银行账户上提现共计239.9余万元据为已有，被检察机关以涉嫌贪污立案并逮捕。根据银川市检察院指控，2004年10月20日至2008年9月2日，刘某在担任宁夏某大药房出纳期间，利用管理单位现金支票的便利，将部分空白现金支票私自留存，并偷盖了单位财务专用章和法定代表人印章。庭审中，据刘某向检察机关交代，这些款项中，150万元用于炒股，40余万元用于个人消费，其余用于吸食毒品等方面的挥霍。检察机关认为，应以贪污罪追究刘某的刑事责任。

（资料来源：中国新闻网）

**【问题】**

（1）从内部控制的角度说明该公司哪些方面存在漏洞?

（2）企业应该如何加强企业货币资金的管理?

## 案例2——货币资金业务会计制度设计2

**【基本资料】**

1986年，M调任某局局长，1988年起又开始担任该局党委书记。同年4月份，该局财务部开始私设“小金库”。最早的“小金库”历时12年之久，随后又陆续形成了6个“小金库”。该局“小金库”资金来源主要有以下几个方面：

（1）截留预算外收入1 360多万元。12年来，经M局长批示，将报废车辆变价款、设备折旧款、旧办公用品等物资处理款和其他调拨款直接存入“小金库”；将消防、交通违章罚款，码头、房屋、车辆等的出租收入，三产企业上交承包金和利润，机动车辆、保险代理费等收入，以及“小金库”资金的利息，一并存入“小金库”。

（2）虚设经费支出690万元。财务部门通过虚列工资、奖金、补贴的方式套取现金100余万元；以发放上下班交通补贴名义购入公交预售票，而后交该局下属企业出售，套现49万元。此外，财务部门还通过虚列通信费、材料费、修理费等项目套取现金，充实“小金库”。

（3）截留所谓的“补贴费”等收入930万元。前后八九年的时间里，该局收到案件主办单位拨付的“补贴费”800万元也全部装入“小金库”中，罚没款130万元也统统流入“小金库”。

（资料来源：中国新闻网）

**【问题】**

（1）该案属于什么性质？有哪些危害？原因是什么?

（2）该单位应该如何改进货币资金的内部控制制度?

## 案例 3——采购与付款业务会计制度设计 1

**【基本资料】**

××生物医药股份有限公司的股东大会是公司最高权力机构。设董事会、监事会，董事会下设审计委员会、薪酬委员会、提名委员会等。同时，董事会负责聘请总经理，公司设生物医药研发部、生产部、财务部、证券投资部、销售部、人力资源部、信息技术部、内部审计部、行政管理部。以下摘录自该公司制定的内部控制制度。

××生物医药股份有限公司

内部控制制度

第三章　采购控制

第二十一条　采购部内部设置岗位分工时，按照以下原则：

1. 不相容岗位相分离原则。请购与审批、询价与确定供应商、采购合同的订立与审核、采购、验收与相关会计记录、付款申请、审批与执行。

2. 业务交叉，以我为主原则。在与其他部门发生业务交叉时，以本部门为主的原则，如果发生争议的情况下，发扬多干是好，吃苦我先的原则，由本部门争取过来尽量全部完成。

3. 核算统一原则。为了方便财务部门的会计核算，在本部门会计核算完毕后统一于每月的 15 日，将相关凭证、账簿、报表资料报送给财务部门，不得延迟。

（资料来源于网络）

**【问题】**

从内部控制的角度，该公司上述制度规定有哪些不当之处？请说明理由。

## 案例 4——采购与付款业务会计制度设计 2

**【基本资料】**

B 股份有限公司采购与付款内部控制的基本情况如下：

（1）B 公司的材料采购需要经授权批准后方可进行。采购部根据经批准的请购单发出订购单。货物运达后，验收部门根据订购单的要求验收货物，并编制一式多联的未连续编号的验收单。仓库根据验收单验收货物，在验收单上签字后，将货物移入仓库加以保管。验收单上有数量、品名、单价等要素。验收单一联交采购部登记采购明细账和编制付款凭单，付款凭单经批准后，月末交会计部；一联交会计部登记材料明细账；

一联由仓库保留并登记材料明细账。会计部根据支付验收单的付款凭单登记有关账簿。

（2）会计部审核付款凭单后，支付采购款项。B公司授权会计部经理签署支票，经理将其授权给会计人员丁某负责，但保留了支票印章。丁某根据已适当批准的凭单，在确定支票收款人名称与凭单内容一致后签署支票，并在凭单上加盖“已支付”的印章。

（资料来源于网络）

**【问题】**

根据上述情况，假定未描述的其他内部控制不存在缺陷，请指出B公司采购与付款业务内部控制在设计与运行方面的缺陷，并提出改进建议。

## 案例5——采购与付款业务会计制度设计3

**【基本资料】**

2007年3月初，宝山检察院接到举报：某工程公司供销科科长张某在外购买高档房，与其收入明显不符。调查后发现张某权力很大，每年公司的供应材料几乎由他一手操办。按内部规定，一次性采购款超过30万元的应由上级领导审批，但只要“把好尺度”不“上线”，所有业务都由科长一人说了算。2000年4月至案发，张某当科长近10个月，就受贿达17余万元。而追根溯源，拉张某下水的是供应科采购员李某。张某上任之初，李某就授意某商行经理，为了多接业务，在张某的办公室里给张某1万元“见面礼”。同样，经李某介绍，张某收了某私营物资公司1万元，以购买450万元的供应材料作为回报。而在此前后，李某本人也利用采购权，受贿9.21万元。随着案件深入，与工程分包、材料采购有关的高层领导也纷纷落马。

（资料来源于网络）

**【问题】**

案发以后，你认为该公司应采取什么措施，加强相关内部控制，以杜绝此类案件的再次发生？

## 案例6——采购与付款业务会计制度设计4

**【基本资料】**

某公司材料采购业务内部控制制度可表述如下：

（1）首先由仓库根据库存和生产需要提出材料采购业务申请，填写一份“请购单”。“请购单”交供销科批复。

（2）供销科根据以前制定的采购计划，对“请购单”进行审批。如符合计划，便组织采购；否则，请示公司总经理批准。

（3）决定采购的材料，由供销科填写一式两联的“订购单”，其中一联供销科留存；另一联由采购交供销单位。采购员凭“订购单”与供货单位签订供货合同。

（4）供货合同的正本留供销科并与“订购单”核对；供货合同的副本分别转交仓库和财务科，以备查。

（5）采购来的材料运抵仓库，由仓库保管员验收入库。验收时，将运抵的材料与采购合同副本、供货单位发来的“发运单”相互核对。然后填写一式三份的“验收单”，一联仓库留存，作为登记材料明细账的依据；一联转送供销科；一联转送财务科。

（6）供销科收到“验收单”后，将验收单与采购合同的副本、供货单位发来的发票，其他银行结算凭证相核对，以确定此采购业务的完成情况。

（7）财务科接到验收单后，由主管材料核算的会计，将验收单与采购合同副本，供货单位发来的发票和其他银行结算凭证相核对。以是否相符作为是否支付货款的依据。

（8）应支付货款的，由会计开出付款凭证，交出纳员办理付款手续。

（9）出纳员付款后，在进货发票上盖“付讫”章。再转交会计记账。

（10）财务科的材料明细账，定期与仓库的材料明细账核对。

（资料来源于网络）

**【问题】**

针对该公司材料采购业务的内部控制制度进行评审，指出控制的缺点，并提出改进意见。

## 案例 7——生产制造业务会计制度设计

**【基本资料】**

山东大众服装厂根据客户要求大批生产校服，生产过程分为裁剪、缝纫和成衣三个加工步骤，企业设有一个运输辅助生产车间。为加强成本管理，管理者要求成本核算部门及时提供产品成本资料。在所发生的生产费用中，材料费用和人工费用所占的比重较大，生产过程中耗用的物料消耗等各项间接费用的发生与生产产品所占用的工时直接相关。

**【问题】**

如何为该服装生产企业设计出一套完整的成本核算制度？

## 案例 8——销售与收款业务会计制度设计 1

**【基本资料】**

和平企业集团董事会决定，从 2009 年 7 月 1 日起执行《企业内部控制基本规范》，为此要求集团公司内部审计部门对集团公司所属的 52 家子公司内部控制制度的健全性和有效性进行全面的检查。集团公司内部审计部门在检查中发现了以下情况：

……

丙公司为一家生产电器产品的企业，注册资本 2 亿元。由于电器产品的竞争非常激烈，丙公司被迫采取激进的销售政策，对大部分产品实行赊销，并且信用期很长，造成应收账款大幅度增加，而且坏账率上升。为了改变这种不利局面，丙公司最近作出决定，对每一销售商由专一业务员全面负责，即某一业务员一旦与某销售商签订了供货合同，应当由该业务员负责发货、收款、对账，出现问题，由专管业务员负完全责任。

……

（资料来源于网络）

**【问题】**

（1）从内部控制的角度，分析、评价上述事项是否存在缺陷，并简要说明理由。

（2）从有关方面在内部控制中的职责的角度，分析、判断丙公司规定的在销售中出现问题由专管业务员负完全责任的做法是否恰当，并简要说明理由。

## 案例 9——销售与收款业务会计制度设计 2

**【基本资料】**

B 公司销售与收款内部控制有关业务流程如下：

（1）销售部门收到顾客的订单后，由销售经理甲对品种、规格、数量、价格、付款条件、结算方式等详细审核后签章，交仓库办理发货手续。

（2）仓库在发运商品出库时，均必须由管理员乙根据经批准的订单，填制一式四联的销售单。在各联上签章后，第一联作为发运单，由工作人员配货并随货交顾客；第二联送会计部；第三联送应收账款管理员丙；第四联由乙按编号顺序连同订单一并归档保存，作为盘存的依据。

（3）会计部收到销货单后，根据单中所列资料，开具统一的销售发票，将其中的顾客联寄送顾客，销售联交应收账款管理员丙，作为记账和收款的凭证。

（4）应收账款管理员丙收到发票后，将发票与销货单核对，如无错误，据以登记应收账款明细账，并将发票和销货单按顾客顺序归档保存。

（资料来源于网络）

**【问题】**

指出B公司在销售与收款内部控制中存在的缺陷。

## 案例10——销售与收款业务会计制度设计3

**【基本资料】**

珠江公司是珠江集团下属的子公司，主营业务是制造、销售力能空调机。集团公司对珠江公司派出了检查组进行财务检查，检查组对珠江公司商品销售业务的内部控制进行了专题调查，抽查了有关凭证、账簿等会计资料。其中，检查组对“发货单”进行调查的有关情况如下：

（1）检查组对仓库留存的发货单第二联“仓库发货联”进行了检查，并与仓库根据第二联登记的商品保管明细账的发货数量进行了核对，证实账单核对相符。将仓库的发货数量与销售部门统计的销售数量核对时，发现二者存在误差；会计部门根据会计核算使用的发货单第三联计算的销售数量与仓库计算的数量相同。仓库保管员声称，每笔发货均以销售部门事先开具的发货单为依据。但检查组发现有两笔业务存在疑问，这两笔业务在商品保管明细账登记的发货日期比发货单的开出日期早了两天。

（2）检查组发现只有会计部门与仓库坚持进行“发货单”第三联和第二联的定期核对工作。检查组将销售部门开出发货单时留存的第一联“存根”与第六联“货物放行联”进行了核对，发货单第六联“货物放行联”是公司出口处的保安在货物放行时收到并保存的。检查发现：有两张“货物放行联”没有编号，与第一联“存根”核对时没有发现与之对应的“存根”，检查组认为可能存在重大问题，并将此事做了记录。有7张用汽车提货的“货物放行联”上，保安没有按公司规定登记车牌号码；有一张“货物放行联”上没有加盖销售部门的印章（已与“存根”核对无误）。按规定，在这种情况下，保安不应放行。发货单第四、五联分别交运输部门和客户，检查组没有对其进行核对。

（资料来源于网络）

**【问题】**

（1）指出珠江公司与“发货单”有关的内部控制制度在授权批准、内部核查程序、凭证记录及其预先编号等方面存在的漏洞或缺陷，并分析其危害。

（2）根据上述资料，说明“发货单”的凭证流转程序，各联式的用途及其相互核对关系。

（3）为使珠江公司的内部控制制度得到有效执行，应对哪些人员进行哪些方面的教育？

## 案例 11——销售与收款业务会计制度设计 4

**【基本资料】**

甲集团公司是上海证券交易所挂牌的上市公司，从 2009 年 7 月 1 日起执行财政部等五部委联合发布的《企业内部控制基本规范》。2010 年 3 月，中兴会计师事务所在对甲集团公司内部控制制度有效性进行评价时发现如下情况：

（1）甲集团公司在人力资源政策上，要求招聘员工时严格把关，使每个岗位的员工都具有良好的职业操守和专业胜任能力。为了突出重点，对专业技术骨干进行强化脱产培训，对一般员工主要是在工作中学习，没必要参加脱产培训班。为了保证高效率的工作，严格禁止轮岗，使员工对本岗位熟练程度越来越高。

（2）A 公司为甲集团公司的全资子公司，主要从事化工机械设备的生产和销售。该公司非常注重经营风险和财务风险的控制。比如，为了将经营风险控制到最低程度，A 公司规定对所有的客户一律实行现款交易，不得赊销，宁愿放弃业务也不要冒坏账的风险。

（3）B 公司为甲集团公司的一个非全资控股子公司，主要从事运输劳务。在运输劳务的收费上，为了提高运营效率，B 公司要求货运司机在提供运输劳务的同时，随身携带运输发票，现结账现开票，次日上午出车前将已经收到的营业款缴回财务部。

（4）为了及时沟通运营中存在的问题，B 公司内部审计部门在发现各部门存在的问题后，应该将发现的问题与该部门经理进行沟通，以便及时解决，不要直接向审计委员会、董事会报告。

（资料来源于网络）

**【问题】**

甲集团公司内部控制制度中存在哪些不当之处？请简要说明理由。

## 案例 12——销售与收款业务会计制度设计 5

**【基本资料】**

浙江景兴纸业股份有限公司是一家拥有多家子公司的大型上市企业。

现在的景兴纸业已经发展成以造纸为龙头、集纸制品加工为一体的现代化企业。

公司自成立以来，一直重视管理制度的建设和完善，先后制定了《浙江景兴纸业股份有限公司企业标准——财务管理文件》，包括财务管理制度、会计制度和资金管理制度等相关文件，这些制度在日常管理中起到了相应的作用。但是经过几年的实践，发现企业的内部控制还存在着薄弱环节，并相继发现了一些问题，这些问题如不及时得到解决，将会给公司带来损失。

公司正式成立了检查小组，对一家子公司销售与收款系统的内部会计控制进行检查，发现该子公司在销售过程中，销售业务按照销售合同进行，当生产车间产品完工后，填制产成品入库单，经验收合格后入库。销售部门根据销售合同编制发货通知单，分别通知仓库发货和运输部门办理托运手续。产品发出后，销售部门根据仓库签发后转来的发货通知单开具发票，并据以登记产成品明细账，运输部门将其与销售发票一并送交财务部门。财务部门将其与销售合同核对后，开具运杂费清单，通知出纳人员办理货款结算并进行账务处理。公司未设独立的客户信用调查机构，在财务部门和销售部门也没有专人负责此项工作。

检查小组同时发现：① 该厂厂长甲可以处理与销售和收款有关的所有业务；② 财务科根据甲的指令开具销售发票，甲说多少就是多少；③ 仓储部门发货人员根据甲的指令给客户发运货物；④ 仓库里没有库存明细账及货物进出库记录，销售成本按估算的毛利率计算；⑤ 从甲担任厂长以来，销售合同、销售计划、销售通知单、发货凭证、运货凭证以及销售发票等文件和凭证从未进行过核对；⑥ 财务科根据销售发票确认应收账款。

（资料来源于网络）

**【问题】**

从上面的案例中可以发现，该公司内部控制建设上存在着哪些问题？

## 案例 13——筹资业务会计制度设计 1

**【基本资料】**

泰山股份公司（以下简称泰山股份）是焊材行业的一家上市公司，泰山股份从当初一家拉丝厂起步，到 20 世纪 90 年代初已是声名显赫。泰山股份鼎盛时期焊材年产销量达到了 8 万吨，经济效益曾连续几年居全国同行业第一。这样一家有名气、有效益的企业，在股份公司自身经营并没有出现重大失误的情况下，却被逼上了破产之路，千万股东的投资要化为乌有。这是怎么一回事？1996年以前，泰山股份年报第一大股东一栏中列的都是“××市国有资产管理局”，1997年开始变为泰山集团。于是，泰山股份公司上面又搭起了泰山集团公司（以下简称泰山集团）架子，泰山集团和泰山股份的董事长、总经理甚至党委书记都是由同一个人担任，用一套人马挂两块牌子，泰山集团直接对泰山股份派驻管理人员，一套人马周旋于泰山集团和泰山股份之间，在泰山股份资金投向等重大问题上，泰山集团根本不把其他董事放在眼里，在一些项目上，连书面通知都不给外地董事单位，相当多的股东单位无法知道泰山股份经营班子在做什么。泰山集团大搞兼并扩张，领导人甚至放出话来，要将该市的所有企业都兼并。后来手脚更伸向了全国，甚至到了国外，最多的时候，泰山集团下面有几百家企业，横跨几十个行业。

不断地扩张与兼并，钱从哪儿来？泰山集团将手伸向了泰山股份。以下是一份清单：泰山股份对泰山集团的应收款至少有8.9亿元，担保至少3亿元。其中包括对泰山集团关联交易形成挂账4.5亿元，泰山股份代泰山集团付款及付给集团公司款项1.2亿元，泰山集团以泰山股份名义贷款3.2亿元。泰山集团可以随便冒用泰山股份上市公司的名义为自己贷款，并且一次性贷款3亿元。不仅如此，泰山集团在向银行贷款时，还以泰山股份的资产作抵押。所有这一切，泰山股份的会计、审计监督形同虚设。

**【问题】**

请结合筹资内部控制，对此案例进行分析。

## 案例14——筹资业务会计制度设计2

**【基本资料】**

2003年下半年，一起非法集资案引起了金融界、学术界、企业界的高度关注。民营企业家孙大午为了筹措企业发展和兴办义务教育所需资金，在无法获得银行正常贷款的情况下，以高于银行利率、不收利息税等手段，非法吸收公众存款，累计达1.8亿余元，被河北省徐水县公安局逮捕；同年11月，被地方法院以“非法吸收公众存款罪”判处3年有期徒刑，缓刑4年。这起非法集资案不仅因为其典型性引起了各界的关注，而且暴露了我国金融业存在的诸多弊端，进一步说明我国中小企业发展过程中的融资问题亟待解决。

（一）艰难创业

河北大午农牧集团有限公司（以下简称大午集团）位于河北省保定市徐水县，成立于1985年。那时，大午集团所在地是一片荒废的果园，有一座废弃的砖窑和数十个坟包，村里以每亩[1]6元的价格招标，在没人承包的情况下，孙大午的妻子刘惠茹承包了这块叫作“憋闷疙瘩”的荒地，启动资金只有2万元。

（二）无可奈何的民间集资

企业要发展，最重要的是资金。此后多年中，孙大午年年申请贷款，年年落空。1993年，大午集团还是一家小型饲料厂，想投资100余万元购买一套现代化的生产设备，求助于银行，被拒。

1995年，孙大午申请50万元贷款办农民技校，还是没有贷到款。近20年来，大午集团只拿到过两笔因为荣誉而特批的政府扶持性贷款。一次是1995年大午集团被国家工商总局评为全国最大的500家私营企业之一，河北省农业银行贷给其250万元；另一次是1996年孙大午被评为河北省“养鸡状元”，农行又一次贷给其180万元。除此而外，想得到其他贷款就难上加难了。

2000年，孙大午想筹资1 200万元建设一个1 000亩的葡萄园，需贷款600万元，被拒。后来，大午集团与当地银行完全断绝了关系。万般无奈中，孙大午在向律师咨询后，转而向公司职工和周围农户借款。但他没有想到，律师认为合法的“民间借贷”行为，却让他背上了“非法吸收公众存款”的罪名。

（三）无言的结局

2003年11月，孙大午被地方法院以“非法吸收公众存款罪”判处3年有期徒刑，缓刑4年。

**【问题】**

（1）大午集团集资案反映出哪些主要问题？

（2）“孙大午集资案”引发的企业内部启示你认为有哪些？

（3）“孙大午集资案”对中小企业融资模式选择的思考与启示你认为有哪些？

## 案例15——投资业务会计制度设计

**【基本资料】**

A公司股东大会批准董事会的投资权限为1亿元以下。董事会决定由总经理负责实施。总经理决定由证券部负责总额在1亿元以下的股票买卖。A公司规定：公司划入营业部的款项由证券部申请，由会计部审核，总经理批准后划转入公司在营业部开立的资金账户。经总经理批准，

① 亩不是国际标准单位，1亩=666.67平方米。

证券部直接从营业部资金账户支取款项。证券买卖、资金存取的会计记录由会计部处理。检查人员了解和测试投资的内部控制制度后发现：证券部在某营业部开户的有关协议及补充协议未经会计部门或其他部门审核。根据总经理的批准，会计部已将 8 000 万元汇入该户。证券部，月底将证券买卖清单交给会计部，会计部据以汇总登记。

**【问题】**

根据上述资料，假定其他内容不存在缺陷，请指出 A 公司内部会计控制在设计与运行方面的缺陷。

## 五、不定项选择题

1. B 股份有限公司主要经营中小型机电类产品的生产和销售，公司部分内部控制程序如下：

（1）采购部收到经批准的请购单后，由其职员 E 进行询价并确定供应商，再由其职员 F 负责编制和发出预先连续编号的订购单。订购单一式四联，经被授权的采购人员签字后，分别送交供应商、负责验收的部门、提交请购单的部门和负责采购业务结算的应付凭单部门。

（2）应付凭单部门核对供应商发票、验收单和订购单，并编制预先连续编号的付款凭单。在付款凭单经被授权人员批准后，应付凭单部门将付款凭单连同供应商发票及时送交会计部门，并将未付款凭单副联保存在未付款凭单档案中。会计部门收到附供应商发票的付款凭单后，应及时编制有关的记账凭证，并登记原材料和应付账款账簿。应付凭单部门负责确定尚未付款凭单在到期日付款，并将留存的未付款凭单及其附件根据授权审批权限送交审批人审批。审批人审批后，将未付款凭单连同附件交复核人复核，然后交财务出纳人员 J。出纳人员 J 据此办理支付手续，登记现金和银行存款日记账。

（3）内部审计部门直接向公司专职负责纪检、监察的副总经理报告工作。内部审计人员定期和不定期地对公司日常业务的处理和记录进行审计。

（资料来源于网络）

**【问题回答】**

（1）本案中岗位设置违背的不相容原则有（　　　　）。

A. 请购与审批　　　　B. 询价与确定供应商

C. 采购验收与相关会计记录　　D. 付款审批与付款执行

（2）B 公司应付凭单部门送交会计部门进行账务处理时须准备的单据有（　　　　），会计部门据以核对后记录存货和应付账款。

A. 经批准的付款凭单　　　　B. 验收单

C. 订购单　　　　D. 供应商发票

（3）内部审计部门应该（　　　　）。

A. 直接向专职负责纪检、监督的副总经理报告

B. 直接向董事会或者审计委员会报告

C. 独立于被审计部门

D. 定期和不定期地对公司日常业务的处理和记录进行审计

（4）B公司上述已经存在的内部控制程序在设计上主要存在（　　　　）个缺陷。

A. 1　　　　B. 2

C. 3　　　　D. 4

（5）付款环节的主要控制措施有（　　　　）。

A. 严格审查采购发票等票据的真实性、合法性和有效性，判断采购款项是否确实应予支付

B. 合理选择付款方式

C. 加强预付账款和定金的管理

D. 财务主管要在采购审批中占主导地位

2. A公司生产装潢建材，产品主要销售给各建筑工地，公司的原料有常备料及特殊配件。近年来，产销均衡，但公司库存有逐年增加的情况。经过调查了解发现，该公司在接到顾客订单后，直接交采购员王某办理采购，王某不仅超量购买，而且单价偏高，采购经理是王某的亲戚，因此，仍签字核准王某的采购。

（资料来源于网络）

**【问题回答】**

（1）A公司采购内部控制存在的缺陷包括（　　　　）。

A. 采购前未执行请购程序

B. 采购未经授权

C. 请购过量、单价过高的商品未建立特殊控制程序，无采购预算

D. 授权核准与采购的执行未经明确划分权责

（2）关于请购下列说法正确的是（　　　　）。

A. 采购业务从请购开始

B. 请购由采购部门提出

C. 采购申请制度必不可少

D. 请购必须经过审批，审批不得超越授权

（3）以下符合采购业务的授权批准制度要求的是（　　　　）。

A. 审批人应当在授权范围内进行审批

B. 经办人应当在职责范围内按照审批人的批准意见办理采购与付款业务。至于审批人越权审批的采购业务，经办人服从并办理，责任由审批人承担

C. 对于重大采购业务，应当实行集体决策和审批，必要时组织专家论证

D. 特殊情况下未经授权的机构或人员才可以办理采购与付款业务

（4）采购与计划的关系是（　　　　）。

A. 采购业务从计划开始，包括需求计划和采购计划

B. 为遵守恰当的职务分离原则，一般由需求部门提出采购计划，由采购部门提出需求计划，并按规定的权限和程序审批后执行

C. 需求或采购计划不合理、不按实际需求安排采购或随意超计划采购，是采购环节常见的风险

D. 采购计划是执行采购的重要依据

（5）选择供应商的要点有（　　　　）。

A. 需求部门最了解请购什么样的物资符合生产经营需要，由其指定供应商是最合适的

B. 建立科学的供应商评估和准入制度，确定合格的供应商清单，健全企业统一的供应商网络

C. 按照公平、公正和竞争的原则，择优确定供应商，签订质量保证协议

D. 建立供应商管理信息系统和供应商淘汰制度，经审批后对供应商进行合理选择和调整

3. CCC 公司是一家大型生产型企业，存货数额很大。如何控制存货的采购，有效地利用存货为企业创造经济效益，妥善地保管存货，并采用合理的会计处理程序处理存货信息，是该公司管理存货工作的重点。由于 CCC 企业是一家制造业公司，下面包含若干个子公司，存货种类繁多，分类复杂。对其采购、销售业务流转程序设计复杂，各子公司有明确的内部控制制度，对存货管理比较到位，存货各个环节的会计程序处理遵循会计制度要求，正常业务都采用规定的流转程序进行。各类凭证在实施制度过程中起了至关重要的作用。该公司与采购存货有关的各项凭证如下：

（1）请购单。请购单是由商品制造、资产使用等部门的有关人员填写并送交采购部门，申请购买材料、劳务或其他资产的书面凭证。

（2）订购单。订购单是由采购部门填写，向另一企业购买订购单上所指定材料、劳务或其他资产的书面凭证。

（3）验收单。验收单是收到商品、资产时所编制的凭证，列示从供应商处收到的资产的种类和数量等内容。

（4）卖方发票。卖方发票是供应商开具的，交给买方以载明发运的货物或提供的劳务、应付款金额和付款条件等事项的凭证。

（5）付款凭单。付款凭单是采购方企业的应付凭单部门编制的，载明已收到商品、资产或接受劳务的厂商、应付款金额和付款日期的凭证。付款凭单是企业内部记录和支付负债的授权证明文件。

（6）转账凭证。转账凭证是指记录转账业务的记账凭证，它是根据有关转账业务（即不涉及现金、银行存款收付的各项业务）的原始凭证编制的。

该公司存货业务会计处理程序如下：

首先由供货单位将存货购买发票和运输提货单函寄业务部门；业务部门根据有关存货购买订单和合同编制存货验收单一式四联，将发票送财会部门；储运部门凭提货单到供货单位提取货物，将货物送到仓库并将验收单交给财会部门；仓库编制入库单一式三联，然后分别通知业务部门和财务部门；财会部门再核对合同副本和存货订单，经确认无误后，办理货款结算并登记有关总账和明细账。

该流程的控制内容主要有：

（1）提货、验收、付款分管。

（2）存货验收、付款均要核对有关合同和有关凭证。

（3）定期进行账账、账实核对。

**【问题回答】**

（1）下列单据中必须连续编号的有（　　　　）。

A. 请购单　　　　B. 验收单

C. 采购计划表　　　　D. 付款凭单

（2）衡量采购会计系统控制是否有效的标志是（　　　　）。

A. 会计采购仓储的记录是否一致

B. 往来款项与供应商是否核对一致

C. 是否延迟支付应付款项，缓解企业流动资金压力

D. 会计记录是否如实反映企业采购业务

（3）不得由采购人员全权办理相关手续并填制的单据是（　　　　）。

A. 采购计划表　　B. 物资需求计划表

C. 询价单　　D. 验收入库单

（4）不得由财务人员全权办理相关手续并填制的单据是（　　）。

A. 询价单　　B. 订单

C. 往来对账单　　D. 付款凭证

（5）通常同一个企业不能同时使用的会计科目有（　　）。

A. 在途物资　　B. 原材料

C. 材料采购　　D. 材料成本差异

4. 东方机械加工厂是一家中型机床加工企业，共设有铸工车间、加工车间和装配车间三个基本生产车间，原材料在开工时一次投入。各步骤月末均有在产品，期末在产品的完工程度均为50%。由于该企业产品在各步骤生产的半成品不对外销售，在管理上不要求计算各步骤半成品成本。

2018年12月，有关机床产量资料如表3-35所示，月初在产品成本与本月发生的生产费用资料如表3-36所示，装配车间的定额资料如表3-37所示。

表3-35　　产量资料

| 项目 | 铸工车间 | 加工车间 | 装配车间 |
|---|---|---|---|
| 月初在产品成本 | 40 | 120 | 200 |
| 本月投入 | 1 000 | 880 | 800 |
| 本月完工 | 880 | 800 | 820 |
| 月末在产品数量（狭义） | 160 | 200 | 180 |
| 完工程度 | 50% | 50% | 50% |
| 完工产品数量 | 820 | | |

表3-36　　生产费用资料

| 项目 | | 直接材料 | 直接工资 | 制造费用 | 合计 |
|---|---|---|---|---|---|
| 铸工车间 | 月初在产品成本 | 45 000 | 7 960 | 7 720 | 60 680 |
| | 本月发生费用 | 108 000 | 27 880 | 23 000 | 158 880 |
| 加工车间 | 月初在产品成本 | | 9 000 | 8 850 | 17 850 |
| | 本月发生费用 | | 32 800 | 25 250 | 58 050 |
| 装配车间 | 月初在产品成本 | | 4 240 | 5 000 | 9 240 |
| | 本月发生费用 | | 43 080 | 35 950 | 79 030 |
| 合计 | | 153 000 | 124 960 | 105 770 | 383 730 |

表3-37　　装配车间的定额工时资料

| 项目 | 月初广义在产品 | 本月投入 | 本月完工 |
|---|---|---|---|
| 装配车间定额工时 | 2 500 | 7 500 | 8 200 |

**【问题回答】**

（1）东方机械加工厂采用（　　　　）成本计算方法最合适。

A. 品种法　　B. 逐步结转分步法

C. 分批法　　D. 平行结转分步法

（2）东方机械加工厂各车间生产费用在月末在产品与完工产品之间的分配方法可以选择（　　　　）。

A. 约当产量比例法　　B. 定额比例法

C. 定额成本法　　D. 不计算在产品成本法

（3）东方机械加工厂的生产成本明细账设计的成本项目包括（　　　　）。

A. 直接材料项目　　B. 直接人工项目

C. 制造费用项目　　D. 其他费用

（4）东方机械加工厂成本计算的时间为（　　　　）。

A. 月末

B. 全部生产完工时

C. 月末或者全部生产完工时

D. 由相关领导确定

（5）东方机械加工厂各车间制造费用的分配可以采用的方法包括（　　　　）。

A. 年度计划分配率分配法

B. 生产工时比例分配法

C. 生产工人工资比例分配法

D. 生产定额工时比例分配法

5. 北方机电公司设有两个基本生产车间，第一车间生产A、B两种产品，两种产品都是开工时一次投料方式进行加工，企业的组织方式为大量大批的生产，加工类型为单步骤加工。第二车间生产C产品，需要经过三个加工环节加工完成，半成品直接由上一生产步骤转入下一生产步骤，但企业需要分步骤提供C产品的成本资料。公司设有两个辅助生产车间（动力车间和运输车间），为了简化核算，两个辅助车间的制造费用不单独核算。根据该主要产品的生产特点和管理要求，企业成本核算采用集中核算的方式，由各车间提供基础资料，公司成本核算会计师负责成本的计算。

**【问题回答】**

（1）北方机电公司根据产品的生产特点和管理要求，A产品、B产品和C产品各采用的成本计算方法为（　　　　）、（　　　　）、（　　　　）。

A. 品种法　　B. 逐步结转分步法

C. 分批法　　D. 平行结转分步法

（2）A、B两种产品成本计算过程中，需要涉及的成本计算程序有（　　　　）。

A. 按产品品种设置基本生产成本明细账

B. 归集和分配本月生产费用

C. 分配辅助生产费用

D. 分配基本生产车间制造费用

E. 计算完工产品成本和月末在产品成本

F. 结转完工产品成本。

（3）C产品成本计算过程中，需要涉及的成本计算程序有（　　　　）。

A. 按产品生产步骤设置基本生产明细账

B. 归集和分配本月生产费用

C. 分配辅助生产费用

D. 分配基本生产车间制造费用

E. 计算完工产品成本和月末在产品成本

F. 结转完工产品成本

（4）生产制造过程业务内部控制和核算方法设计的内容，即针对生产制造过程所发生的生产耗费，设计出一套比较完整的成本核算制度和管理制度，从而保证企业产品成本信息的真实。北方机电公司设计的生产制造过程业务内部控制制度主要包括（　　　　）几个方面。

A. 建立生产制造计划控制制度

B. 产品成本核算控制制度

C. 成本责任控制制度

D. 成本核算的基础工作控制制度

（5）公司设有两个辅助生产车间（动力车间和运输车间）的费用的归集，可以通过辅助生产成本明细账进行归集，项目按照各项生产费用的内容设计，两个车间主要对产品的生产提供劳务，相互提供的劳务不多，且费用多少相当。为了简化计算，辅助生产费用的分配采用（　　　　）方法分配给各受益单位较为合适。

A. 直接分配法　　　　　　B. 交互分配法

C. 顺序分配法　　　　　　D. 平行结转分步法

6. 某检察机关接到一个举报电话，反映A生物制品厂厂长盛某将大量的销售货款截留在代理出口单位甚至转移。接到举报后，检察机关即开展了调查，发现盛某通过少开发票的手段，截留贪污了销售款400余万元，并通过代理出口单位将贪污的货款转移到其私人开的企业。调查中还发现，该厂财务管理混乱为盛某贪污行为大开了方便之门：财务科根据盛某的指令开具销售发票，盛某说多少就是多少；仓库里没有库存明细账及货物进出库记录，销售成本按估算的毛利率计算；产成品因为只有总账，所以产品存货应该是多少，谁也说不清，以至于通过库存盘点，实物结存数量与按产成品总账计算出的产品单位成本大大超过售价。也正是通过这个不正常现象，检察机关顺藤摸瓜，彻底查清了盛少计收入成本、贪污货款的事实。

（资料来源于网络）

**【问题回答】**

（1）A厂因为缺乏（　　　　）内控措施才致使盛某的犯罪行为得以实施。

A. 成品出库到销售到货币回笼缺乏稽核

B. 销售发票缺乏严格的控制

C. 对应收账款缺少必要的管理

D. 缺乏成本管理和存货清查制度

（2）仓储部门据以发货的单据是（　　　　）。

A. 加盖现金收讫章的发货凭证

B. 加盖银行收讫章的发货凭证

C. 经授权批准的赊销通知书

D. 销售发票

（3）查验有无发出的货与收到的货款对不拢的问题，应核对以下会计记录（　　　　）。

A. 发货凭证

B. 财务部门的存货明细账

C. 销售部门的销售业务登记簿

D. 仓储部门的存货明细账、存货收发存日报表或月报表

（4）为防止应收账款少列或虚列，应收账款的记录必须以（　　　　）为依据。

A. 经销售部门核准的销售发票

B. 经销售部门核准的发运单

C. 经授权批准的赊销通知书

D. 往来对账单

（5）为确保销售数量如实记录，应核对下列单据（　　　）。

A. 销售发票　　　　B. 发货单

C. 订货单　　　　D. 销售通知单

7. 龙源股份有限公司销售与收款相关业务流程与内部控制如下（未列出的内部控制可视为不存在）：

（1）龙源股份有限公司设有销售部门、货物保管装运部门、生产部门和会计部门。

（2）销售部门职员接受客户订单，与经批准销售的顾客名单核对，对未列入名单的客户由销售部门经理来决定批准销售与否。

（3）对于已经批准的顾客订单，销售部门经理与客户已经批准的信用额度相核对，符合信用额度的销售，编制一式多联的销售单。

（4）货物保管装运部门根据经过批准的销售单发出产品，填写产品装运凭证，装运凭证一式两联，一联货物保管装运部门自留，一联交给会计部门。

（5）会计部门的会计人员甲根据经过批准的销售单和产品装运凭证填写销售发票，同时登记"主营业务收入"和"应收账款"。

（6）财务人员乙负责对销售发票的编制作内部审查，将销售发票的商品总数与装运凭证的商品总数相核对，将销售发票的商品价格与经过批准的商品价目表相核对，并且重新计算发票计价和计算的正确性。

（7）财务人员丙每月核对应收账款明细账与总账，向客户寄送对账单。要求客户将任何例外情况向龙源公司会计部门报告。

（8）财务人员甲同时负责开具销售发票、收取客户货款，登记"应收账款"和"银行存款"。

（资料来源于网络）

**【问题回答】**

（1）龙泉股份有限公司职责分工不符合内部控制要求的有（　　　）。

A. 销售部门批准信用额度

B. 按照经批准的销售单供货与按照销售单装运货物职责未分离

C. 登记主营业务收入和应收账款职责未分离

D. 登记应收账款明细账、登记银行存款明细账及收取客户货款由一人办理

（2）需要连续编号的凭证有（　　　　）。

A. 客户订单　　　　　　　B. 销售单

C. 装运凭证　　　　　　　D. 销售发票

（3）如果“主营业务收入明细账”记有销售退回业务，但未查到退货凭证，可能存在的问题有（　　　　）。

A. 隐匿营业收入　　　　　B. 虚增营业收入

C. 偷税漏税　　　　　　　D. 资产虚减

（4）检查营业收入计算的正确性时，如果企业以现金或支票结算方式销售产品，则应与销货发票存根相核对的账户有（　　　　）。

A. 应收账款明细账　　　　B. 银行存款日记账

C. 主营业务收入明细账　　D. 现金日记账

（5）销售与收款环节内部控制必要的措施有（　　　　）。

A. 编制和寄送对账与收款、记账业务相互独立

B. 批准赊销与发货开票相互独立

C. 收取货款与记录相互独立

D. 批准坏账与收款、记账相互独立

8. E公司销售与收款循环职责分工包括：销售部门无权批准赊销；发货与开票相互独立；应收账款会计员负责编制、寄送对账单；坏账注销与否由应收账款会计员决定；发送货物后并由该人及时记账。为履行内控职责，公司审计师重点抽查了2018年12月份产品销售业务。发现以下情况（售价均不含增值税）：

（1）12月6日，该企业向A公司出售设备一台，并负责安装调试，售价120 000元，当日收到A公司20 000元商业汇票，其余货款待安装完毕并检验合格后支付。该企业当日确认销售收入120 000元。经调查，该设备目前尚未安装完毕。

（2）12月10日，该企业与B公司签订售价600 000元的设备销售合同，并于当日确认销售收入600 000元。

（3）12月18日，C公司交来支票，向该企业购买售价为300 000元的不需安装设备一台。E公司当日即将提货单和销售发票开出交给C公司，并于当日确认销售收入300 000元。

（1）E公司的销售和收款业务职责分工中，不符合内部控制要求的有（　　　　）。

A. 销售部门无权批准赊销

B. 发货与开票相互独立

C. 应收账款会计员负责编制、寄送对账单

D. 发送货物后并由该人及时记账

（2）销售与收款业务不相容职责的划分正确的有（ ）。

A. 信用部门与应收账款记账部门相互独立

B. 记录应收账款并向客户寄出对账单

C. 存货保管与发货不能全由仓储部门办理

D. 销售退回由业务记录以外人员批准

（3）根据对资料中 3 笔销售业务的分析，该企业共虚增主营业务收入为（ ）元。

A. 100 000　　B. 600 000

C. 720 000　　D. 1 020 000

（4）应收票据审查要点包括（ ）。

A. 取得或编制应收票据明细表

B. 清点库存应收票据

C. 询证应收票据

D. 审查应收票据的发生和收回

（5）为降低开具销售发票过程中出现重复、遗漏、错误计价或其他差错，E 公司应设立的控制程序包括（ ）。

A. 在开具每张销售发票之前，开票人员应独立检查是否存在装运凭证和相应的经批准的销售单

B. 应依据已授权的商品价目表和装运凭证上的商品数量编制销售发票

C. 独立检查销售发票的计价和计算的正确性

D. 将装运凭证上的商品总数与相对应的销售发票上的商品总数进行比较

# 参考文献


[1] 中华人民共和国财政部. 企业内部控制配套指引. 北京：中国财政经济出版社，2010.

[2] 中华人民共和国财政部. 企业会计准则. 北京：中国财政经济出版社，2010.

[3] 中华人民共和国财政部. 企业会计准则应用指南. 北京：中国财政经济出版社，2018.

[4] 刘星. 会计制度设计. 2版. 北京：中国财政经济出版社，2007.

[5] 孙国光，陈艳丽，刘英明. 会计制度设计. 6版. 大连：东北财经大学出版社，2017.

[6] 刘玉廷，朱海林. 中国内部控制改革与发展. 北京：经济科学出版社，2010.

[7] 程淑珍. 会计制度设计. 2版. 北京：中国财政经济出版社，2013.

[8] 伍中信，肖美英. 现代企业会计制度设计. 2版. 北京：中国人民大学出版社. 2009.

[9] 屈志凤. 会计制度设计. 天津：天津大学出版社，2010.

[10] 付同青，李凤鸣. 会计制度设计学习指导. 上海：复旦大学出版社，2007.

[11] 赵岩，崔国萍. 企业会计制度设计. 上海：立信会计出版社，2009.

[12] 宋波. 会计制度设计. 2版. 北京：化学工业出版社，2014.

[13] 张文贤. 会计制度设计案例. 2版. 上海：立信会计出版社，2004.

[14] 张文贤，孙琳. 内部控制会计制度设计. 上海：立信会计出版社，2004.

[15] 于长春. 会计制度设计：理论、实务、案例、习题. 2版. 北京：首都经济贸易大学出版社，2007.

[16] 王淑平. 企业会计制度设计. 2版. 北京：中国电力出版社，2017.

[17] 牛慧. 会计制度设计. 3版. 北京：中国人民大学出版社，2017.

**资源服务提示**

欢迎访问职业教育数字化学习中心——“智慧职教”（www.icve.com.cn），以前未在本网站注册的用户，请先注册。用户登录后，在首页搜索本书对应课程“企业会计制度设计”进行在线学习。

资源服务电子邮箱：songchen@hep.com.cn　咨询电话：（010）58581854

欢迎加入高教社高职会计研讨资源服务 QQ 群：708994051